Andreas Siekmann

Training Drameninterpretation

SEKUNDARSTUFE II
BEILAGE: LÖSUNGSHEFT

Ernst Klett Verlag
Stuttgart Düsseldorf Leipzig

Die Deutsche Bibliothek – CIP-Einheitsaufnahme

Ein Titeldatensatz für diese Publikation ist bei
Der Deutschen Bibliothek erhältlich

Auflage   5. 4. 3. | 2004 2003 2002
Die letzten Zahlen bezeichnen jeweils die Auflage und das Jahr
des Druckes
Alle Rechte vorbehalten
Fotomechanische Wiedergabe nur mit Genehmigung des Verlages
© Ernst Klett Verlag GmbH, Stuttgart 1997
Internetadresse: http://www.klett-lerntraining.de
E-Mail: klett-kundenservice@klett-mail.de
Satz: Kittelberger GmbH, Reutlingen
Druck: Wilhelm Röck, Weinsberg
Einband- und Innengestaltung: Bayerl & Ost, Frankfurt/M.
ISBN 3-12-922082-8

INHALT

VORWORT 5

1. Was ist ein Drama? 7

2. Grundformen des Dramas 18
1. Aristotelisches/nicht-aristotelisches Theater 18
2. Geschlossene/offene Form des Dramas 22
3. Moderne Formen: Episches Theater, Dokumentarisches Theater, Theater des Absurden 24

3. Die dramatischen Gattungen 29
1. Tragödie/Trauerspiel 29
2. Komödie/Lustspiel 31
3. Schauspiel 33
4. Tragikomödie 34

4. Die Elemente eines Dramas 37

Baustein 1: Die Szene
1. Definition 37
2. Funktion 47
3. Einordnung in die Gesamthandlung 55
4. Gliederung 57

Baustein 2: Die dramatis personae
1. Einführung 59
2. Personenverzeichnisse 61
3. Selbstcharakteristik 62
4. Fremdcharakteristik 63
5. Indirekte Charakteristik 65

Baustein 3: Die Handlung
1. Gliederung in Akte und Szenen 75
2. Äußere und innere Handlung 77
3. Vorgriffe, Ankündigungen, Andeutungen 85
4. Rückgriffe 87
5. Das analytische Drama als Sonderfall des Rückgriffs 89

INHALT

Baustein 4: Formen des Sprechens
1. Dialog **94**
2. Monolog **101**
3. Beiseite sprechen **105**
4. Aneinander vorbeireden **107**
5. Chorisches Sprechen **109**
6. Publikumsanrede **109**

Baustein 5: Der Ort
1. Bedeutung für den Zuschauer **113**
2. Bedeutung für die Interpretation **113**
3. Zusammenspiel von Ort und Personen **116**
4. Der Ort als Mittel zur Charakterisierung **117**
5. Der Ort als Spiegel der seelischen Situation **119**

Baustein 6: Die Zeit
1. Aufgeführte Zeit und Aufführungszeit **122**
2. Was-Spannung und Wie-Spannung **123**

Baustein 7: Dramatische Mittel
1. Die Verwendung sprachlicher Mittel **125**
2. Mittel der Handlung **128**

Baustein 8: Nicht-sprachliche Signale
1. Regieanweisungen **132**
2. Requisiten **133**

5 Wie interpretiert man eine Dramenszene?

1. Was eine Interpretation nicht ist **135**
2. Was eine Interpretation ist und soll **137**
3. Die Grundformen einer Interpretation **139**
4. Bestandteile und Aufbau einer Interpretation **140**
5. Beispiel für die schriftliche Interpretation einer Dramenszene **143**

BIBLIOGRAPHISCHE ANGABEN (Primärtexte) **155**
INDEX ZU DEN BEHANDELTEN DRAMENTEXTEN **157**

VORWORT

Liebe Schülerin, lieber Schüler,

als Deutschlehrer, der seit zwanzig Jahren eine ganze Reihe von Kursen durch die Oberstufe zum Abitur begleitet hat, habe ich mit etlichen Schülern dramatische Texte besprochen. Von daher ist mir bewusst, dass es nicht einfach ist, einen Leitfaden zu erstellen, der Ihnen weiterhelfen kann, einen Zugang zu Analyse und Interpretation dieser Gattung zu eröffnen: Interpretationsprobleme sind häufig ganz individuelle Probleme, wenn es darum geht, z. B. eine ganz bestimmte Szene eines ganz bestimmten Dramas zu analysieren, einen speziellen Charakter sachgerecht einzuschätzen oder bestimmte dramatische Mittel in ihrer Funktion richtig zu gewichten.
Gleichwohl gibt es Schwierigkeiten, die bei der Analyse dramatischer Texte häufiger auftauchen: Interpretationsprobleme, die nicht allein die Schülerin oder den Schüler eines einzelnen Kurses betreffen, sondern jeden, der sich mit der Gattung Drama auseinandersetzt. Diese „typischen" Probleme sind ein Hauptthema dieses Buches.
Wie Lyrik oder Epik weist auch die Dramatik – als dritte Grundgattung literarischer Texte – Charakteristika und Merkmale auf, die sie unverwechselbar prägen, Elemente, deren Untersuchung dem Interpreten Zugangsmöglichkeiten eröffnet unabhängig davon, ob es sich um ein antikes, ein klassisches oder ein modernes Drama handelt. Diese typischen Charakteristika und Merkmale sind das zweite Hauptthema dieses Buches.
Interpretationsprobleme hängen nach meiner Erfahrung sehr oft mit diesen typischen Merkmalen zusammen: Deshalb besteht dieser Leitfaden nicht aus einer Aneinanderreihung von Einzelanalysen gängiger Dramen – Einzelinterpretationen liegen zu vielen Dramen vor, und vielleicht haben auch Sie bereits in die eine oder andere hineingeschaut, wenn in der Schule ein Theaterstück gelesen wurde. Eine solche Orientierung an Fremdinterpretationen ist nützlich und hilfreich und vermittelt Ihnen als Leser wichtige Deutungsaspekte. Aber – und dies ist das große Manko, wenn man sich als Interpret hieran orientiert – diese vorformulierten Interpretationen und Kommentare erziehen auch zur Unselbstständigkeit, da man sich nur zu leicht auf etwas verlässt, was man nicht selbst erschlossen hat, und regelmäßig tritt panische Hilflosigkeit ein, wenn man in einer Klausur plötzlich einen Text analysieren soll, der in dem sorgsam durchstudierten Kommentar etwas oberflächlich dargestellt oder in einem solchen Fachchinesisch behandelt worden ist, dass dessen Verständnis fast schwieriger erscheint als das des Textauszuges selbst.
Deshalb wird hier versucht, mit einem System von „Bausteinen" zu arbeiten, die jedes Drama bestimmen und deren Kenntnis daher im Prinzip auch auf jedes Drama übertragbar ist. Jeder dieser „Bausteine" eröffnet einen Problemkreis, der ein für dramatische Texte wesentliches Element ausmacht: so z.B. den Ort, an dem ein Akt oder eine Szene spielt, die beteiligten Personen mit ihren Denk- und Handlungsweisen, die sprachliche Gestaltung u.a.m.

VORWORT

Die Reihenfolge der behandelten „Bausteine" orientiert sich dabei einmal an ihrer Wichtigkeit für die Interpretation eines Dramas: So ist z.B. der Baustein 1 deswegen der Szene gewidmet, da sie als kleinste Einheit ein Theaterstück zweifellos stärker bestimmt als z.B. Regieanweisungen (Baustein 8). Zum zweiten richtet sich die Anordnung nach der Häufigkeit, in der in der Schule Aufgaben zu einem bestimmten Aspekt eines Dramas gestellt werden. Aus Ihrer eigenen Erfahrung werden Sie wissen, dass im Unterricht vor allem die Themen der Bausteine 1 bis 4 behandelt werden.

Dem größeren Kapitel der „Bausteine" sind drei kürzere vorangestellt, in denen Sie wichtige theoretische Kenntnisse über die literarische Gattung des Dramas erhalten. Auf das „Baustein"-Kapitel folgt ein Leitfaden zur schriftlichen Analyse und Interpretation einer dramatischen Szene. Am Beispiel einer Szene aus Schillers „Kabale und Liebe" soll der schriftliche Umgang mit Dramentexten in systematisierter Form eingeübt werden.

Zum Schluss eine Bitte um Ernsthaftigkeit. Insbesondere die Aufgaben, die von Ihnen gelöst werden sollen, werden Ihnen teilweise recht einfach, teilweise auch als „zu schwer" vorkommen. Lesen Sie – in beiden Fällen! – nicht einfach darüber hinweg, sondern bemühen Sie sich, auch wenn dies Zeit kostet, um die Ihnen bestmögliche Lösung! Und vor allem: Formulieren Sie alle Lösungen zu den Aufgaben schriftlich aus, auch wenn Sie glauben, das werde mündlich oder irgendwie in Stichworten genügen. Denn wie ein Sprinter keine Höchstleistungen vollbringen kann, ohne sich vorher warm zu laufen, kann auch der Interpret von Texten seine Möglichkeiten nicht völlig ausschöpfen, wenn er sich nicht zuvor „warm geschrieben" hat.

Ich hoffe sehr, dass Ihnen dieser Leitfaden hilft, Ihre Probleme bei der Interpretation dramatischer Texte zu verringern und vielleicht auch Ihre Freude am Drama und Theater zu wecken oder zu verstärken!

Was ist ein Drama?

Fünf Schlagzeilen aus der Tagespresse:

> **Lady Di: Meine Ehe – ein einziges Drama**
>
> **Deutschland gewinnt nach dramatischem Elfmeter-Schießen**
>
> **Unblutige Beendigung des Kasseler Geiseldramas**
>
> **Dramatischer Anstieg der Ozon-Werte**
>
> **Finanzminister sieht in wachsender Arbeitslosigkeit kein Drama**

Die Presse spiegelt als Massenmedium in der Regel recht genau, wie zu einer bestimmten Zeit ein bestimmter Begriff verstanden wird, und vermittelt dem Leser damit so etwas wie eine „normalsprachliche Bedeutung".
Wie die obigen Schlagzeilen zeigen, scheinen die Begriffe „Drama" und „dramatisch" umgangssprachlich nur noch benutzt zu werden, um etwas Aufregendes, Spannendes oder in anderer Weise emotional Berührendes zu bezeichnen. Dies nun ist von der eigentlichen fachsprachlichen Bedeutung ähnlich weit entfernt wie die nicht nur unter Schülern verbreitete Angewohnheit, jeglichen kleinen Alltagsärger mit Sätzen wie: „Da war ich ganz schön frustriert!" zu kommentieren. Denn der Begriff „Drama" beinhaltet ursprünglich nichts anderes als eine Grundgattung literarischer Texte, welche von Epik (erzählender Dichtung) und Lyrik (Gedichte im weitesten Sinne) zu unterscheiden ist. „Dramen" in diesem Sinne haben Sie mit Sicherheit bereits gesehen – nicht nur ein auf der Bühne präsentiertes Theaterstück, sondern schon ein x-beliebiger Kinofilm oder eine simple Serie im Vorabend-Programm des Fernsehens kann mit Fug und Recht als ein dramatischer Text angesprochen werden, selbst wenn vielleicht auf der Mattscheibe gar nichts „Aufregendes" oder „Spannendes" passiert. Denn auch in diesen eher trivialen Exemplaren dramatischer Dichtung wird mit Mitteln gearbeitet, die im eigentlichen Sinne „dramatisch" sind.
Wie man das Schwimmen nicht allein durch Trockenübungen erlernen kann, sondern nur, indem man ins Wasser springt und tatsächlich schwimmt, so auch nicht die Interpretation dramatischer Texte, und diese beginnt mit gründlichem, sorgfältigem Lesen. Um Ihnen diesen ersten „Sprung ins Wasser" zu erleichtern, soll jedoch nicht gleich mit der Lektüre eines kompletten Dramentextes begonnen werden; vielmehr werden Ihnen etwas ungewöhnli-

che Ausschnitte aus Dramen vorgestellt, die Ihnen einen kleinen Einblick verschaffen sollen in die riesige Vielfalt dramatischer Texte und auch in die Mittel, mit denen diese Gattung arbeitet.

AUFGABE 1

Lesen Sie die folgenden kurzen Dramenausschnitte genau durch, und überlegen Sie, was an ihnen jeweils das Besondere, das unverwechselbar Prägende ist.

1. Sophokles, König Oidipus

Zur Einordnung des Ausschnitts: Oidipus, Herrscher von Theben, hat Kreon, seinen Schwager, zum Orakel nach Delphi geschickt, um Rat einzuholen, was man gegen eine in Theben wütende Seuche unternehmen könne, die offenbar schicksalhaft von den Göttern verhängt ist. Er bekommt zur Antwort, dass der Mörder des Laios, des früheren Königs von Theben, gefunden und bestraft werden müsse. Um sachkundigen Rat einzuholen, spricht Oidipus mit Teiresias, einem greisen, blinden, aber wissenden Seher. Was dieser, nicht aber der König, weiß: Oidipus selbst hat vor vielen Jahren Laios erschlagen, ohne zu wissen, dass dieser sein Vater ist und dass er später in dessen Witwe Iokaste gleichzeitig seine eigene Mutter heiratet, mit der er dann im Inzest mehrere Kinder zeugt.

TEIRESIAS: Du schleuderst harte Worte gegen mich
    Und deinen eignen Starrsinn siehst du nicht!
OIDIPUS: Wer schwiege je zu deinen Reden still,
    Mit denen du die ganze Stadt verhöhnst!
5 TEIRESIAS: Ob ich auch schweige – alles wird erfüllt.
OIDIPUS: Muß nicht der Seher künden, was geschieht?
TEIRESIAS: Kein Wort vernimmst du mehr und, wenn du willst,
    Gib deinem Zorn die letzten Zügel frei!
OIDIPUS: Dies soll geschehen und es sei enthüllt,
10   Was längst ich ahne: Schuldig scheinst du mir
    Als Wisser und als Helfer jener Tat,
    Die man beging, und wärest du nicht blind –
    Ich würde sagen: *Du* hast sie vollbracht.
TEIRESIAS: Wahrhaftig? Nun, so steh zu deinem Fluch
15   Und richte nie, von diesem Augenblick,
    Das Wort an diese Männer noch an mich:
    Du bist der Greuel, der das Land befleckt!
OIDIPUS: So freche Lügen schleuderst du hervor
    Und glaubst noch, deiner Strafe zu entgehn?
20 TEIRESIAS: Der Mund der Wahrheit lebt in Sicherheit.

1 WAS IST EIN DRAMA?
Beispieltexte

> OIDIPUS: Hat dir dein Seheramt das Wort entlockt?
> TEIRESIAS: Du selber hast es mit Gewalt getan.
> OIDIPUS: Mit welchen Worten? Rede deutlicher!
> TEIRESIAS: Du stellst mir Fallen, wo du längst begreifst!
> 25 OIDIPUS: Noch nichts begriff ich. Sag es noch einmal!
> TEIRESIAS: Du selber bist der Mörder, den du suchst!
> OIDIPUS: Das wiederholst du mir nicht ungestraft!
> TEIRESIAS: Ich weiß noch schlimmre Nahrung deiner Wut.
> OIDIPUS: Sprich, was du willst; ich streu es in den Wind.
> 30 TEIRESIAS: Unwissend schändest du das nächste Blut,
>   Du lebst im Abgrund und du ahnst es nicht.
> OIDIPUS: So willst du weiter lästern, ungestört?
> TEIRESIAS: Die Kraft der Wahrheit gibt mir meinen Mut.
>
> (Sophokles, „König Oidipus", S. 17 f.)

Das Besondere dieses Ausschnittes liegt im unterschiedlichen Informationsstand beider Personen: Teiresias ist buchstäblich allwissend, Oidipus kennt seine doppelte Schuld, Vatermörder und Muttergatte zu sein, nicht. Die eine Person ist von weiser Gelassenheit („Ob ich auch schweige – alles wird erfüllt."), die andere von wütender Erregung („So freche Lügen schleuderst du hervor") geprägt. Unterstrichen wird die Spannung dieses Dialoges durch Stichomythie.= Rede + Gegenrede.

2. Lohenstein, Cleopatra

Zur Einordnung des Ausschnitts: Das auf der Historie beruhende Drama behandelt die Auswirkungen der Liebe im politischen Bereich und ist in seiner lehrhaften Zielsetzung – es sollen die Verwirrungen gezeigt werden, die die Liebe als „sinnlicher Affekt" auslösen kann – typisch für die Barockzeit (ca. 1600 – 1700). Nachdem sich Markus Antonius, Cleopatras Gatte, umgebracht hat, da er irrtümlich angenommen hat, diese sei gestorben, will Antonius' politischer Gegenspieler Octavius die Königin Cleopatra in einem sie demütigenden Triumphzug nach Rom bringen lassen. Aus Trauer um Antonius, aber auch weil Cleopatra keinen anderen Ausweg sieht, dieser Schande zu entgehen, lässt sie sich durch einen Schlangenbiss töten. Die beiden anderen auftauchenden Personen sind Dienerinnen der Königin.

CHARMIUM: Worzu hat si hieher den Feigen-Korb versteckt?
CLEOPATRA: Der uns miß-gönnte Todt wird durch dis Laub verdeckt.
　Schaut ihr di gelbe Schlang' an diesem Honig saugen?
　Schaut wi ihr Schwantz hier spielt/wie flammen ihr di Augen?
5　Si schärff't auf unsern Arm schon Zunge Gift und Zahn.
IRAS: Mein Geist erschüttert sich! Ist dis di sanfte Bahn/
　Zum Sterben durch den Wurm? durch ein solch Ungeheuer?
CLEOPATRA: Der Schlange brennend Gift ist kein solch' rasend Feuer/
　Als Caesars Ehren-sucht. Man sucht bei Nattern Rath;
10　Bei Drachen; wenn man nicht bei Menschen zuflucht hat.
CHARMIUM: Ihr Götter! sol der Molch den Lilgen-Arm vergiften.
CLEOPATRA: Ja! unsrer hohen Seel des Cörpers Pforten lüfften.
　Komm' angenehmes Tier! komm kom[m] und flechte dich/
　Umb diesen nackten Arm! vermähle durch den Stich/
15　Der Adern warmem Quell dein züngelnd-tödtend küssen.
　Wi? wilstu nur dein Maul durch Feigen-Safft versüssen?
　Ist unsre Marmel-Haut nicht Stich und Giftes wehrt/
　Das di Verdammten oft eh' als ein Blitz verzehrt?
　Sol mir zur Straff' itzt auch der Schlangen Gift gebrechen?
20　Stich! stich! wir sind gewehrt. Nun fühln wir Gift und stechen.
　Kommt/Liebste/nemmt von uns den letzten Kuß noch an.
　Wir beben/wir erstarr'n/es ist umb uns gethan.

　　　　　(Daniel Casper von Lohenstein, „Cleopatra", S. 126)

Typisch für diesen Ausschnitt ist die uns heutigen Lesern schwülstig vorkommende, rhetorisch stark befrachtete Sprache, welche aber dem Barockzeitalter als unabdingbares Formmerkmal eines Trauerspiels selbstverständlich war. Was uns heute künstlich oder gar gekünstelt erscheint, galt damals geradezu als kunstvoll und als Zeichen eines besonders kunstfertigen Dichters. So kann in diesem Ausschnitt dem hohen und außerordentlichen Dichtungsgegenstand – dem Suizid einer Königin – nur ein entsprechend überhöhtes Sprachniveau angemessen sein, und dies völlig unabhängig davon, dass derart wohlgesetzte Formulierungen zu der emotionsgeladenen Situation überhaupt nicht passen und schlicht „unrealistisch" sind: Welcher Selbstmörder würde wohl den Augenblick des eigenen Todes mit den Worten kommentieren: „Wir beben, wir erstarr'n, es ist um uns getan."

WAS IST EIN DRAMA?
Beispieltexte

3. Schiller, Wilhelm Tell

Zur Einordnung des Ausschnitts: Nachdem parallel zu Tell, der den tyrannischen Landvogt Geßler erschossen hat, sich die Schweizer durch eine Volkserhebung von der Besetzung ihres Landes durch das Haus Habsburg befreit haben, wird Tell in der letzten Szene als der „Befreier des Landes" gefeiert. Zuvor jedoch hat Tell noch eine Unterredung mit Parricida gehabt, der den österreichischen Kaiser ermordet hat und darin ein zu Tells Tyrannenmord analoges Verhalten sieht. Tell weist diese Sichtweise jedoch argumentativ zurück.

(Parricida geht auf den Tell zu mit einer raschen Bewegung, dieser aber bedeutet ihn mit der Hand und geht. Wenn beide zu verschiedenen Seiten abgegangen, verändert sich der Schauplatz, und man sieht in der

LETZTEN SZENE

5 *den ganzen Talgrund vor Tells Wohnung, nebst den Anhöhen, welche ihn einschließen, mit Landleuten besetzt, welche sich zu einem Ganzen gruppieren. Andre kommen über einen hohen Steg, der über den Schächen führt, gezogen. Walter Fürst mit den beiden Knaben, Melchthal und Stauffacher kommen vorwärts, andre drängen nach; wie Tell*
10 *heraustritt, empfangen ihn alle mit lautem Frohlocken)*

(Friedrich Schiller, „Wilhelm Tell", S. 1028 f.)

[„Bedeuten" hier wörtlich: „be-deuten" = auf jmd. zeigen, hier: eine abwehrende Handbewegung machen.
„Schächen": kleiner Fluss im Schweizer Kanton Uri.]

Erst als der Kaisermörder Parricida abgegangen ist, verändert sich der Schauplatz, und zwar zu einem Bild, das im Film als Totale gedreht würde: Symbolisch wird quasi die ganze befreite Schweiz im Bühnenbild gezeigt, ohne Parricida, der im Gegensatz zu Tell aus eigennützigen Motiven und daher unrechtmäßig gehandelt hat, wohl aber unter Einbeziehung des Anwesens der Tells: Das Haus des Befreiers ist Teil der ganzen befreiten Schweiz, deren Bewohner sich nun versammeln, um Tell zu huldigen. Wie viel Wert Schiller selbst auf den Symbolwert dieses Schlussbildes gelegt hat, lässt sich nicht zuletzt daran ermessen, dass die Genauigkeit der Regieanweisung und auch ihr Umfang für seine klassischen Dramen völlig ungewöhnlich sind.

4. Lenz, Die Soldaten

> In Lille. – Weseners Haus
>
> *Der alte Wesener. Ein Bedienter der Gräfin.*
>
> WESENER: Marie fortgelaufen – ! Ich bin des Todes.
> *(Er läuft hinaus.)*
> 5 DER BEDIENTE *(folgt)*.
>
> (Jakob Michael Reinhold Lenz, „Die Soldaten", S. 53)

Da die Handlungsführung des Dramas recht kompliziert ist, nur ein knapper Kommentar. Die Szene ist eine der kürzesten der Weltliteratur, besteht sie doch aus nur sechs Worten. Trotzdem muss ein Schauspieler in diese sechs Worte die ganze Überraschung („Marie fortgelaufen – !") und Verzweiflung („Ich bin des Todes.") des von ihm verkörperten Vaters hineinlegen, eine ungeheuer schwere Aufgabe. Äußere Knappheit und emotionale Dichte stehen in krassem Gegensatz.

Die Szene ist ein Musterbeispiel für das „offene Drama" (vgl. Kap. 2). Sie präsentiert einen Ausschnitt eines Ganzen, der so konzentriert ist, dass seine Realisierung sowohl für den Schauspieler als auch von der Bühnentechnik her (Ortswechsel vor und nach der Szene!) fast unmöglich erscheint. Erst der Film wird gut hundert Jahre nach der Entstehung der „Soldaten" die technischen Voraussetzungen schaffen, solch kurze Szenen angemessen darzubieten.

5. Holz/Schlaf, Die Familie Selicke

Zur Einordnung des Ausschnitts: Die um 1880 in Berlin lebende, verarmte Familie Selicke hat in Linchen, der jüngsten Tochter, das eigentliche emotionale Bindeglied verloren. Linchen, die von Anfang des Stückes an krank gezeigt wird, stirbt letztendlich, da die Familie auf Grund der Trunksucht des Vaters nicht die finanziellen Mittel hat, einen Arzt zu bezahlen. Der in diesem Ausschnitt auftretende Kopelke, ein gutmütiger, quacksalbernder Familienfreund, hat Linchen am Vorabend noch behandelt.

> KOPELKE *(tritt geräuschlos ein. Er hat ein kleines Paketchen unterm Arm. Bleibt einen Augenblick bei der Tür stehen und sieht sich um)*. Juten Morjen!...Nanu?! Keener da?!...Det is jo hier noch so 'ne Wirtschaft?!...*(Zu Wendt hinter sich zurückflüsternd.)*: Sagen Se mal, et
> 5 is doch nich etwa...He?!...
> FRAU SELICKE *(lugt aus der Kammer)*: Ach, Sie sind's Herr Kopelke? *(Tritt ein.)*

1 WAS IST EIN DRAMA?
Beispieltexte

KOPELKE: Ja, ick!...Juten Morjen, Frau Selicken!...Ick wollt mal... Sagen Se mal, et...
FRAU SELICKE *(weinend)*: Ach, Herr Kopelke!...
KOPELKE *(besorgt)*: Nanu?! Et is doch nich...
FRAU SELICKE *(in Tränen ausbrechend)*: Ach! Nun brauchen Sie – nicht mehr – Herr Kopelke...
KOPELKE *(das Paketchen auf den Tisch legend)*: Det hat sick doch nich – verschlimmert?!
FRAU SELICKE: Hier!...Da!...*(Sie ist mit ihm ans Bett getreten.)*
KOPELKE *(steht eine Weile stumm da und gibt einige grunzende Laute von sich).*
FRAU SELICKE: Diese Nacht um zwei...
KOPELKE *(mit bebender Stimme)*: Biste dot, mein liebet Linken?... *(Tritt zu Frau Selicke und nimmt ihre Hand.)* Frau Selicken!...Meine liebe Frau Selicken!...Det...Sehn Se!...Det...Hm!...Hm!...*(Er hält einige Augenblicke, seitwärts sehend, ihre Hand. Plötzlich.)* Wo ist denn Edewacht?
FRAU SELICKE: Drin in der Kammer!...Er sitzt da und – und – rührt sich nich...Wie tot!...Ach Gott, ach Gott, ach Gott!...
KOPELKE: Hm!...*(Wendet sich wieder zum Bett und betrachtet die Leiche.)* Un ick dacht'...Hm!...Un ick hatt' ihr da – noch 'ne – Kleenigkeit – mitjebracht!...Hm!...Nu is det – nich mehr needig!...Nu hat se det – freilich – nich mehr – needig!...Hm!...Hm!

(Arno Holz/Johannes Schlaf, „Die Familie Selicke", S. 63 f.)

Das entscheidende Charakteristikum dieses Ausschnitts besteht in seiner extremen Realitätsnähe: Nicht nur der Berliner Dialekt Kopelkes, auch umgangssprachliche Verschleifungen („Sie sind's", „so 'ne"), Sprechpausen, Stammellaute („Hm"), Interjektionen („Ach!"), Wiederholungen („Ach Gott, ach Gott, ach Gott") – alles ist bis ins Detail festgelegt, um auf dem Theater den Schein von Wirklichkeit zu erzeugen. Genau dieses hatte die Theatertheorie des Naturalismus (ca. 1880 – 1890) von einem Drama verlangt.
Vergleicht man diesen Ausschnitt mit dem aus Lohensteins „Cleopatra", wird ein ungeheurer Abstand deutlich: In beiden geht es um das Sterben eines Menschen. Wird dieses jedoch in der „Cleopatra" in sprachlich ausgefeiltester Form thematisiert, können die Personen in der „Familie Selicke" dem Phänomen des Todes anscheinend nur in Stammellauten und dem Verstummen nahe kommen. Die Sprache scheint kein verlässliches Medium mehr zu sein, um emotionale Grenzerfahrungen ausdrücken und mitteilen zu können.

6. Beckett, Warten auf Godot

Der Titel umreißt in wenigen Worten, worum es in diesem Stück geht: Es wird auf einen Unbekannten gewartet, dessen Individualität und alles, was zu ihm gehört, genauso unklar ist wie sein Name. Auf diesen Unbekannten warten zwei Männer, deren sozialer Status unbestimmt ist, deren Charaktere nur in Ansätzen ausgeführt sind und von denen nur klar ist, dass es sich bei ihnen um Vagabunden handelt. Ähnlich unklar der Ort: eine Landstraße, die von irgendwoher kommt und irgendwohin führt, in der Mitte der Bühne ein entlaubter Baum. Der Ausschnitt findet sich ziemlich zu Beginn des Dramas, er könnte jedoch im Prinzip auch an einer beliebigen anderen Stelle stehen.

ESTRAGON: Die Leute sind blöd!
(Er steht mühsam auf, geht hinkend zur linken Kulisse, bleibt stehen, schaut in die Ferne und schirmt dabei mit der Hand die Augen ab, dreht sich um, geht zur rechten Kulisse und blickt wieder in die Ferne. Wladimir schaut ihm nach, dann geht er ein paar Schritte, um den Schuh aufzuheben, er schaut hinein und läßt ihn plötzlich fallen.)
WLADIMIR: Bah! *(Er spuckt auf die Erde.)*
(Estragon kehrt zur Mitte der Bühne zurück und schaut nach hinten aus.)
ESTRAGON: Lauschiges Plätzchen.
(Er dreht sich um, geht bis zur Rampe, blickt ins Publikum).
Heitere Aussichten!
(Er wendet sich Wladimir zu.)
Komm, wir gehen!
WLADIMIR: Wir können nicht.
ESTRAGON: Warum nicht?
WLADIMIR: Wir warten auf Godot.
ESTRAGON: Ach ja. *(Pause.)* Bist du sicher, daß es hier ist?
WLADIMIR: Was?
ESTRAGON: Wo wir warten sollen.
WLADIMIR: Er sagte, vor dem Baum.
(Sie betrachten den Baum.)
Siehst du sonst noch Bäume?
ESTRAGON: Was ist das für einer?
WLADIMIR: Ich weiß nicht ... Eine Weide.
ESTRAGON: Wo sind die Blätter?
WLADIMIR: Sie wird abgestorben sein.
ESTRAGON: Ausgetrauert.
WLADIMIR: Es sei denn, daß es an der Jahreszeit liegt.
ESTRAGON: Ist das nicht vielmehr ein Bäumchen?
WLADIMIR: Ein Strauch.

WAS IST EIN DRAMA?
Beispieltexte

> ESTRAGON: Ein Bäumchen.
> WLADIMIR: Ein – (*Er setzt von neuem an.*) Was willst du damit sagen? Daß wir uns im Platz geirrt hätten?
> 35 ESTRAGON: Es müßte eigentlich hier sein.
> WLADIMIR: Er hat nicht fest zugesagt, daß er käme.
> ESTRAGON: Und wenn er nicht kommt?
> WLADIMIR: Kommen wir morgen wieder.
> ESTRAGON: Und dann übermorgen.
> 40 WLADIMIR: Vielleicht.
> ESTRAGON: Und so weiter.
> WLADIMIR: Das heißt...
> ESTRAGON: Bis er kommt.
>
> (Samuel Beckett, „Warten auf Godot", S. 39f.)

Der Ausschnitt vermittelt eine Atmosphäre von Unsicherheit. Der einzige Grund, aus dem die beiden Personen noch bleiben, besteht in der vagen Zusage Godots, er werde kommen: wann, wohin, zu welchem Zweck ist undurchsichtig, und zwar nicht nur dem Publikum, sondern auch Wladimir und Estragon. Damit ähnelt ihre Situation derjenigen einer Reihe von Figuren Kafkas – etwa des Mannes vom Lande, der in der Parabel „Vor dem Gesetz" bis zu seinem Tode darauf wartet, eingelassen zu werden. Solche Situationen sind typisch für das sogenannte „absurde Theater". Vergleicht man diesen Ausschnitt mit dem aus dem „König Oidipus", stellt man fest, wie sehr sich die Gattung des Dramas innerhalb der zurückliegenden zweitausend Jahre entwickelt hat, z.B. hat sich die feste Gattungseinteilung Tragödie/Komödie aufgelöst, Wladimir und Estragon wirken in einer fast verzweifelten Art komisch. Klare Absichten und Handlungsziele sind nicht zu erkennen, alles hat sich auf ein von vagem Hoffen getragenes Warten reduziert. Die *dramatis personae* haben nichts an Pathos und Würde, ihre Artikulation findet in einer lockeren Umgangssprache statt.

Diese hier nur angedeuteten Unterschiede zeigen aber auch: Jedes Drama ist in seiner Gestaltung abhängig von dem gesellschaftlichen und geschichtlichen Kontext, in dem es entstanden ist, und der ist in der Polis Athens im 5. vorchristlichen Jahrhundert grundsätzlich anders als im Irland der Nachkriegszeit.

Sie haben mit diesen kurzen Ausschnitten aus der über zweitausendjährigen Geschichte des europäischen Dramas Beispiele für die vielfältigen Möglichkeiten kennen gelernt, mit denen diese literarische Gattung arbeitet. Daraus nun eine Definition abzuleiten, welche hilfreich sein könnte, genauer zu bestimmen, was ein Drama denn nun sei, erscheint jedoch schwierig, denn welche Gemeinsamkeiten, die man folglich als „dramatisch" bezeichnen könnte, weisen die Ausschnitte auf?

Gängige Lexika verweisen hier zu Recht auf die ursprüngliche Bedeutung des griechischen Wortes „Drama", welches „Handlung" meint. Es fragt sich jedoch, ob diese Definition nicht vorwiegend auf ältere Bühnenwerke zutrifft, denn wenn Sie sich an „Warten auf Godot" oder „Die Familie Selicke" erinnern – Stücke, die von extremer Armut an äußerer Handlung geprägt sind – fragt sich, ob der Begriff der Handlung nicht historisch zu kurz greift. Aber auch, wenn man ältere Dramen einbezieht, die wenig äußere Handlung enthalten und bei denen das Geschehen stark in das Innere der Personen verlagert ist – Goethes „Torquato Tasso" oder „Iphigenie auf Tauris" etwa – hat der Handlungsbegriff seine Schwächen, es sei denn, man erweitert seinen Geltungsbereich, so dass er nicht nur die äußere und die innere Handlung eines Dramas umfasst, sondern sich auch auf das sprachliche Handeln der Personen bezieht: Kein Drama, abgesehen von Extremformen rein pantomimischen Spiels, kommt ohne Sprechhandlungen der *dramatis personae* aus. Der Begriff der **Sprechhandlung**, der auf den amerikanischen Sprachwissenschaftler John L. Austin zurückgeht, bedeutet – stark vereinfacht –, dass jegliches Sprechen gleichzeitig auch ein Handeln ist: Nicht nur, indem er ein beliebiges Wort oder einen beliebigen Satz artikuliert („Handeln" mit den Sprechwerkzeugen), handelt ein Sprecher, sondern auch, indem er damit eine bestimmte Intention zum Ausdruck bringt (z.B. fragen, befehlen, warnen). Der dritte Aspekt jedes Sprechaktes schließlich betrifft die Wirkung, die der Sprecher mit seiner Äußerung erzielt, z.B. wenn in Büchners „Woyzeck" der Doktor die Titelfigur dazu veranlasst, zu medizinischen Versuchszwecken eine bestimmte Diät zu machen, und Woyzeck dies auch tatsächlich befolgt. Für das Drama ist vor allem von Bedeutung, dass diese Sprechakte in der Form von Dialog und Monolog stattfinden.

Ein anderer wichtiger Aspekt, der aus den oben abgedruckten Dramenausschnitten nicht ohne weiteres hervorgeht und den man sich als Leser nicht immer klar macht: In der Regel ist ein Drama – abgesehen von sogenannten Lesedramen – stets auf die Bühne hin angelegt. Ähnlich wie bei einer Symphonie, für die u.a. Dirigent und Orchester als ausführende Interpreten benötigt werden, sind an seiner Realisierung nicht nur der Autor und der Leser beteiligt, sondern zahlreiche Personen und Institutionen des Theaterbetriebs: Schauspieler, Regisseur, Beleuchter, Bühnenbildner, Requisiteur, Intendant u.a.m. In der Schule wird jedoch in der Regel die Aufführungs- auf die Lesesituation reduziert, d.h. Sie müssen auf alle aufführungspraktischen Faktoren verzichten. Wie ein Leser einer Musikpartitur nur den Notentext, nicht aber das klanglich realisierte Musikstück hat, so haben Sie als Leser eines dramatischen Textes nur den Sprechtext der *dramatis personae* vor sich, welcher vielleicht noch durch Regieanweisungen und durch Akt- und Szenenangaben ergänzt wird.

Dies bedeutet für Sie als Leser einerseits eine recht karge Lesesituation. Anders als in einem Roman, in dem z.B. geschildert wird, welche Kleidung eine

Person trägt, welchen Körperbau sie besitzt oder wie sie spricht und sich bewegt, ob vielleicht die Sonne scheint oder eine Tür knarrt, gehen aus dem nackten Textbuch eines Dramas solche Einzelheiten in der Regel nicht hervor. Andererseits bedeutet dies für Sie als Leser aber auch eine große Chance, denn Sie können diese Kargheit kreativ nutzen, indem Sie sich selbst in Gedanken quasi Ihre eigene Inszenierung entwerfen und sich z. B. vorstellen, in welchem Ton Tell an dieser Stelle sprechen könnte oder welche Kleidung zu den Personen des Stückes „Die Familie Selicke" passen könnte. Solche Einzelheiten machen das Charakteristische einer jeden Inszenierung aus, und im Theater wird Ihnen dieses sozusagen fertig vorgesetzt. Sie werden in Ihrer Phantasie festgelegt auf genau diese Inszenierung.

> Ein Drama ist ein zumeist auf eine Aufführung hin angelegter, aus Dialogen und/oder Monologen bestehender Text, an dessen Realisierung neben Autor und Zuschauer zahlreiche Personen und Institutionen des Theaterbetriebs beteiligt sind, z. B. Schauspieler, Regisseur, Beleuchter. Die auf der Bühne zusammentreffenden Personen treten durch Sprechhandlungen in Verbindung, d. h. sie teilen im Sprechen etwas über sich selbst und ihre Intentionen mit.

Grundformen des Dramas

1. Aristotelisches/nicht-aristotelisches Theater

Das aristotelische Theater = geschlossene Form

Der griechische Philosoph Aristoteles (384 – 321 v.Chr.), einer der bedeutendsten und neben Platon wohl der folgenreichste Denker der Antike, entwickelt in seiner Schrift „Poetik" eine Theorie der Dichtung, in der er diese einerseits von Geschichtsschreibung und Philosophie absetzt, sie andererseits nach Epik und Dramatik differenziert und dabei letztere noch in Komödie und Tragödie unterteilt.

Diese Abhandlung über die Dichtung darf man sich nicht vorstellen als eine „frei im Raume schwebende" Theorie; vielmehr beruht sie auf konkreten Dichtwerken, und das heißt für die Theorie der Tragödie – den umfangreichsten Teil der „Poetik" – auf der Aristoteles bekannten attischen Tragödie. Indem Aristoteles also Aussagen über die Dichtung und insbesondere über die Tragödie trifft, geht er im Wesentlichen beschreibend vor, und seine Beschreibung der Tragödie beruht auf vorhandenen Exemplaren der Gattung. Dieser Ansatzpunkt einer historisch-deskriptiven Poetik wandelt sich jedoch im Zuge ihrer Aufnahme durch spätere Zeitalter. In der Renaissance – Aristoteles' Schriften waren bis ins Hochmittelalter hinein weitgehend verschollen – wird sie den Theatertheoretikern zu einer normativen Poetik (Regelpoetik), was Folgendes beinhaltete: Sie wurde missverstanden als ein Werk von Regeln, nach denen ein Drama zu konstruieren sei, wenn es einen ästhetischen Wert haben sollte.

Im Wesentlichen fielen unter diese Regeln, die ein dramatischer Dichter zu beachten haben sollte, folgende Aspekte:

1. Die Lehre von den „Drei Einheiten": Einheit der Handlung, der Zeit, des Ortes. Schlüssig ausformuliert findet man hiervon bei Aristoteles nur die Einheit der Handlung. Diese sei durch Abgemessenheit (Anfang, Mitte, Ende) gekennzeichnet. Die Handlung eines Dramas habe in sich folgerichtig und zusammenhängend zu sein, was z.B. Sprünge und Stückelungen von vornherein ausschließt. Anfang meint dabei nicht Beginn, sondern einen Ausgangspunkt, von dem ausgehend das dramatische Geschehen sich Schritt für Schritt ent-wickeln kann. Wenn z.B. in Sophokles' „König Oidipus" der Anfang mit einer in Theben ausgebrochenen Seuche gesetzt ist, so

GRUNDFORMEN DES DRAMAS
Aristotelisches Theater

ist dies ein dramaturgisch geschickter Ausgangspunkt, weil das durch diese Seuche hervorgerufene Leid der Bevölkerung den Titelhelden veranlasst, den Mörder des ehemaligen Königs Laios zu suchen. Ähnlich der Schluss, der nicht einfach ein Aufhören der Handlung beinhaltet, sondern Abschluss ist: Als (Selbst-) Bestrafung für die eigene Schuld hat Iokaste sich umgebracht, Oidipus sich geblendet.

Gegenüber der Einheit der Handlung findet sich die Einheit der Zeit bei Aristoteles nur in einem Satz: „Die Tragödie versucht so weit als möglich sich in einem einzigen Sonnenumlauf oder doch nur wenig darüber hinaus abzuwickeln." (Aristoteles, „Poetik", S. 30)

Ähnlich wie mit dieser Einheit der Zeit machten die Dramentheoretiker der Renaissance und späterer Epochen auch aus der Einheit des Ortes – der Schauplatz habe nicht zu wechseln, was bei Aristoteles gar nicht vorkommt – eine Vorschrift. Was Aristoteles an griechischen Werken seiner Zeit bzw. früherer Zeit beobachtet hatte, wird damit unversehens zu einer Vorschrift, die es zu beachten gilt.

2. Ein weiteres wichtiges Element des aristotelischen Theaters ist die Ständeklausel. Sie besagt – vereinfacht – Folgendes: Während in der Komödie einfache Menschen – das Volk – das Personal bilden, ist die Tragödie reserviert für Leute höheren Standes. Zugespitzt formuliert: Bis ins 18. Jahrhundert hinein gelten Bauern und Bürger nicht als tragödienfähig; erst das bürgerliche Trauerspiel – und hier Lessings „Miß Sara Sampson" (1755) – bricht mit dieser Tradition.

3. Ein letzter wichtiger Aspekt ist die so genannte „Katharsis-Lehre": „Die Tragödie ist die Nachahmung einer edlen und abgeschlossenen Handlung von einer bestimmten Größe in gewählter Rede, derart, dass jede Form solcher Rede in gesonderten Teilen erscheint und dass gehandelt und nicht berichtet wird und dass mit Hilfe von Mitleid und Furcht eine Reinigung von eben derartigen Affekten bewerkstelligt wird." (A.a.O., S. 30)

Dieses Zitat gehört sicher zu den meistgedeuteten der abendländischen Philosophie, wobei die Flut der verschiedenen Interpretationen vor allem darauf zurückzuführen ist, dass die Kernbegriffe dieses Satzes (Mitleid: griech. „eleos"; Furcht: griech. „phobos"; Reinigung: griech. „katharsis") nicht näher erläutert werden und zudem vieldeutig sind: „eleos" kann auch mit „Rührung" oder „Jammer" übersetzt werden, „phobos" auch mit „Entsetzen", „Schauder" oder „Schrecken": Das Schicksal einer *dramatis persona* ruft beim Publikum Mitleid (Rührung, Jammer) hervor, aber auch Furcht (Schauder, Schrecken, Entsetzen), also Affekte, von denen der Zuschauer besetzt wird. Genau diese Affekte aber sollen durch die Tragödie auch „gereinigt" werden, was nicht – eine Reihe von Deutungen geht in diese Richtung – ersatzlose Überwindung meint. Bei aller Vorsicht gegenüber einseitigen Festlegungen scheint die Katharsis-Theorie darauf hinauszulaufen, dass dem Zuschauer im Theater eine philosophischere, distanziertere

Haltung zuteil werden soll. Wie die Philosophie ist auch die Poesie nach Aristoteles der Geschichtsschreibung überlegen, weil sie das beinhaltet, „was geschehen könnte", und nicht das, „was geschehen ist" (a.a.O., S. 36); sie redet „vom Allgemeinen", die Geschichtsschreibung hingegen „vom Besonderen" (ebd.). Damit liefe die Katharsis-Lehre auf die Einübung einer philosophischeren Haltung hinaus, die nicht im Erleben von Affekten aufgeht, sondern zur Abstraktion fähig ist.

Zusammengefasst: Der Terminus „aristotelisches Theater" meint nicht eine Dramenform, die von Aristoteles beabsichtigt worden wäre, vielmehr ein Bündel von Vorschriften, die durch sachgerechte Interpretation, aber auch durch gewollte und ungewollte Missverständnisse der aristotelischen Theorie entstanden.

Gipfelpunkt dieser Aufarbeitung der aristotelischen Dramentheorie ist Gustav Freytags Schrift „Die Technik des Dramas" (1863). In stark schematisierter Form begreift er die Struktur des aristotelischen Dramas als Pyramide: eine Veranschaulichung, die – bei aller Vergröberung – dennoch eine gute Interpretationshilfe sein kann:

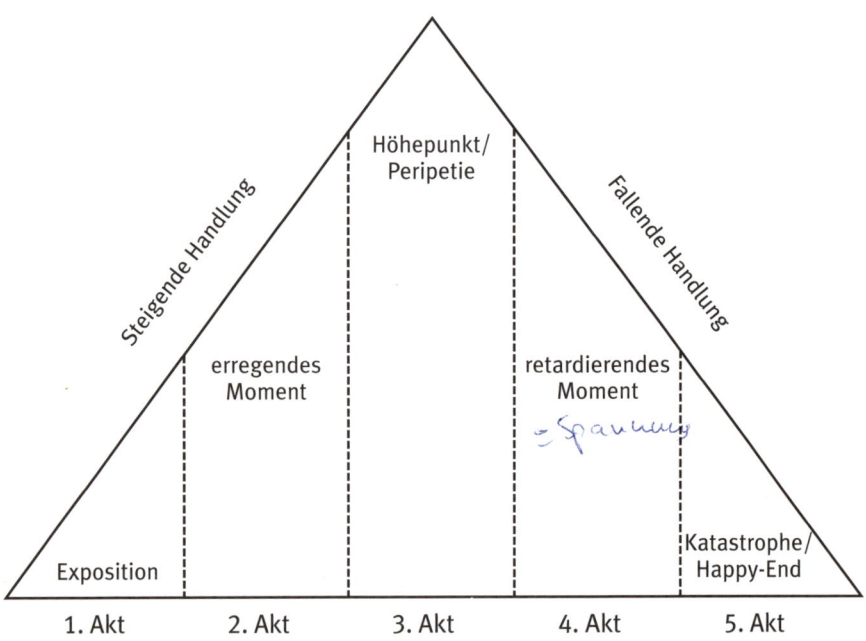

Exposition: Sie macht den Zuschauer mit den Voraussetzungen und den wichtigsten Elementen der Vorgeschichte des Dramas bekannt.
Erregendes Moment: Dieses ist das Element der Handlung, welches den dramatischen Konflikt in Gang setzt.
Höhepunkt/Peripetie: Die Peripetie (Umkehr) bildet den Umschlagspunkt der Handlung, nach dem diese auf Katastrophe (Tragödie) oder Happy End (Komödie) zusteuert.
Retardierendes Moment: Retardation bedeutet „Verlangsamung". Das retardierende Moment meint ein Element der Dramenhandlung, das den Schluss hinauszögert und die Spannung des Zuschauers steigert.

Das nicht-aristotelische Theater

Der Begriff „nicht-aristotelisches Theater" umfasst keine scharf abzugrenzende Gruppe von Dramen. Er wird verwendet, um solche Theaterstücke zu kennzeichnen, die – vom Autor bewusst oder unbewusst intendiert – sich deutlich von der zuvor erläuterten aristotelischen Form unterscheiden. Dieses Sich-Unterscheiden kann nun auf verschiedene Weisen geprägt sein. Wenn etwa das bürgerliche Trauerspiel auch nicht-adlige Personen auftreten und tragische Konflikte erleben lässt, liegt hier zweifellos eine Durchbrechung eines Formmerkmals des aristotelischen Theaters vor, nämlich der Ständeklausel. In ähnlicher Weise wird etwa in Lessings „Emilia Galotti" oder Schillers „Kabale und Liebe" gegen die Einheit des Ortes verstoßen; trotzdem qualifiziert ihr Aufbau sie deutlich als Vertreter des aristotelischen Theaters.
Nicht also die Missachtung einzelner Elemente des aristotelischen Theaters bildet schon eine hinreichende Bedingung dafür, um Dramen als nicht-aristotelisch einzugruppieren: Erst wenn z.B. an die Stelle einer sich entwickelnden, einheitlichen Handlung eine Aneinanderreihung kurzer Einzelszenen tritt wie in Büchners „Woyzeck" oder wenn z.B. – wie in Brechts Stück „Die Mutter" – die *dramatis personae* über weite Strecken didaktische Lehrgespräche führen anstatt sich zuspitzender Wechselreden kann in engerem Sinne von nicht-aristotelischem Theater gesprochen werden. In der Literaturwissenschaft hat sich seit der Typisierung durch den Germanisten Volker Klotz für Letzteres der Begriff „Offene Form des Dramas" – im Gegensatz zur (aristotelischen) „Geschlossenen Form des Dramas" – eingebürgert.

Ausschnitt als Ganzes / *das Ganze in Ausschnitten*

2. Geschlossene/offene Form des Dramas

Das Begriffspaar geschlossene/offene Form des Dramas lässt sich an einer weiteren Definitions-Formel verdeutlichen. Ein geschlossenes Drama präsentiere „den Ausschnitt als Ganzes", ein offenes hingegen „das Ganze in Ausschnitten" (Klotz).

Auf Grund der obigen Überlegungen zum aristotelischen Theater dürfte die Formulierung „der Ausschnitt als Ganzes" für Sie leicht nachvollziehbar sein. Indem ein geschlossenes Drama ein durch die drei Einheiten – vor allem aber durch die Einheit der Handlung – bestimmtes, in sich abgerundetes Geschehen präsentiert, bietet es nichts anderes als einen repräsentativen und dabei in sich völlig abgeschlossenen Ausschnitt von Welt. Im geschlossenen Drama wird Welt vor-gestellt, und zwar so, dass der Zuschauer das Gefühl vermittelt bekommt, diese sei rational strukturiert, also nach festen, durchschaubaren Gesetzmäßigkeiten geordnet, die sich in Denken und Handeln der *dramatis personae* sinnfällig äußern. Diese Geordnetheit wird u.a. in der Ständeklausel, die ja eine feste gesellschaftliche Ordnung voraussetzt, und in der Sprache der Personen – zumeist Verssprache, also ebenfalls geformt und geordnet – gleichsam unmittelbar greifbar, ebenso in der Konzentration auf nur wenige Dramenfiguren, einen überschaubaren, exklusiven Kreis.

Die Bedeutung der Formel „das Ganze in Ausschnitten" kann man sich am besten an einem konkreten Beispiel verdeutlichen: Büchners „Woyzeck". Schon der Versuch zahlreicher Herausgeber dieses Dramas, aus den von Büchner ungeordnet hinterlassenen Szenen der Handschrift eine zwingende Abfolge zu erschließen, ist zum Scheitern verurteilt. Völlig anders als im geschlossenen Drama besitzen die Einzelszenen ein ungleich größeres Gewicht, sind viel weniger Teil eines übergeordneten Ganzen und verselbstständigen sich fast als einzelne Ausschnitte einer Handlung, deren Anfangs- und Endpunkt sich beileibe nicht – wie von Aristoteles beschrieben – organisch aus der „Natur der Sache" ergeben. Ob Büchners Dramenfragment mit der Szene anfängt, in der Woyzeck den Hauptmann rasiert, oder mit der, in der er und Andres Stecken schneiden, ist weitgehend von der Interpretationsauffassung des jeweiligen Herausgebers abhängig. Ähnlich der Schluss: Endet das Stück nun mit der Szene „Woyzeck an einem Teich", wo er ins Wasser geht, oder mit der Szene „Der Idiot. Das Kind. Woyzeck", in der verschlüsselt darüber gesprochen wird, dass Woyzeck das Mordwerkzeug im Teich versteckt hat? Beide Szenen bieten dem Zuschauer ein Ende der Handlung, nicht aber einen (Ab-) Schluss, wie ihn das geschlossene Drama präsentiert.

Fast überflüssig zu erwähnen, dass neben der Einheit der Handlung im offenen Drama auch die Einheiten des Ortes und der Zeit zu Gunsten einer Vielheit von Schauplätzen und einer oft recht vagen, nicht näher umrissenen aufgeführten Zeit (vgl. Kap. 4, Baustein 6) aufgegeben werden. An die Stelle der

2 GRUNDFORMEN DES DRAMAS
Geschlossene/offene Form

drei aristotelischen Einheiten tritt eine Einheit, die durch die zentrale Figur Woyzeck gegeben wird. Sie allein ist das Zentrum, die die ansonsten lose aneinander gereihten Szenen, Zeiten und Orte miteinander verbindet.

Diese Zentralfigur eines offenen Dramas darf man sich jedoch nicht als strahlenden Helden vorstellen. Häufig sind es – wie Woyzeck – determinierte Charaktere, die auf Grund ihrer benachteiligten sozialen Situation, ihrer intellektuellen Schwäche oder ihrer emotionalen Abhängigkeiten nicht in der Lage sind, selbstbestimmt zu handeln wie die *dramatis personae* des geschlossenen Dramas.

Dieser Mangel an Freiheit zeigt sich auch in der Sprachgebung. Neben grammatikalisch brüchigen Satzkonstruktionen, Satzabbrüchen und einer nicht durch argumentative Logik, sondern das Gefühl bestimmten Abfolge zeigen sich Passagen, in denen die Figuren kompliziertere Sachverhalte auf den Begriff zu bringen versuchen, aber auf Grund ihrer mannigfaltigen Beschränktheit hierzu nicht in der Lage sind:

> Wenn die Natur aus ist, das ist, wenn die Natur aus ist. Wenn die Welt so finster wird, daß man mit den Händen an ihr herumtappen muß, daß man meint, sie verrinnt wie Spinneweb. Das ist so, wenn etwas ist und doch nicht ist, wenn alles dunkel ist und nur noch ein roter Schein
> 5 im Westen, wie von einer Esse. Wenn *(schreitet im Zimmer auf und ab)*...
>
> (Georg Büchner, „Woyzeck", S. 9)

Aus einer Naturerfahrung, die Woyzeck hier mühsam auf den Begriff zu bringen versucht, hätte der Held eines geschlossenen Dramas sicher eine verbal gedrechselte distanzierte Betrachtung von mindestens zwanzig Versen gemacht. Was diesem ein sprachlich leicht zu lösendes philosophisches Problem wäre, ist Woyzeck eine fast unüberwindbare Schwierigkeit, die ihn an den Rand der Sprachlosigkeit führt.

Auch hieran wird deutlich, was es bedeutet, dass das offene Drama „das Ganze in Ausschnitten" präsentiert. Wie die einzelnen *dramatis personae* nicht in der Lage sind, eine Total-Interpretation von Welt sprachlich zu formulieren, so bietet auch das offene Drama keine Gesamtinterpretation der Welt. Diese ist dem Autor offenbar kein so klar strukturiertes und gedanklich zu durchdringendes Gebilde, dass sie mit Hilfe eines Theaterstückes der geschlossenen Form auch nur annähernd erfasst werden könnte: Der Undurchschaubarkeit und Kompliziertheit der Welt, wie sie der Dramatiker des offenen Dramas erfährt, kann offensichtlich nur eine Gestaltung entsprechen, welche mosaiksteinchenähnliche Elemente miteinander kombiniert.

Historisch gesehen tritt die offene Form des Dramas im deutschen Sprachraum erst mit der Sturm-und-Drang-Zeit auf und findet sich dann bei Büchner, im Naturalismus (z.B. Gerhart Hauptmann, „Die Weber") sowie auch bei Brecht. Viele Autoren, deren Werke starke Tendenzen des offenen Dramas aufweisen, berufen sich auf Shakespeare als ihren „Ahnherrn". Hierbei muss man jedoch berücksichtigen, dass dessen Werke zwar in der Tat eine Reihe von Zügen des offenen Dramas aufweisen, gleichzeitig aber fast immer einen strengen Handlungsaufbau besitzen.

> **MERKE**
>
> **Geschlossenes Drama**
> – wenige Personen
> – Einheit der Handlung, des Ortes, der Zeit
> – Handlung ist ein in sich abgeschlossenenes Ganzes
> – Szenen sind funktionale Teile der Gesamthandlung
> – reflektierte, geformte Sprache
>
> **Offenes Drama**
> – viele Personen
> – vielfältige Handlung, mehrere Orte, Zeitsprünge
> – Handlung ist nicht geradlinig und oft mehrsträngig
> – Szenen sind selbstständige Einheiten
> – emotionale, oft unstrukturierte Sprache

3. Moderne Formen: Episches Theater, Dokumentarisches Theater, Theater des Absurden

Episches Theater

Das epische Theater Bertolt Brechts ist von ihm in in vielen literaturtheoretischen Aufsätzen und auch in Anmerkungen zu seinen Stücken näher erläutert worden. Es kann insofern zur offenen Form des Dramas gerechnet werden, als es auf eine Akteinteilung mit den o. a. Merkmalen (Exposition, erregendes Moment usw.) und damit auf einen organischen Zusammenhang verzichtet. Statt dessen besteht es aus einzelnen Szenen („Bildern"), zwischen denen häufig große Zeitsprünge liegen. Ebenso gehört dazu eine Unterbrechung der einzelnen Bilder durch Songs, pantomimische Einlagen, Ansagen an das Publikum etc.
Eine etwas holzschnittartige, aber übersichtliche Gegenüberstellung der traditionellen und der epischen Form des Theaters gibt Brecht selbst in den Anmerkungen zu seiner Oper „Aufstieg und Fall der Stadt Mahagonny":

2 GRUNDFORMEN DES DRAMAS
Moderne Formen des Theaters

Dramatische Form des Theaters	Epische Form des Theaters
Die Bühne „verkörpert" einen Vorgang	sie erzählt ihn
verwickelt den Zuschauer in eine Aktion und verbraucht seine Aktivität	macht ihn zum Betrachter, aber weckt seine Aktivität
ermöglicht ihm Gefühle	erzwingt von ihm Entscheidungen
vermittelt ihm Erlebnisse	vermittelt ihm Kenntnisse
der Zuschauer wird in eine Handlung hineinversetzt	er wird ihr gegenübergesetzt
es wird mit Suggestion gearbeitet	es wird mit Argumenten gearbeitet
die Empfindungen werden konserviert	bis zu Erkenntnissen getrieben
der Mensch wird als bekannt vorausgesetzt	der Mensch ist Gegenstand der Untersuchung
der unveränderliche Mensch	der veränderliche und verändernde Mensch
Spannung auf den Ausgang	Spannung auf den Gang
eine Szene für die andere	jede Szene für sich
die Geschehnisse verlaufen linear	in Kurven
natura non facit saltus	facit saltus
die Welt, wie sie ist	die Welt, wie sie wird
was der Mensch soll	was der Mensch muß
seine Triebe	seine Beweggründe
das Denken bestimmt das Sein	das gesellschaftliche Sein bestimmt das Denken

(Bertolt Brecht, „Aufstieg und Fall der Stadt Mahagonny", S. 1009f.)

Auch wenn für Sie diese Gegenüberstellung vorerst recht unanschaulich sein dürfte, wird Ihnen doch deutlich geworden sein, welche Hauptabsicht das epische Theater verfolgt. Der Zuschauer soll sich nicht mit Handlung und Personen des aufgeführten Dramas identifizieren, sondern zu ihm in einer kritischen Distanz stehen bzw. durch das epische Arrangement in diese Distanz versetzt und zu ihr befähigt werden. Zweck dieses distanzierten Verhaltens ist die Einsicht in die – vor allem gesellschaftlichen – Zusammenhänge, die auf der Bühne gezeigt werden bzw. der Bühnenhandlung zu Grunde liegen. Wenn z.B. in Bild 4 des Dramas „Leben des Galilei" die Titelfigur einigen florentinischen Gelehrten seine astronomischen Entdeckungen zeigen möchte, indem er sie veranlassen will, durch ein Fernrohr zu blicken, so wirken die Weigerungen dieser Gelehrten – u. a. wird immer wieder die unumstößliche Autorität des Aristoteles zitiert – auf den Zuschauer nicht einfach nur lächerlich. Ihre Verbohrtheit und ihr Dogmatismus entlarven sie als Vertreter eines gesellschaftlichen Systems, das vor allem darauf beruht, dass das geozentrische Weltbild des Mittelalters nicht ins Wanken gerät. In diesem Zusammenhang ist es natürlich von größter Bedeutung, dass Brecht als Autor marxistischer Prägung das Theater als Mittel zur Gesellschaftsveränderung einsetzen möchte, ein Ziel, das seiner Meinung nach durch ein Illusionstheater nicht zu erreichen ist, da es den Zuschauer emotional viel zu sehr in Bann zieht.

Brechts Theorie des epischen Theaters entwickelt vor allem ein Mittel, das den Zuschauer zu dieser kritischen Distanznahme befähigen soll: den „Verfremdungseffekt", kurz auch „V-Effekt" genannt. Beispiele hierfür finden sich in vielen Stücken. Wenn z.B. der Inhalt eines Bildes von vornherein auf einer großen Tafel zu lesen ist, wenn ein Schauspieler während der Bühnenhandlung plötzlich sich ans Publikum wendet und damit aus seiner Rolle schlüpft, wenn umfangreiche Musiken und Songs das Bühnengeschehen unterbrechen oder u.U. sogar – ähnlich dem Chor des antiken Dramas – kommentieren, wenn – wie in Bild 8 des Stücks „Der gute Mensch von Sezuan" – ein Stück der Vorgeschichte nicht in Form einer Figurenerzählung, sondern quasi wie eine Rückblende im Film in Form einer inszenierten Erzählung eingeholt wird, dann sind dieses mögliche Realisierungen des V-Effekts.

Dokumentarisches Theater

Im deutschsprachigen Raum erschien vor allem in den sechziger Jahren eine Reihe von Theaterstücken, die dem so genannten dokumentarischen Theater zuzurechnen sind: basierend auf historischen oder juristischen Quellen (z. B. Verhandlungsprotokollen), deren Material vom jeweiligen Autor ausgewählt, arrangiert und mit überleitenden Texteinschüben versehen wurde. Durch dieses Verfahren ist das dokumentarische Theater auf der einen Seite scheinbar realitätsnah, indem es authentisches Textmaterial verarbeitet. Auf der anderen

GRUNDFORMEN DES DRAMAS
Moderne Formen des Theaters

Seite ist die solchermaßen auf die Bühne gebrachte Wirklichkeit nicht die geschichtliche Realität selbst, sondern ästhetisch bearbeitet durch den Autor, der für Textauswahl und szenisches Arrangement verantwortlich zeichnet. Zweck des dokumentarischen Verfahrens ist dabei in erster Linie die politische Aufklärung. Die meisten Stücke des dokumentarischen Dramas der sechziger Jahre greifen Themen der Nazizeit auf, etwa Rolf Hochhuths Stück „Der Stellvertreter" (1963), in dem er das Schweigen von Papst Pius XII. zur Ausrottung der Juden in Deutschland thematisiert, oder Heinar Kipphardts szenischer Bericht „In der Sache J. Robert Oppenheimer" (1964), der auf den Verhandlungsprotokollen eines amerikanischen Sicherheitsausschusses basiert, vor den Oppenheimer, der Vater der Atombombe, geladen worden war, da er verdächtigt wurde, sich gegenüber den USA illoyal verhalten zu haben.

Theater des Absurden

Auch wenn die literarische Strömung des Theaters des Absurden in Deutschland – abgesehen von Wolfgang Hildesheimer – kaum namhafte Vertreter hervorgebracht hat, sind ihre Einflüsse auf das zeitgenössische Theater doch so groß, dass an dieser Stelle kurz auf sie eingegangen werden soll. Trotz der weit verbreiteten Gewohnheit, von „Absurdem Theater" zu sprechen, ist es sinnvoller, die etwas umständlichere Formulierung „Theater des Absurden" zu verwenden, denn anders als das „Epische Theater", dessen Stücke ja tatsächlich „episch" sind, ist das „Theater des Absurden" ja nicht selbst absurd, sondern stellt Absurdes dar. Was aber bedeutet der Begriff „absurd"? Ursprünglich den musiktheoretischen Begriff einer Dissonanz bezeichnend („misstönend"), beinhaltet er heute vor allem das Sinnwidrige, Unvernünftige und für den menschlichen Verstand Ungereimte. Absurd ist etwas, das dem „gesunden Menschenverstand" widersprüchlich, uneinsichtig oder gar sinnlos erscheint. Vor diesem Hintergrund ist es verständlich, dass das Theater des Absurden insbesondere in den fünfziger und sechziger Jahren – also bald nach dem Zweiten Weltkrieg – seine Blütezeit hatte. Durch den Krieg war mehr, als man sich in der damaligen Zeit vielleicht bewusst sein konnte, zerbrochen. Werte und Orientierungen, die bisher gegolten hatten, waren aufgelöst – die Ermordung von Millionen Juden in Auschwitz löste die Frage nach einer religiösen Gewissheit und Sicherheit genauso aus wie die nach dem Sinn und Wert von Humanität. Nicht ohne Grund formulierte Ionesco, einer der Hauptvertreter des Theaters des Absurden, in einem Aufsatz von 1958, das menschliche Tun werde dann absurd, wenn der Mensch von religiösen oder metaphysischen Wurzeln losgelöst sei – genauso wurde die geistige Situation nach dem Zweiten Weltkrieg von vielen Menschen in Europa empfunden. Wie aber wird eine Darstellung des Absurden auf der Bühne in Szene gesetzt? Ein Beispiel bietet der Auszug aus Becketts „Warten auf Godot" (vgl. Kap. 1).

Zwei clowneske Landstreicher, Vladimir und Estragon, warten auf einen „großen Unbekannten", auf den sie offensichtlich irgendwelche Hoffnungen setzen. Am Ende des Dramas, das, in voller Länge aufgeführt, nicht weniger als drei Stunden dauert, hat sich die Eingangs-Situation im Prinzip nicht geändert; Godot ist immer noch nicht gekommen. Ähnlich im Stück „Das letzte Band" vom selben Autor: Die einzige *dramatis persona*, der alte, heruntergekommene Krapp, sitzt in seinem Zimmer und hört Tonbänder ab, auf denen er eine Art akustisches Tagebuch gespeichert hat. Eine Sinngebung seines Lebens in der eigenen Biographie vermag Krapp nicht zu finden; die letzten Worte auf dem Jahrzehnte zuvor aufgezeichneten Band lauten:

> Vielleicht sind meine besten Jahre dahin. Da noch eine Aussicht auf Glück bestand. Aber ich wünsche sie nicht zurück. Jetzt nicht mehr, wo dies Feuer in mir brennt. Nein, ich wünsche sie nicht zurück. *Krapp starrt bewegungslos vor sich hin. Das Band läuft weiter, in der*
> 5 *Stille.*
>
> (Samuel Beckett, „Das letzte Band", S. 59)

Die dramatischen Gattungen

Wie es in der erzählenden Dichtung unterschiedliche Gattungen gibt – z.B. Roman, Epos, Kurzgeschichte, Novelle –, so auch in der Dramatik. Diese Gattungen lassen sich differenzieren nach der Art des Konfliktes oder der Konflikte, von denen die Handlung eines Dramas bestimmt wird. Handelt es sich um einen tragischen Konflikt wie etwa im „König Oidipus" oder in „Maria Stuart", ist das jeweilige Stück als Tragödie oder Trauerspiel zu klassifizieren. Handelt es sich um einen komischen wie etwa in Lessings „Minna von Barnhelm" oder Hauptmanns „Biberpelz", ist es als Komödie zu bezeichnen. Diese Klassifizierung kann selbstverständlich nur recht undifferenzierte Anhaltspunkte geben, da sich mit der Auflösung der klassischen Gattungspoetik im 18. Jahrhundert mancherlei Mischformen ergeben haben, ist aber gleichwohl für die rasche Einschätzung eines Dramas durchaus von Belang, zumal viele Autoren diese Gattungsbezeichnungen im Untertitel verwenden: „Emilia Galotti. Ein Trauerspiel in fünf Aufzügen", „Faust. Der Tragödie erster/zweiter Teil", „Der Besuch der alten Dame. Eine tragische Komödie".

1. Tragödie/Trauerspiel

Literaturwissenschaftlich streng genommen, müsste zwischen Tragödie und Trauerspiel eigentlich deutlich unterschieden werden. Zwar ist der Begriff des Trauerspiels von dem Barockdichter Philipp v. Zesen als Ersatzwort für den griechischen Begriff „Tragödie" in den deutschen Wortschatz eingeführt worden, das barocke Trauerspiel mit seinem Schwerpunkt auf dem Leiden christlicher Märtyrer stellt aber eben doch ganz andere Konflikte dar als die griechische Tragödie. Der Märtyrer der Bühne des 17. Jahrhunderts stirbt in jenseitiger Heilsgewissheit und weiß sich von vornherein aufgehoben in einer religiösen Sicherheit. Sein Konflikt ist eigentlich untragisch, denn seine zeitlich befristeten irdischen Leiden sind, gemessen an der Herrlichkeit des ewigen Lebens, in das er sicher ist, einzugehen, gering zu veranschlagen. Demgegenüber ist der Konflikt des Oidipus von echter Tragik geprägt. Beseelt von tiefstem Wahrheitswillen versucht er den Mörder des Königs Laios zu identifizieren und stößt dabei, ohne es zuerst im Entferntesten zu ahnen, auf sich selbst als den Schuldigen. Er entdeckt ein Geflecht von zurückliegenden schuldhaften Handlungen, in die er verstrickt ist und denen er nicht entgehen kann. Die Sicherheit des Gerechten kann er nicht aufbieten.

Andererseits tauchen im Zeichen begrifflicher Verwischungen durchaus Dramen auf, die im Untertitel die Bezeichnung „Trauerspiel" führen, die aber trotzdem von tragischen Konflikten geprägt sind: Schillers „Wallensteins Tod" oder Hebbels „Maria Magdalena", um nur zwei zu nennen.

Aus diesen abrisshaften Überlegungen dürfte deutlich geworden sein, dass die Klassifizierung eines Dramas als Tragödie oder Trauerspiel an den Begriff des Tragischen und des tragischen Konflikts gekoppelt ist. Genau wie die Bezeichnung „Drama" haben auch diese beiden in der Umgangssprache eine starke Verflachung erfahren. Wenn in der Presse von einem „tragischen Unfall" die Rede ist, handelt es sich zumeist um ein zufälliges, grausiges und tödliches Geschehen, das vielleicht traurig, aber nur höchst selten „tragisch" ist.

Zwei Beispiele mögen genügen, um zu veranschaulichen, was tragisches Geschehen ausmacht.

In Sophokles' Tragödie „Antigone", die in Theben spielt wie der „König Oidipus", gerät die Titelheldin in folgenden tragischen Konflikt. Ihre beiden Brüder Eteokles und Polyneikes haben sich in der Herrschaftsnachfolge ihres Vaters Oidipus miteinander überworfen; beim Kampf um die Regierungsgewalt sterben beide. Kreon, der daraufhin Herrscher Thebens wird, hat die Beerdigung des Polyneikes verboten, weil es sich bei ihm um den Aggressor gehandelt habe, sein Leichnam solle vor den Toren der Stadt verwesen.

Antigone steht nun im Konflikt, welchem Gebot sie gehorchen soll: dem königlichen ihres Onkels Kreon, das aus seinem politisch legitimierten Machtanspruch erwächst, oder dem göttlichen, dass Tote zu bestatten sind. Letztlich ist Antigones Konflikt unlösbar; politische und religiöse Normen stehen sich unvermittelbar gegenüber: Erfüllt Antigone die religiöse Pflicht, handelt sie illoyal und damit in letzter Konsequenz staatsgefährdend, erfüllt sie die Anordnung Kreons und damit ihre staatsbürgerliche Pflicht, macht sie sich schuldig an ihrem Bruder und an dem durch die Götter erlassenen Kultus.

Ein ganz anderer Typus eines tragischen Konfliktes findet sich in Schillers Drama „Kabale und Liebe". Die weibliche Hauptfigur, Luise Millerin, steht zum einen in einem Konflikt, der durch die äußere Handlung ausgelöst worden ist. Um Luise unter Druck zu setzen, auf eine Verbindung mit seinem Sohn zu verzichten, hat Präsident von Walter ihren Vater und ihre Mutter in den Kerker werfen lassen. Diese Gefängnisstrafe des Vaters, obwohl sie nicht durch eine von ihr zu verantwortende Handlung, sondern indirekt durch ihre Liebe ausgelöst worden ist, rechnet sie sich selbst als moralische Schuld an. Zum zweiten erleidet Luise einen inneren Konflikt. Um sie von dieser Schuld zu befreien, bietet Sekretär Wurm, der Komplize des Präsidenten, Luise eine „Lösung" an. Sie soll einen fingierten Liebesbrief angeblich an den Henker ihres Vaters schreiben, damit durch die zu erwartende Eifersucht Ferdinands das Verhältnis zwischen den beiden Liebenden gelöst wird. Hierdurch wird Luises erster Konflikt aber nicht gelöst, sondern durch einen weiteren – einen Konflikt der inneren Handlung – vermehrt. Sie, die von sich selbst sagt, sie kenne "nichts Schwerers als die Schande" (a.a.O., S. 69), würde durch diesen Brief ja gerade der öffentlichen Schande ausgeliefert, muss ihn aber andererseits schreiben, wenn sie nicht – in dieser Weise stellt Wurm ihr die Situation dar – den Tod ihres Vaters riskieren will. Worin unterscheidet sich Luises Situation von der Antigones? Anders als diese wird Luise zum Spielball von Handlungen, an denen sie nicht schuld ist; sie löst diese einzig und allein durch ihre bloße Existenz aus. Gäbe es sie nicht, wäre es nie zu der Zuneigung zwischen ihr und Ferdinand und dem politischen Intrigenspiel des Präsidenten von Walter gekommen. Luises Tragik besteht in der paradoxen Situation, schuldlos schuldig zu sein.

2. Komödie/Lustspiel

Für die Begriffe Komödie und Lustspiel gilt Ähnliches wie für die Begriffe Tragödie/Trauerspiel: "Luistspiel" ist seit dem 18. Jahrhundert das deutsche Ersatzwort für Komödie. Deren Handlung ist zwar auch von Konflikten geprägt, diese jedoch – eben da sie als "komische" angelegt sind – werden im Laufe der Handlung gelöst: z.B. irgendwelche (Schein-) Hindernisse, die der Heirat der Hauptfiguren im Wege stehen, worauf sich am Ende das von den Zuschauern erhoffte Happy End einstellt.
Anders als die Tragik, das Wesen der Tragödie, lässt sich Komik zumindest im Groben recht übersichtlich klassifizieren: Sie lässt sich in die drei Gattungen Charakter-, Situations- und Sprachkomik unterteilen.

Charakterkomik

Diese liegt immer dann vor, wenn eine *dramatis persona* bereits von ihrem Charakter her als komische Figur angelegt ist. Wie ein Clown fester Bestandteil eines Zirkus ist, kommt auch eine Komödie selten ohne einen komischen Charakter aus. Die Figur des Just in Lessings "Minna von Barnhelm", Al-Hafi in "Nathan der Weise", ansatzweise auch der Hofmarschall in Schillers "Kabale und Liebe" – alle diese Figuren sind als komische Charaktere konzipiert. Ihre Wirkung auf den Zuschauer ist denn auch dementsprechend. Hat das Publikum erst einmal die komische *dramatis persona* als solche kennen gelernt, ist das Lachen bei ihren nächsten Auftritten bereits programmiert. Auch hier lässt sich ein Vergleich zum Zirkusclown herstellen. Viele Zuschauer beginnen bereits zu lachen, wenn ein Clown die Manege betritt, weil ihre Erwartungen zu Recht auf dessen komischen Auftritt hin gespannt sind.

Situationskomik
Bei diesem zweiten Grundtypus wird das Komische oder Lächerliche durch die Anlage der Situation erzeugt. Diese kann nur eine einzelne Szene bestimmen oder auch ein ganzes Drama durchziehen. So ist Kleists Komödie „Der zerbrochne Krug" von vornherein bereits als Situationskomödie konzipiert. Der Dorfrichter Adam, der bei seinem Versuch eines nächtlichen amourösen Abenteuers einen Krug zerstört hat, muss in Ausübung seines Amtes den Täter suchen, von dem er ganz genau weiß, dass es sich um niemand anderes als ihn selbst handelt. Genau diese Doppelbödigkeit der Situation, die der Zuschauer kennt, ruft Lachen hervor, wenn Adam unter allerlei verbalen Anstrengungen den Verdacht der anderen Dramenfiguren von sich abzulenken versucht.
Ein wesentlich einfacheres Beispiel von Situationskomik findet sich in folgender Szene: Der Provinzdichter Sperling – von Kotzebue zusätzlich noch als komischer Charakter angelegt – versucht in der Szene II/11 des Lustspiels „Die deutschen Kleinstädter" Sabine zum Essen zu führen. Dem aber kommt hinter seinem Rücken Olmers, ihr eigentlicher Liebhaber, zuvor, und Sperling gerät ungewollt an die ältliche Frau Staar:

> FRAU STAAR: Das Essen ist aufgetragen. Die Gäste sind bereits in der großen Stube. Wenn ich gehorsamst bitten darf –
> OLMERS: Zu Befehl. *(Er reicht Sabinen hinter Sperlings Rücken die Hand und entschlüpft mit ihr.)*
> 5 SPERLING *(indem er weiße Handschuh' anzieht)*: So will ich denn im Triumph an der Hand der Liebe – *(Er wendet sich galant, um Sabinen die Hand zu reichen, steht aber vor der Großmutter.)*
> FRAU STAAR *(verneigt sich)*: Herr Bau-, Berg- und Weginspektorssubstitut –
> 10 SPERLING *(stotternd)*: Frau Untersteuereinnehmerin –
> *(Sie reicht ihm ihre Fingerspitzen, welche er mit seinen Fingerspitzen faßt und mit einem süßsauren Gesichte sie fortführt.)*
>
> (August von Kotzebue, „Die deutschen Kleinstädter", S. 42)

Man braucht nur auf die Regieanweisungen zu achten und sich diese Szene aufgeführt vorzustellen, um ihre ganze Komik zu empfinden: Zwei Paare reichen in Parallelhandlung einander die Hand, zuerst das wahre Liebespaar, dann – distanziert mit den Fingerspitzen – Sperling und Frau Staar, und zwischen beiden Aktionen liegt die übertriebene, pathetische Geste des Handschuhanziehens.

Sprachkomik

In Kleists Komödie „Der zerbrochne Krug" tritt Frau Marthe, die Besitzerin des zerstörten Gefäßes, auf und schildert dieses genauer:

> FRAU MARTHE: Seht ihr den Krug, ihr wertgeschätzten Herren?
>   Seht ihr den Krug?
> ADAM: O ja, wir sehen ihn.
> FRAU MARTHE: Nichts seht ihr, mit Verlaub, die Scherben seht ihr;
> 5 Der Krüge schönster ist entzweigeschlagen.
>   Hier grade auf dem Loch, wo jetzo nichts,
>   Sind die gesamten niederländischen Provinzen
>   Dem span'schen Philipp übergeben worden.
>   Hier im Ornat stand Kaiser Karl der Fünfte:
> 10 Von dem seht ihr nur noch die Beine stehn.
>   Hier kniete Philipp, und empfing die Krone:
>   Der liegt im Topf, bis auf den Hinterteil,
>   Und auch noch der hat einen Stoß empfangen.
>
> (Heinrich von Kleist, „Der zerbrochne Krug", S. 358)

Dies Beispiel mag genügen, um den Unterschied zu Situations- und Charakterkomik zu verdeutlichen: Sprachkomik wird durch die Rede einer *dramatis persona* selbst erzeugt, z. B. durch Wortwitz, Wortspiele oder unpassende Gegenüberstellungen. In dem obigen kurzen Redeausschnitt ergibt sich die Komik aus der Differenz zwischen der Genauigkeit der Beschreibung, die die verärgerte Frau Marthe abgibt, und dem Gegenstand dieser Beschreibung – eben dem „Loch", welches durch die Zerstörung des Kruges entstanden ist. Dies mischt sich mit dem von Marthe ganz offensichtlich nicht beabsichtigten Lächerlichmachen „großer Männer": Von Kaiser Karl existieren nur noch die Beine, von Philipp gar nur noch das „Hinterteil", und auch dieses ist nicht unbeschädigt geblieben!

3. Schauspiel

Eine Reihe von Dramen, die um 1800 – also im weiteren Sinn z. Zt. der Klassik – entstanden sind, tragen im Untertitel die Bezeichnung „Schauspiel" oder können als ein solches angesprochen werden. Lessings „Nathan der Weise", Goethes „Iphigenie auf Tauris", Schillers „Wilhelm Tell" oder Kleists „Prinz Friedrich von Homburg" und „Das Käthchen von Heilbronn" wären hier als die wichtigsten zu nennen.

Was unterscheidet diese Dramen von Tragödien und Komödien? In gewisser Hinsicht stellen sie Mischformen aus beiden dar, da sie einerseits durchaus tragische Züge haben, andererseits aber auch in einen glücklichen Ausgang münden. Glücklicher Ausgang ist hier jedoch nicht zu verwechseln mit einem komischen. In der letzten Regieanweisung des „Nathan" zeigt sich, dass nicht Komik, sondern Ernst den Schluss bestimmt, eine Versöhnung, die die zuvor aufgetretenen Konflikte in sich aufgehoben hat:

> *Unter stummer Wiederholung allerseitiger Umarmungen fällt der Vorhang.*
>
> (Gotthold Ephraim Lessing, „Nathan der Weise", S. 139)

Inwiefern ein Schauspiel durchaus tragische Elemente enthält, sei kurz an Kleists „Prinz von Homburg" aufgezeigt. Die Titelfigur hat in der Schlacht Brandenburgs gegen die Schweden bei Fehrbellin (1675) wesentlich zum Sieg der Brandenburger beigetragen, allerdings unter Missachtung der kurfürstlichen Ordre, mit der Reiterei nicht voreilig loszuschlagen. Wegen dieser Befehlsverletzung wird er vom Kurfürsten nach geltendem Kriegsrecht zum Tode verurteilt. Nach anfänglichem Unverständnis – schließlich hat er ja gerade aufgrund der Missachtung des kurfürstlichen Befehls den Schlachtsieg errungen – durchlebt der Prinz einen rapiden Reifungsprozess, der ihn das Todesurteil schließlich akzeptieren lässt. Angesichts dieser tragischen Selbstüberwindung des Titelhelden ist der Kurfürst bereit, ihn zu rehabilitieren, und gibt ihm sogar die Hand seiner Tochter.
Trotz dieses scheinbar komödientypischen Happy Ends darf nicht übersehen werden, dass Prinz Friedrich von Homburg einen zutiefst tragischen Konflikt durchlebt. Er hat zu akzeptieren, dass seine Handlungsweise in der Schlacht, obwohl sie zum Siege des brandenburgischen Heeres geführt hat, in einem höheren Sinne falsch gewesen ist, hat er doch mit seiner Eigenmächtigkeit eine objektive Satzung verletzt, wozu er nicht befugt ist. Der zufällige, im Grunde aus Verantwortungslosigkeit erwachsene Handlungserfolg ist daher moralisch geringer anzusetzen als die Befolgung eines Befehls, welcher für einen Soldaten oberste Richtschnur zu sein hat.

4. Tragikomödie

Wie das Schauspiel stellt auch die Tragikomödie eine Gattung dar, die tragische wie komische Elemente enthält, jedoch nicht so, dass beides im Laufe der Handlung getrennt nebeneinanderher existierte, also unvermittelt, sondern

DIE DRAMATISCHEN GATTUNGEN
Tragikomödie

so, dass sich Tragisches und Komisches wechselseitig durchdringen. Das Tragische erscheint als komisch und umgekehrt das Komische als tragisch. Diese scheinbar widersprüchliche dramatische Konstruktion sei an einem Textausschnitt aus Dürrenmatts „Besuch der alten Dame" veranschaulicht.
Ill, angesehener Einwohner des Städtchens Güllen, der die vormalige Kläri Wäscher und jetzige Milliardärin Claire Zachanassian in früher Jugend geschwängert, sitzen gelassen und dadurch mittelbar zur Prostituierten gemacht hat, trifft mit dieser nach „mehr als 45 Jahren" wieder zusammen: an einem Ort – dem Konradsweilerwald –, der beiden in ihrer Jugend Platz inniger Liebesbegegnung gewesen ist.

> ILL: Nun wird sich alles ändern.
> CLAIRE ZACHANASSIAN: Gewiß.
> ILL *(lauernd)*: Du wirst uns helfen?
> CLAIRE ZACHANASSIAN: Ich lasse das Städtchen meiner Jugend nicht im
> 5   Stich.
> ILL: Wir haben Millionen nötig.
> CLAIRE ZACHANASSIAN: Wenig.
> ILL *(begeistert)*: Wildkätzchen! *(Er schlägt ihr gerührt auf ihren linken Schenkel und zieht die Hand schmerzerfüllt zurück.)*
> 10 CLAIRE ZACHANASSIAN: Das schmerzt. Du hast auf ein Scharnier meiner Prothese geschlagen.
> [...]
> ILL: Wäre doch die Zeit aufgehoben, mein Zauberhexchen. Hätte uns doch das Leben nicht getrennt.
> 15 CLAIRE ZACHANASSIAN: Das wünschest du?
> ILL: Dies, nur dies. Ich liebe dich doch! *(Er küßt ihre rechte Hand.)* Dieselbe kühle weiße Hand.
> CLAIRE ZACHANASSIAN: Irrtum. Auch eine Prothese. Elfenbein.
> ILL *(läßt entsetzt ihre Hand fahren)*: Klara, ist denn überhaupt alles
> 20 Prothese an dir!
> CLAIRE ZACHANASSIAN: Fast. Von einem Flugzeugabsturz in Afghanistan. Kroch als einzige aus den Trümmern. Bin nicht umzubringen.
>
> (Friedrich Dürrenmatt, „Der Besuch der alten Dame", S. 38 ff.)

Das, was einer gewissen Tragik nicht entbehrt – ein ehemaliges Liebespaar trifft sich nach Jahrzehnten der Trennung im Alter wieder – wird als komisch dargestellt, indem die zärtlichen Annäherungsversuche Ills nicht auf den Körper Claire Zachanassians, sondern auf dessen Prothesen treffen; was komisch wirken könnte – Ill versucht in einer Art Versteckspiel seine Jugendliebe zu bewegen, mit Hilfe ihres Geldes das Städtchen Güllen zu sanieren –, wird tragisch überformt, indem er ihr zu diesem Zweck jene Gefühle vorspielt, mit denen er glaubt, bei ihr „ankommen" zu können. Die Tragikomik dieses kurzen Ausschnitts liegt mithin in der missglückten Funktionalisierung von Gefühlen und Zärtlichkeiten.

> **MERKE**
>
> 1. Die Begriffe „Tragödie" und „Trauerspiel" sind inhaltlich nicht deckungsgleich, werden aber häufig – auch von Autoren – so verwendet. Das Gleiche gilt für die Begriffe „Komödie" und „Lustspiel".
> 2. Kennzeichen der Tragödie sind vor allem das tragische Geschehen und tragische Konflikte, die die Dramenpersonen erleiden.
> 3. Die Grundformen des Komischen sind Charakter-, Situations- und Sprachkomik.
> 4. Die Gattung des Schauspiels tritt vor allem in der Zeit um 1800 auf und stellt eine Mischform von Tragödie und Komödie dar. Kennzeichnend ist für sie trotz möglicher tragischer Elemente das Happy End.
> 5. Die Tragikomödie stellt ebenfalls eine Mischform dar, welche allerdings durch eine wechselseitige Durchdringung von Tragik und Komik geprägt ist: Das Tragische trägt häufig komische Akzente, das Komische tragische.

Die Elemente eines Dramas

Baustein 1: Die Szene

1. Definition

Vielleicht fragen Sie sich, wieso die folgende Reihe der „Bausteine" ausgerechnet mit der dramatischen Szene eröffnet wird, da es doch einfacher erscheint, mit etwas Speziellerem und Überschaubareren – der Charakteristik einer *dramatis persona* etwa oder der Unterscheidung Dialog/Monolog – zu beginnen, mit einem Formmerkmal also, welches auf den ersten Blick leichter zugänglich ist und infolgedessen auch einfacher zu interpretieren scheint. Es gibt jedoch mindestens zwei Gründe, mit der Szene als erstem Baustein anzufangen. Zum Ersten ein pragmatischer: Interpretationsaufgaben, die eine Szene in den Mittelpunkt stellen, sind bei der Behandlung dramatischer Texte weitaus am häufigsten vertreten. Aufgabenstellungen wie „Analysieren Sie diese Szene" oder „Interpretieren Sie diese Szene unter besonderer Berücksichtigung von ..." sind Ihnen aus Ihrem Schulalltag sicher ähnlich vertraut wie der Lehrperson, die diese Aufgabe gestellt hat.
Diese Form der Aufgabenstellung hängt eng zusammen mit dem zweiten Grund, einem literarischen, der sich aus der inneren Logik dramatischer Texte, ihrem Baugesetz sozusagen, ergibt. Wie das einzelne Kapitel eines Romans ist die Dramenszene der kleinste in sich geschlossene Teil des gesamten Werkes, und dies gilt unabhängig von der Länge der zu interpretierenden Szene.
Da Sie im Unterricht häufig mit Texten zu tun haben, ist es sinnvoll, sich in diesem Zusammenhang ein „Grundgesetz" eines jeden Textes vor Augen zu führen. Da ein Text eine von einem Autor geformte und gestaltete Einheit darstellt, gewinnt das einzelne Wort eines Textes seine Bedeutung jeweils aus dem Satz, in dem es steht, der Satz aus dem Abschnitt, der Abschnitt aus dem Kapitel, das Kapitel aus dem Ganzen, welches einen Text ausmacht.
Übertragen auf die Gattung des Dramas, bedeutet dies für den Interpreten konkret: Bei der Interpretation einer Szene muss er natürlich Einzelheiten berücksichtigen – tragende Begriffe, entscheidende Äußerungen der *dramatis personae* oder wichtige Aspekte ihres Handelns – vor allem aber muss der Interpret sich bewusst sein, dass jede Szene Teil des nächstgrößeren Ganzen ist:

im aristotelischen und klassischen Drama Teil eines Aktes (der wiederum Teil des ganzen Dramas ist), im nicht-aristotelischen, z.B. Brechtschen Theater, ist sie in erster Linie Teil des gesamten Stückes. Zugespitzt formuliert:

> **MERKE**
> Die Szene als kleinster in sich geschlossener Bestandteil eines Dramas ist auf eine sie übergreifende größere Einheit hingeordnet, von der aus sie ihre besondere Bedeutung innerhalb des Ganzen erhält.

Woran lässt sich nun aber erkennen, was eine Szene ist? In älteren Dramen gibt in der Regel der Autor eine Einteilung in Szenen und Akte vor, in moderneren hingegen – und hierzu zählt bereits das Drama des Naturalismus! – fehlt jedoch oft diese vom Autor selbst vorgenommene Untergliederung. Wie lässt sich z.B. in der „Familie Selicke" von Holz und Schlaf oder in Becketts „Warten auf Godot" so etwas wie eine Szene feststellen?

> **MERKE**
> Fast immer wird der Anfang einer Szene markiert durch das Auftreten einer neuen Person.

Diese verändert durch ihr Handeln oder Reden die bisherige Situation, so dass die auf der Bühne zuvor bereits anwesenden *dramatis personae* hierauf reagieren.
Ein Beispiel: Schillers „Kabale und Liebe" beginnt in der ersten Szene gleich mit dem Kernproblem des Dramas: Luise, Tochter des bürgerlichen Ehepaars Miller, hat sich in den adligen Ferdinand von Walter, den Sohn des Präsidenten, verliebt, und die Eheleute geraten in Streit darüber, ob eine die Stände übergreifende Liebesbeziehung nicht abgebrochen werden müsse.
In I/2 (= 1. Akt, 2. Szene) tritt der Sekretär Wurm auf, die rechte Hand des Präsidenten. Wurm würde seinerseits Luise gern heiraten; er wird jedoch sowohl von Luise wie ihren Eltern abgelehnt. Nach seinem Abtritt beginnt die Szene I/3 mit dem ersten Auftritt Luises, die gerade aus der Kirche kommt.

4 DIE ELEMENTE EINES DRAMAS
Baustein 1: Die Szene

> LUISE MILLERIN *(kommt, ein Buch in der Hand).* VORIGE
>
> LUISE *(legt das Buch nieder, geht zu Millern und drückt ihm die Hand)*: Guten Morgen, lieber Vater.
>
> MILLER *(warm)*: Brav, meine Luise – Freut mich, daß du so fleißig an deinen Schöpfer denkst. Bleib immer so, und sein Arm wird dich halten.
>
> LUISE: O ich bin eine schwere Sünderin, Vater – War er da, Mutter?
>
> FRAU: Wer, mein Kind?
>
> LUISE: Ah! ich vergaß, daß es noch außer ihm Menschen gibt – Mein Kopf ist so wüste – Er war nicht da? Walter?
>
> MILLER *(traurig und ernsthaft)*: Ich dachte, meine Luise hätte den Namen in der Kirche gelassen?
>
> LUISE *(nachdem sie ihn eine Zeitlang starr angesehen)*: Ich versteh Ihn, Vater – fühle das Messer, das Er in mein Gewissen stößt; aber es kommt zu spät. – Ich hab keine Andacht mehr, Vater – der Himmel und Ferdinand reißen an meiner blutenden Seele, und ich fürchte – ich fürchte – *(Nach einer Pause)* Doch nein, guter Vater. Wenn wir ihn über dem Gemälde vernachlässigen, findet sich ja der Künstler am meisten gelobt. – Wenn meine Freude über sein Meisterstück mich ihn selbst übersehen macht, Vater, muß das Gott nicht ergötzen?
>
> MILLER *(wirft sich unmutig in den Stuhl)*: Da haben wirs! Das ist die Frucht von dem gottlosen Lesen.
>
> (Friedrich Schiller, „Kabale und Liebe", S. 11f.)

Schon das erste Auftreten Luises zeigt, dass das Grundproblem des Dramas – die Liebe eines bürgerlichen Mädchens zu einem Adligen und der sich hieraus ergebende Standeskonflikt – sich auch in die dritte Szene hinein fortsetzt; die Hoffnung des Vaters, Luise werde sich nach dem Gottesdienstbesuch auf die Unmöglichkeit einer standesübergreifenden Heirat besinnen, hat sich nicht erfüllt. Der vorangegangene Ehestreit zwischen Miller und seiner Frau wird durch Luises Auftritt unterbrochen, beide Personen reagieren auf die Veränderung der Situation, die durch Luises Erscheinen in Gang gesetzt wird, indem sie – wenn auch unterschiedlich – auf deren Hinzukommen und deren Äußerungen eingehen.

Das Ende einer Szene kann durch den Abtritt einer oder mehrerer Personen signalisiert werden, muss es jedoch nicht – es genügt auch der Auftritt einer bisher nicht anwesenden Person zu Beginn der folgenden Szene, um den Szenenwechsel anzuzeigen. Entscheidendes Kriterium dieses kleinsten in sich geschlossenen Teils eines Dramas ist, dass das Personal in der Regel konstant bleibt, während der Spielzeit dieser Szene also nicht wechselt.

Spiel- und Redeszene

Die erste grobe Charakterisierung einer Szene besteht darin, dass man sie als *Spielszene* oder *Redeszene* anspricht. In der ersteren dominiert die äußere Handlung; der Schwerpunkt liegt also auf der Aktion und lässt den Dialog der *dramatis personae* zurücktreten. Umgekehrt die Redeszene. In ihr steht das Gespräch der beteiligten Personen im Vordergrund, gleichgültig, ob diese einen heftigen Streit ausfechten, ein tiefschürfendes philosophisches Problem erörtern oder einander ein Liebesgeständnis machen. Durch die geringe äußere Handlung richtet sich die Aufmerksamkeit der Zuschauer automatisch auf das gesprochene Wort. In extremen Fällen – dies kommt häufig bei Lesedramen vor – kann ein Drama sogar fast ausschließlich aus Redeszenen bestehen: z.B. Goethes „Torquato Tasso".
In Schillers Drama „Kabale und Liebe", aus dem oben bereits zitiert worden ist, gibt es beide Szenentypen. Zuerst ein Beispiel einer **Redeszene**:

Erster Akt

Vierte Szene

FERDINAND VON WALTER. LUISE

(Er fliegt auf sie zu – sie sinkt entfärbt und matt auf einen Sessel – er
5 *bleibt vor ihr stehn – sie sehen sich eine Zeitlang stillschweigend an. Pause)*

FERDINAND: Du bist blaß, Luise?
LUISE *(steht auf und fällt ihm um den Hals)*: Es ist nichts. Nichts. Du bist ja da. Es ist vorüber.
10 FERDINAND *(ihre Hand nehmend und zum Munde führend)*: Und liebt mich meine Luise noch? Mein Herz ist das gestrige, ists auch das deine noch? Ich fliege nur her, will sehn, ob du heiter bist, und gehn und es auch sein – du bists nicht.
LUISE: Doch, doch, mein Geliebter.
15 FERDINAND: Rede mir Wahrheit. Du bists nicht. Ich schaue durch deine Seele wie durch das klare Wasser dieses Brillanten. *(Er zeigt auf seinen Ring)* Hier wirft sich kein Bläschen auf, das ich nicht merkte – kein Gedanke tritt in dies Angesicht, der mir entwischte. Was hast du? Geschwind! Weiß ich nur diesen Spiegel helle, so läuft keine
20 Wolke über die Welt. Was bekümmert dich?
LUISE *(sieht ihn eine Weile stumm und bedeutend an, dann mit Wehmut)*: Ferdinand! Ferdinand! Daß du doch wüßtest, wie schön in dieser Sprache das bürgerliche Mädchen sich ausnimmt –

DIE ELEMENTE EINES DRAMAS
Baustein 1: Die Szene

FERDINAND: Was ist das? *(Befremdet)* Mädchen! Höre! Wie kommst du auf das? – Du bist meine Luise! Wer sagt dir, daß du noch etwas sein solltest? Siehst du Falsche, auf welchem Kaltsinn ich dir begegnen muß. Wärest du ganz nur Liebe für mich, wann hättest du Zeit gehabt, eine Vergleichung zu machen? Wenn ich bei dir bin, zerschmilzt meine Vernunft in einen Blick – in einen Traum von dir, wenn ich weg bin, und du hast noch eine Klugheit neben deiner Liebe? – Schäme dich! Jeder Augenblick, den du an diesen Kummer verlorst, war deinem Jüngling gestohlen.

LUISE *(faßt seine Hand, indem sie den Kopf schüttelt)*: Du willst mich einschläfern, Ferdinand – willst meine Augen von diesem Abgrund hinweglocken, in den ich ganz gewiß stürzen muß. Ich seh in die Zukunft – die Stimme des Ruhms – deine Entwürfe – dein Vater – mein Nichts. *(Erschrickt und läßt plötzlich seine Hand fahren)* Ferdinand! ein Dolch über dir und mir! – Man trennt uns!

FERDINAND: Trennt uns! *(Er springt auf)* Woher bringst du diese Ahndung, Luise? Trennt uns? – Wer kann den Bund zwoer Herzen lösen, oder die Töne eines Akkords auseinanderreißen? – Ich bin ein Edelmann – Laß doch sehen, ob mein Adelbrief älter ist als der Riß zum unendlichen Weltall? oder mein Wappen gültiger als die Handschrift des Himmels in Luisens Augen: Dieses Weib ist für diesen Mann? – Ich bin des Präsidenten Sohn. Eben darum. Wer, als die Liebe, kann mir die Flüche versüßen, die mir der Landeswucher meines Vaters vermachen wird?

LUISE: O, wie sehr fürcht ich ihn – diesen Vater!

FERDINAND: Ich fürchte nichts – nichts – als die Grenzen deiner Liebe. Laß auch Hindernisse wie Gebürge zwischen uns treten, ich will sie für Treppen nehmen und drüber hin in Luisens Arme fliegen. Die Stürme des widrigen Schicksals sollen meine Empfindung emporblasen, *Gefahren* werden meine Luise nur reizender machen. – Also nichts mehr von Furcht, meine Liebe. Ich selbst – ich will über dir wachen wie der Zauberdrach über unterirdischem Golde – *Mir* vertraue dich. Du brauchst keinen Engel mehr – Ich will mich zwischen dich und das Schicksal werfen – empfangen für dich jede Wunde – auffassen für dich jeden Tropfen aus dem Becher der Freude – dir ihn bringen in der Schale der Liebe. *(Sie zärtlich umfassend)* An diesem Arm soll meine Luise durchs Leben hüpfen, schöner als er dich von sich ließ, soll der Himmel dich wieder haben und mit Verwunderung eingestehn, daß nur die Liebe die letzte Hand an die Seelen legte –

LUISE *(drückt ihn von sich, in großer Bewegung)*: Nichts mehr! Ich bitte dich, schweig! – Wüßtest du – Laß mich – du weißt nicht, daß deine Hoffnungen mein Herz wie Furien anfallen. *(Will fort)*

FERDINAND *(hält sie auf)*: Luise? Wie! Was! Welche Anwandlung?
LUISE: Ich hatte diese Träume *vergessen* und war glücklich – Jetzt! Jetzt! *Von heut* an – der Friede meines Lebens ist aus – Wilde Wünsche – ich weiß es – werden in meinem Busen rasen. – Geh – Gott vergebe dirs – Du hast den Feuerbrand in mein junges friedsames Herz geworfen, und er wird nimmer, nimmer gelöscht werden. *(Sie stürzt hinaus. Er folgt ihr sprachlos nach)*

(Friedrich Schiller, „Kabale und Liebe", S. 14 ff.)

Diesen Ausschnitt als eine reine Liebesszene anzusprechen wäre verkürzt, kreist doch das Gespräch auch um andere entscheidende Aspekte des Dramas: um Ferdinands mangelnden Realitätssinn, der ihn die Standesunterschiede schlicht als unbedeutend hinwegphantasieren lässt, seine Selbststilisierung zum übermenschlichen Beschützer, Luises Angst vor der Macht des Präsidenten, schließlich ihre gegen alle Vernunft wieder erwachten Hoffnungen auf eine Heirat mit Ferdinand.

Der Ausschnitt ist Redeszene vor allem deshalb, weil das Problem des unüberbrückbaren Standesunterschiedes zwischen Adel und Bürgertum von verschiedenen Seiten aus diskutiert wird: als nicht von der Natur gegebene, sondern geschichtlich entstandene soziale Ordnung, als politisches Faktum, das dem menschlichen Gefühl der Liebe krass entgegensteht und deren Erfüllung verhindert, schließlich als gesellschaftliche Struktur, welche es dem einen Stand – dem Adel – erlaubt, über den anderen – das Bürgertum – Macht und Gewalt auszuüben.

Gerade dieser letzte Aspekt kommt in einer **Spielszene** desselben Dramas zum Ausdruck: Nachdem der Präsident von Walter vergeblich versucht hat, Ferdinand verbal zum Verzicht auf eine Heirat mit Luise zu bewegen, dringt er mit Gewalt in Millers Haus ein, um durch eine Machtdemonstration – die Verhaftung Luises – die Eltern einzuschüchtern und Ferdinand und Luise zur Trennung zu veranlassen.

Zweiter Akt

Siebente Szene

GERICHTSDIENER. DIE VORIGEN

FERDINAND *(eilt auf Luisen zu, die ihm halbtot in den Arm fällt)*: Luise! Hilfe! Rettung! Der Schrecken überwältigte sie.
MILLER *(ergreift sein spanisches Rohr, setzt den Hut auf und macht sich zum Angriff gefaßt)*.

4 DIE ELEMENTE EINES DRAMAS
Baustein 1: Die Szene

FRAU *(wirft sich auf die Knie vor dem Präsident).*

PRÄSIDENT *(zu den Gerichtsdienern, seinen Orden entblößend)*: Legt Hand an im Namen des Herzogs – Weg von der Metze, Junge – Ohnmächtig oder nicht – Wenn sie nur erst das eiserne Halsband um hat, wird man sie schon mit Steinwürfen aufwecken.

FRAU: Erbarmung, Ihro Exzellenz! Erbarmung! Erbarmung!

MILLER *(reißt seine Frau in die Höhe)*: Knie vor Gott, alte Heulhure, und nicht vor – – – Schelmen, weil ich ja doch schon ins Zuchthaus muß.

PRÄSIDENT *(beißt die Lippen)*: Du kannst dich verrechnen, Bube. Es stehen noch Galgen leer. *(Zu den Gerichtsdienern)* Muß ich es noch einmal sagen?

GERICHTSDIENER *(dringen auf Luisen ein).*

FERDINAND *(springt an ihr auf und stellt sich vor sie, grimmig)*: Wer will was? *(Er zieht den Degen samt der Scheide und wehrt sich mit dem Gefäß)* Wag es, sie anzurühren, wer nicht auch die Hirnschale an die Gerichte vermietet hat. *(Zum Präsidenten)* Schonen Sie Ihrer selbst. Treiben Sie mich nicht weiter, mein Vater.

PRÄSIDENT *(drohend zu den Gerichtsdienern)*: Wenn euch euer Brot lieb ist, Memmen –

GERICHTSDIENER *(greifen Luisen wieder an).*

FERDINAND: Tod und alle Teufel! Ich sage: Zurück – Noch einmal. Haben Sie Erbarmen mit sich selbst. Treiben Sie mich nicht aufs Äußerste, Vater.

PRÄSIDENT *(aufgebracht zu den Gerichtsdienern)*: Ist das euer Diensteifer, Schurken?

GERICHTSDIENER *(greifen hitziger an).*

FERDINAND: Wenn es denn sein muß *(indem er den Degen zieht und einige von denselben verwundet)*, so verzeih mir, Gerechtigkeit!

PRÄSIDENT *(voll Zorn)*: Ich will doch sehen, ob auch ich diesen Degen fühle. *(Er faßt Luisen selbst, zerrt sie in die Höh und übergibt sie einem Gerichtsknecht)*

FERDINAND *(lacht erbittert)*: Vater, Vater, Sie machen hier ein beißendes Pasquill auf die Gottheit, die sich so übel auf ihre Leute verstund und aus *vollkommenen Henkersknechten schlechte Minister* machte.

PRÄSIDENT *(zu den übrigen)*: Fort mit ihr!

FERDINAND: Vater, sie soll an dem Pranger stehn, aber *mit* dem Major, des Präsidenten Sohn – Bestehen Sie noch darauf?

PRÄSIDENT: Desto possierlicher wird das Spektakel – Fort!

FERDINAND: Vater! ich werfe meinen Offiziersdegen auf das Mädchen – Bestehen Sie noch darauf?

PRÄSIDENT: Das Portepee ist an *deiner* Seite des Prangerstehns gewohnt geworden – Fort! Fort! Ihr wißt meinen Willen.

> FERDINAND *(drückt einen Gerichtsdiener weg, faßt Luisen mit einem Arm, mit dem andern zückt er den Degen auf sie)*: Vater! Eh Sie meine Gemahlin beschimpfen, durchstoß ich sie – Bestehen Sie noch darauf?
> 55 PRÄSIDENT: Tu es, wenn deine Klinge auch spitzig ist.
> FERDINAND *(läßt Luisen fahren und blickt fürchterlich zum Himmel)*: Du, Allmächtiger, bist Zeuge! Kein *menschliches* Mittel ließ ich unversucht – ich muß zu einem *teuflischen* schreiten – Ihr führt sie zum Pranger fort, unterdessen *(zum Präsidenten ins Ohr rufend)* erzähl
> 60 ich der Residenz eine Geschichte, *wie man* Präsident wird. *(Ab)*
> PRÄSIDENT *(wie vom Blitz gerührt)*: Was ist das? – Ferdinand – Laßt sie ledig! *(Er eilt dem Major nach)*
>
> (Friedrich Schiller, „Kabale und Liebe", S. 49 ff.)

Auch im Vergleich mit *action*-betonten Kinofilmen unserer Zeit ist diese Szene ungeheuer bewegt. Die Geschehnisse auf der Bühne überstürzen sich fast, ziehen durch Angriffe und schnelle Wortwechsel den Zuschauer unweigerlich in ihren Bann. Schon allein an der Vielzahl der Regieanweisungen wird deutlich, dass es sich um eine *Spielszene* handelt: Luise soll festgenommen werden und am Pranger stehen, wozu der Präsident alle ihm zu Gebote stehende Macht – von sarkastischer Rede bis hin zu körperlicher Gewalt – einsetzt. Nach dem ersten Drittel gestaltet sich die Szene als Auseinandersetzung zwischen Ferdinand und seinem Vater, wobei dann auch der Sohn zu körperlicher Gewalt greift.

Der Standeskonflikt als Grundproblem des Dramas wird in dieser Szene also nicht durch dialogische Rede vorangetrieben, sondern durch die äußere Handlung.

Die Anwendung physischer Gewalt in einer Dramenszene deutet jedoch nicht mit Sicherheit darauf hin, dass es sich um eine reine *Spielszene* handelt: In Büchners Drama „Woyzeck" z. B. wird ebenfalls eine der Hauptpersonen auf offener Bühne erstochen. Nachdem Marie, Woyzecks Lebensgefährtin, mit der er ein uneheliches Kind hat, ihn mit einem Tambourmajor betrogen hat, ist für Woyzeck das Leben sinnlos geworden. Ohne Marie deutlich offenbart zu haben, dass er von ihrer Beziehung zu dem Tambourmajor weiß, geht er mit ihr zu einem nahe der Stadt gelegenen Teich und ersticht sie.

AUFGABE 2

Erörtern Sie, inwiefern der folgende Ausschnitt Elemente einer Redeszene aufweist.

Charakterisieren Sie dabei auch, wie die beiden miteinander sprechen und an welchen Stellen es zu einem echten Dialog kommt, in dem jeder auf den anderen eingeht.

4 DIE ELEMENTE EINES DRAMAS
Baustein 1: Die Szene

WALDSAUM AM TEICH

Marie und Woyzeck.

MARIE: Also dort hinaus is die Stadt. 's is finster.
WOYZECK: Du sollst noch bleiben. Komm, setz dich!
5 MARIE: Aber ich muß fort.
WOYZECK: Du wirst dir die Füß nit wund laufe.
MARIE: Wie bist du nur auch!
WOYZECK: Weißt du auch, wie lang es jetzt ist, Marie?
MARIE: Am Pfingsten zwei Jahr.
10 WOYZECK: Weißt du auch, wie lang es noch sein wird?
MARIE: Ich muß fort, das Nachtessen richten.
WOYZECK: Friert's dich, Marie? Und doch bist du warm! Was du heiße Lippen hast! Heiß, heißen Hurenatem! Und doch möcht ich den Himmel geben, sie noch einmal zu küssen ... Wenn man kalt is, so
15 friert man nicht mehr. Du wirst vom Morgentau nicht frieren.
MARIE: Was sagst du?
WOYZECK: Nix.
(Schweigen.)
MARIE: Was der Mond rot aufgeht!
20 WOYZECK: Wie ein blutig Eisen.
MARIE: Was hast du vor? Franz, du bist so blaß. *(Er holt mit dem Messer aus.)* Franz, halt ein! Um des Himmels willen, Hilfe, Hilfe!
WOYZECK *(sticht drauflos)*: Nimm das und das! Kannst du nicht sterben? So! So! – Ha, sie zuckt noch; noch nicht, noch nicht? Immer
25 noch. *(Stößt mehrmals zu.)* – Bist du tot? Tot! Tot! ... *(Er läßt das Messer fallen und läuft weg.)*

(Georg Büchner, „Woyzeck", S. 24 f.)

Ob eine Szene als Spiel- oder Redeszene anzusprechen ist, hängt *auch* davon ab, ob es sich bei ihr um einen Dialog oder Monolog handelt. Während Sie in der vorangegangenen Aufgabe einen Dialog untersuchen sollten, geht es in Aufgabe 3 (S. 47) um den Eingangsmonolog zu Goethes „Faust".
Im Anschluss an ein „Vorspiel auf dem Theater" und einen „Prolog im Himmel" beginnt die eigentliche Handlung des Dramas mit einem Monolog der Hauptfigur: Faust, ein umfassend gebildeter Universitätsgelehrter des späten Mittelalters, spricht zu Beginn des Stücks folgende Worte (aus Platzgründen ist hier nur das erste Viertel des 130 Verse umfassenden Monologs abgedruckt):

NACHT

*In einem hochgewölbten, engen gotischen Zimmer
Faust unruhig auf seinem Sessel am Pulte.*

FAUST: Habe nun, ach! Philosophie,
5   Juristerei und Medizin,
    Und leider auch Theologie
    Durchaus studiert, mit heißem Bemühn.
    Da steh' ich nun, ich armer Tor,
    Und bin so klug als wie zuvor!
10 Heiße Magister, heiße Doktor gar,
    Und ziehe schon an die zehen Jahr'
    Herauf, herab und quer und krumm
    Meine Schüler an der Nase herum –
    Und sehe, daß wir nichts wissen können!
15 Das will mir schier das Herz verbrennen.
    Zwar bin ich gescheiter als alle die Laffen,
    Doktoren, Magister, Schreiber und Pfaffen;
    Mich plagen keine Skrupel noch Zweifel,
    Fürchte mich weder vor Hölle noch Teufel –
20 Dafür ist mir auch alle Freud' entrissen,
    Bilde mir nicht ein, was Rechts zu wissen,
    Bilde mir nicht ein, ich könnte was lehren,
    Die Menschen zu bessern und zu bekehren.
    Auch hab' ich weder Gut noch Geld,
25 Noch Ehr' und Herrlichkeit der Welt;
    Es möchte kein Hund so länger leben!
    Drum hab' ich mich der Magie ergeben,
    Ob mir durch Geistes Kraft und Mund
    Nicht manch Geheimnis würde kund;
30 Daß ich nicht mehr mit sauerm Schweiß
    Zu sagen brauche, was ich nicht weiß;
    Daß ich erkenne, was die Welt
    Im Innersten zusammenhält,
    Schau' alle Wirkenskraft und Samen,
35 Und tu' nicht mehr in Worten kramen.

(Johann Wolfgang von Goethe, „Faust", S. 20)

4 DIE ELEMENTE EINES DRAMAS
Baustein 1: Die Szene

AUFGABE 3

1. Listen Sie stichpunktartig die Aspekte auf, die für Fausts Ausgangssituation von Bedeutung sind.
2. Entscheiden Sie, ob es sich bei dem Text um eine Spiel- oder eine Redeszene handelt.
3. Verallgemeinern Sie: Sind dramatische Monologe eher als Rede- oder als Spielszenen anzusprechen? Begründen Sie Ihre Entscheidung.

2. Funktion

Im letzten Teilkapitel wurde die Szene definiert als kleinster in sich geschlossener Teil eines Dramas. Dieses In-sich-Geschlossen-Sein darf dabei nicht nur als etwas Äußerliches verstanden werden, so als handelte es sich bei einer Szene lediglich um eine rein formale Abgrenzung, die durch eine bestimmte Menge auf der Bühne befindlicher Personen und deren Auf- und Abtritte gegeben wäre.

Schon die erste vorläufige Ansprache als Spiel- oder Redeszene impliziert, dass auf der Bühne ein Geschehen stattfindet, welches entweder durch äußere Aktion oder durch das Gespräch vorangetrieben wird. Am Ende einer Szene herrscht eine andere Situation als an deren Beginn. Von daher gilt: Jeder dramatischen Szene kommt innerhalb der Gesamthandlung eine bestimmte Funktion zu.

Dies wird z.B. an der Szene „Waldsaum am Teich" aus Büchners „Woyzeck" (vgl. S. 45) sehr deutlich. Zum einen werden in ihr sozusagen die Weichen gestellt für die noch ausstehende Handlung des Dramas: Woyzeck ersticht Marie, und dieser Mord führt dazu, dass Woyzeck im Folgenden die Tatwaffe – das Messer – im Teich zu verbergen versucht, vielleicht auch – dies wird aus dem fragmentarischen Text nicht mit letzter Gewissheit deutlich – absichtlich ins Wasser geht, um sich umzubringen.

Handelte es sich hierbei um eine reine Spielszene, so wäre ihre Funktion darin erschöpft, das noch kommende Geschehen – das Verstecken der Tatwaffe oder den Selbstmord – vorzubereiten. Da sie in ihrem ersten Teil aber auch Redeszene ist, besteht ihre Funktion noch in etwas anderem. Woyzeck und Marie sprechen unmittelbar vor dem Mord über ihre gemeinsame Vergangenheit, und Marie versucht mehrfach, Woyzeck auszuweichen. Letzteres zeigt zu einen ihr schlechtes Gewissen, weil sie Woyzeck mit dem Tambourmajor betrogen hat, und Stichworte wie „heiße Lippen" oder „Und doch möcht ich den Himmel geben, sie noch einmal zu küssen" offenbaren, dass Woyzecks Zuneigung zu Marie ungebrochen ist.

Abstrahiert man einmal von konkreten inhaltlichen Aspekten, so besteht die Funktion dieser Szene darin, dass sie Handlungselemente des vorangegangenen Geschehens aufnimmt und zum Zweiten Element der noch ausstehenden dramatischen Handlung vorbereitet.

Diese sehr allgemeine Grundstruktur lässt sich praktisch auf alle dramatischen Szenen übertragen. Als Teile der Gesamtheit des Dramas sind sie auf dieses Ganze rückbezogen, und dies zumeist so, dass vorangegangene Handlungsstränge in ihnen aufgenommen werden und wiederum neue oder weitergeführte Handlungsstränge von ihnen ausgehen und das Bühnengeschehen vorantreiben. Bei der Bestimmung der Funktion einer Szene besteht Ihre Aufgabe als Interpret also vor allem darin, festzustellen, um welche Handlungsstränge oder -elemente es sich dabei jeweils handelt.

Dies soll an einer kurzen und auf den ersten Blick recht unwichtig erscheinenden Szene aus Lessings Drama „Nathan der Weise" konkretisiert werden: Nathan, ein sehr reicher jüdischer Kaufmann, ist von einer Handelsreise nach Hause zurückgekehrt und erfährt von Daja, der Gesellschafterin seiner Pflegetochter Recha, dass während seiner Abwesenheit sein Haus abgebrannt und Recha nur knapp dem Feuertod entgangen ist, weil ein Kreuzritter, ein junger Tempelherr, sie aus den Flammen gerettet hat, kurz darauf jedoch ohne ersichtlichen Grund verschwunden ist. Nach einem Gespräch Nathans mit Recha (I/2), die ihren Retter in einem Anflug von Schwärmerei zuerst für einen Engel hält, und mit einem Derwisch (I/3) kommt es zu folgendem kurzen Dialog:

Erster Aufzug

Vierter Auftritt

DAJA *eilig herbei.* NATHAN

DAJA: O Nathan, Nathan!
5   NATHAN: Nun?
    Was gibts?
    DAJA: Er läßt sich wieder sehn! Er läßt
    Sich wieder sehn!
    NATHAN: Wer, Daja, wer?
10 DAJA: Er! er!
    NATHAN: Er? Er? – Wann läßt sich *der* nicht sehn! – Ja so,
    Nur euer Er heißt er. – Das sollt' er nicht!
    Und wenn er auch ein Engel wäre, nicht!
    DAJA: Er wandelt unter Palmen wieder auf
15 Und ab; und bricht von Zeit zu Zeit sich Datteln.
    NATHAN: Sie essend? – und als Tempelherr?
    DAJA: Was quält
    Ihr mich? – Ihr gierig Aug' erriet ihn hinter
    Den dicht verschränkten Palmen schon; und folgt
20 Ihm unverrückt. Sie läßt Euch bitten, – Euch
    Beschwören, – ungesäumt ihn anzugehn.

4 DIE ELEMENTE EINES DRAMAS
Baustein 1: Die Szene

> O eilt! Sie wird Euch aus dem Fenster winken,
> Ob er hinauf geht oder weiter ab
> Sich schlägt. O eilt!
> 25 NATHAN: So wie ich vom Kamele
> Gestiegen? – Schickt sich das? – Geh, eile du
> Ihm zu; und meld ihm meine Wiederkunft.
> Gib Acht, der Biedermann hat nur mein Haus
> In meinem Absein nicht betreten wollen;
> 30 Und kömmt nicht ungern, wenn der Vater selbst
> Ihn laden läßt. Geh, sag, ich lass' ihn bitten,
> Ihn herzlich bitten...
> DAJA: All umsonst, Er kömmt
> Euch nicht. – Denn kurz; er kömmt zu keinem Juden.
> 35 NATHAN: So geh, geh wenigstens ihn anzuhalten;
> Ihn wenigstens mit deinen Augen zu
> Begleiten. – Geh, ich komme gleich dir nach.
> *(Nathan eilet hinein, und Daja heraus.)*
>
> (Gotthold Ephraim Lessing, „Nathan der Weise", S. 20 f.)

In dieser Szene wird einmal ein Nebenaspekt zu Ende geführt: Rechas phantastische Schwärmerei, sie sei von einem Engel gerettet worden, indem Nathan diese deutlich ironisiert: „Das sollt' er nicht!/Und wenn er auch ein Engel wäre, nicht!" Zum Zweiten wird ein Handlungsstrang wieder aufgenommen. Das spurlose Verschwinden des Tempelherrn ist beendet, denn „Er läßt sich wieder sehn!" Drittens werden dem Zuschauer erneut Rechas Zuneigung und Dankbarkeit gegenüber dem Tempelherrn vorgeführt: „Ihr gierig Aug' erriet ihn hinter/Den dicht verschränkten Palmen schon", „Sie läßt Euch bitten [...] ungesäumt ihn anzugehn." Viertens schließlich wird mit der Einladung Nathans der Handlung ein neuer Impuls verliehen. Auch wenn ein christlicher Tempelherr „zu keinem Juden kömmt", werden mit Nathans Bitte an Daja, „wenigstens ihn anzuhalten", die Weichen für ein künftiges Gespräch zwischen ihm und dem Tempelherrn gestellt.

Berücksichtigt man, dass der Schluss des Dramas auf eine humanistische Versöhnung der Religionen Judentum, Islam und Christentum abzielt, reduziert sich die Funktion dieser Szene auf einen Aspekt: Sie dient der Vorbereitung eines Treffens zwischen Nathan, dem Vertreter des Judentums, mit dem Tempelherrn, dem Repräsentanten des Christentums.

Da die Bestimmung der Funktion einer Szene für deren Analyse eine unabdingbare Voraussetzung darstellt, sollen Sie hierzu zwei Dramenausschnitte aus ganz unterschiedlichen Epochen untersuchen. Der erste ist Dürrenmatts „Besuch der alten Dame" entnommen: Ill, angesehener Einwohner des Städtchens Güllen, hat die vormalige Kläri Wäscher und jetzige Milliardärin Claire Zachanassian in früher Jugend geschwängert, sitzengelassen und dadurch mittelbar zur Prostituierten gemacht. Nach mehr als 45 Jahren sucht diese erneut den Ort ihrer Kindheit und Jugend auf. Dieser ist inzwischen total abgewirtschaftet und verschuldet; die Bewohner nagen buchstäblich am Hungertuch. In einer Art Bürgerversammlung bietet Claire Zachanassian den Einwohnern eine Schenkung von einer Milliarde an, mit der sie ihre Kommune und sich selbst sanieren könnten. Als Gegenleistung fordert sie am Ende des 1. Aktes „Gerechtigkeit", die sie in folgendem Satz näher erläutert: „Eine Milliarde für Güllen, wenn jemand Alfred Ill tötet." (A.a.O., S. 49) Der Bürgermeister lehnt dieses Ansinnen unter „riesigem Beifall" der Anwesenden als unmoralisch ab.

Der zweite Akt, aus dem der zu untersuchende Ausschnitt stammt, ist vom Bühnenbild folgendermaßen aufgebaut: Unten befindet sich Ills Lebensmittelgeschäft, erhöht auf einem Hotelbalkon sitzt Claire Zachanassian, die mit ihrem achten (!) Gatten frühstückt.

Aufgrund des Bühnenbildes müssen Sie darauf achten, dass ein Teil der Handlung in Ills Laden, ein anderer auf dem Hotelbalkon spielt. Um den Gesamteindruck des Ausschnitts nicht zu verfälschen, wurden die Redeanteile, die auf dem Hotelbalkon gesprochen werden, nicht ausgelassen; Sie sollten sich jedoch bei der Lösung auf das Geschehen in Ills Laden konzentrieren.

AUFGABE 4

1. Welche Gemeinsamkeit lässt sich in den Wünschen der Kunden feststellen? Welches Requisit der Kunden ist für den Ausschnitt von besonderer Bedeutung?
2. Worin besteht die Funktion dieses Dramenausschnitts?

Ein zweiter Kunde kommt, verarmt und verrissen, wie alle (Der Zweite).
DER ZWEITE: Guten Morgen. Wird heiß werden heute.
DER ERSTE: Die Schönwetterperiode dauert an.
5 ILL: Eine Kundschaft habe ich diesen Morgen. Sonst die ganze Zeit niemand, und nun strömt's seit einigen Tagen.
DER ERSTE: Wir stehen eben zu Ihnen. Zu unserem Ill. Felsenfest.
DIE FRAUEN (*Schokolade essend*): Felsenfest, Herr Ill, felsenfest.
DER ZWEITE: Du bist schließlich die beliebteste Persönlichkeit.
10 DER ERSTE: Die wichtigste.
DER ZWEITE: Wirst im Frühling zum Bürgermeister gewählt.
DER ERSTE: Todsicher.
DIE FRAUEN (*Schokolade essend*): Todsicher, Herr Ill, todsicher.
DER ZWEITE: Schnaps.

Ill greift ins Regal.

Der Butler serviert Whisky.

CLAIRE ZACHANISSIAN: Weck den Neuen. Ich habe es nicht gern, wenn meine Männer so lange schlafen.

ILL: Drei zehn.
DER ZWEITE: Nicht den.
ILL: Den trankst du doch immer.
DER ZWEITE: Kognak.
ILL: Kostet zwanzig fünfunddreißig. Kann sich niemand leisten.
DER ZWEITE: Man muß sich auch etwas gönnen.

Über die Bühne rast ein fast halbnacktes Mädchen, Toby hinterher.

DIE ERSTE FRAU *(Schokolade essend)*: Ein Skandal, wie's die Luise treibt.
DIE ZWEITE FRAU *(Schokolade essend)*: Dabei ist die doch verlobt mit dem blonden Musiker von der Berthold-Schwarz-Straße.

Ill nimmt den Kognak herunter.

ILL: Bitte.
DER ZWEITE: Und Tabak. Für die Pfeife.
ILL: Schön.
DER ZWEITE: Import.

Ill rechnet alles zusammen.

Auf den Balkon kommt der Gatte VIII, Filmschauspieler, groß, schlank, roter Schnurrbart, im Morgenrock. Er kann vom gleichen Schauspieler dargestellt werden wie Gatte VII.

GATTE VIII: Hopsi, ist es nicht wundervoll: unser erstes Frühstück als Jungverlobte. Wie ein Traum. Ein kleiner Balkon, eine rauschende Linde, ein plätschernder Rathausbrunnen, einige Hühner, die quer über das Pflaster rennen, irgendwo schwatzende Hausfrauen mit ihren kleinen Sorgen, und hinter den Dächern der Turm des Münsters!
CLAIRE ZACHANISSIAN: Setz dich, Hoby, rede nicht. Die Landschaft seh ich selber, und Gedanken sind nicht deine Stärke.
DER ZWEITE: Nun sitzt auch der Gatte da oben.
DIE ERSTE FRAU *(Schokolade essend)*: Der achte.
DIE ZWEITE FRAU *(Schokolade essend)*: Ein schöner Mann, ein Filmschauspieler. Meine Tochter sah ihn als Wilderer in einem Ganghoferfilm.

DIE ERSTE FRAU: Und ich als Priester in einem Graham Greene.

Claire Zachanassian wird von Gatte VIII geküßt. Gitarrenakkord.

DER ZWEITE: Für Geld kann man eben alles haben. *(Er spuckt aus.)*
DER ERSTE: Nicht bei uns. *(Er schlägt mit der Faust auf den Tisch.)*
ILL: Dreiundzwanzig achtzig.
DER ZWEITE: Schreib's auf.
ILL: Diese Woche will ich eine Ausnahme machen, doch daß du mir am Ersten zahlst, wenn die Arbeitslosenunterstützung fällig ist.

Der Zweite geht zur Türe.

ILL: Helmesberger!

Er bleibt stehen. Ill kommt zu ihm.

ILL: Du hast neue Schuhe. Gelbe neue Schuhe.
DER ZWEITE: Nun?
ILL *(blickt nach den Füßen des Ersten)*: Auch du, Hofbauer. Auch du hast neue Schuhe. *(Er blickt nach den Frauen, geht zu ihnen, langsam, grauenerfüllt.)* Auch ihr. Neue gelbe Schuhe.
DER ERSTE: Ich weiß nicht, was du daran findest.
DER ZWEITE: Man kann doch nicht ewig in den alten Schuhen herumlaufen.
ILL: Neue Schuhe. Wie konntet ihr neue Schuhe kaufen?
DIE FRAUEN: Wir ließen's aufschreiben, Herr Ill, wir ließen's aufschreiben.
ILL: Ihr ließet's aufschreiben. Auch bei mir ließet ihr's aufschreiben. Besseren Tabak, bessere Milch, Kognak. Warum habt ihr denn auf einmal Kredit in den Geschäften?
DER ZWEITE: Bei dir haben wir ja auch Kredit.
ILL: Womit wollt ihr zahlen?

Schweigen. Er beginnt die Kundschaft mit Waren zu bewerfen. Alle flüchten.

ILL: Womit wollt ihr zahlen? Womit wollt ihr zahlen? Womit? Womit? *(Er stürzt nach hinten.)*

(Friedrich Dürrenmatt, „Der Besuch der alten Dame", S. 56 ff.)

4 DIE ELEMENTE EINES DRAMAS
Baustein 1: Die Szene

Schillers Drama „Kabale und Liebe", aus dem der folgende Ausschnitt stammt, haben Sie bereits in zwei Szenen kennen gelernt. Zur Einordnung des Textausschnitts genügen daher einige ergänzende Informationen. Die zusammen mit ihrer Kammerzofe Sophie (stumme Rolle) in dieser Szene auftretende Lady Milford ist die Mätresse des Landesfürsten, auf den sie versucht, einen positiven Einfluss zugunsten seiner Untertanen zu nehmen. Der Präsident von Walter, Ferdinands Vater, beabsichtigt, seinen Sohn mit der Milford zu verheiraten, um dadurch auf den Fürsten einen größeren politischen Einfluss gewinnen zu können. Diesen Plan hat er seinem Sohn kurz zuvor (I/7) mitgeteilt. Nachdem Lady Milford ihrer Kammerzofe Sophie ihre stille Liebe zu Ferdinand gestanden hat (II/1), kommt es mit der ansonsten im Drama nicht auftretenden Figur des Kammerdieners zu einem Wortwechsel.

AUFGABE

5 Bestimmen Sie die Funktion des (unwesentlich gekürzten) Szenenausschnitts. Beachten Sie dabei einmal, dass der Kammerdiener im übrigen Drama nicht auftritt, und zum Zweiten, dass er – wie auch der Präsident von Walter und der Musiker Miller – Vater ist.

Zweiter Akt

Zweite Szene

Ein alter KAMMERDIENER *des Fürsten, der ein Schmuckkästchen trägt.* DIE VORIGEN

5 KAMMERDIENER: Seine Durchlaucht der Herzog empfehlen sich Mylady zu Gnaden, und schicken Ihnen diese Brillanten zur Hochzeit. Sie kommen soeben erst aus Venedig.
  LADY *(hat das Kästchen geöffnet und fährt erschrocken zurück)*: Mensch! was bezahlt dein Herzog für diese Steine?
10 KAMMERDIENER *(mit finsterm Gesicht)*: Sie kosten ihn keinen Heller.
  LADY: Was? Bist du rasend? *Nichts?* – und *(indem sie einen Schritt von ihm wegtritt)* du wirfst mir ja einen Blick zu, als wenn du mich durchbohren wolltest – *Nichts* kosten ihn diese unermeßlich kostbaren Steine?
15 KAMMERDIENER: Gestern sind siebentausend Landskinder nach Amerika fort – Die zahlen alles.
  LADY *(setzt den Schmuck plötzlich nieder und geht rasch durch den Saal, nach einer Pause zum Kammerdiener)*: Mann, was ist dir? Ich glaube, du weinst?
20 KAMMERDIENER *(wischt sich die Augen, mit schrecklicher Stimme, alle*

Glieder zitternd): Edelsteine wie *diese* da – Ich hab auch ein paar Söhne drunter.

LADY *(wendet sich bebend weg, seine Hand fassend):* Doch keinen Gezwungenen?

KAMMERDIENER *(lacht fürchterlich):* O Gott – Nein – lauter Freiwillige. Es traten wohl so etliche vorlaute Bursch vor die Front heraus und fragten den Obersten, wie teuer der Fürst das Joch Menschen verkaufe? – aber unser gnädigster Landesherr ließ alle Regimenter auf dem Paradeplatz aufmarschieren und die Maulaffen niederschießen. Wir hörten die Büchsen knallen, sahen ihr Gehirn auf das Pflaster sprützen, und die ganze Armee schrie: *Juchhe nach Amerika!* –

LADY *(fällt mit Entsetzen in den Sofa):* Gott! Gott! – Und ich hörte nichts? Und ich merkte nichts?

KAMMERDIENER: Ja, gnädige Frau – warum mußtet Ihr denn mit unserm Herrn gerad auf die Bärenhatz reiten, als man den Lärmen zum Aufbruch schlug? – Die Herrlichkeit hättet Ihr doch nicht versäumen sollen, wie uns die gellenden Trommeln verkündigten, es ist Zeit, und heulende Waisen dort einen lebendigen Vater verfolgten, und hier eine wütende Mutter lief, ihr saugendes Kind an Bajonetten zu spießen, und wie man Bräutigam und Braut mit Säbelhieben auseinanderriß, und wir Graubärte verzweiflungsvoll dastanden und den Burschen auch zuletzt die Krücken noch nachwarfen in die neue Welt – Oh, und mitunter das polternde Wirbelschlagen, damit der Allwissende uns nicht sollte beten hören –

LADY *(steht auf, heftig bewegt):* Weg mit diesen Steinen – sie blitzen Höllenflammen in mein Herz. *(Sanfter zum Kammerdiener)* Mäßige dich, armer alter Mann. Sie werden wiederkommen. Sie werden ihr Vaterland wiedersehen.

KAMMERDIENER *(warm und voll):* Das weiß der Himmel! Das werden sie! – Noch am Stadttor drehten sie sich um und schrien: „Gott mit euch, Weib und Kinder! – Es leb unser Landesvater – am Jüngsten Gericht sind wir wieder da!" –

LADY *(mit starkem Schritt auf und nieder gehend):* Abscheulich! Fürchterlich! – *Mich* beredete man, ich habe sie alle getrocknet, die Tränen des Landes – Schrecklich, schrecklich gehen mir die Augen auf – Geh du – Sag deinem Herrn – Ich werd ihm persönlich danken. *(Kammerdiener will gehen, sie wirft ihm ihre Geldbörse in den Hut)* Und das nimm, weil du mir Wahrheit sagtest –

KAMMERDIENER *(wirft sie verächtlich auf den Tisch zurück):* Legts zu dem übrigen. *(Er geht ab.)*

LADY *(sieht ihm erstaunt nach):* Sophie, spring ihm nach, frag ihn um seinen Namen. Er soll seine Söhne wiederhaben. *(Sophie ab. Lady*

nachdenkend auf und nieder. Pause. Zu Sophien, die wiederkommt) Ging nicht jüngst ein Gerüchte, daß das Feuer eine Stadt an der Grenze verwüstet, und bei vierhundert Familien an den Bettelstab gebracht habe? *(Sie klingelt)*
SOPHIE: Wie kommen Sie auf das? Allerdings ist es so, und die mehresten dieser Unglücklichen dienen jetzt ihren Gläubigern als Sklaven, oder verderben in den Schachten der fürstlichen Silberbergwerke.
BEDIENTER *(kommt)*: Was befehlen Mylady?
LADY *(gibt ihm den Schmuck)*: Daß das ohne Verzug in die Landschaft gebracht werde! – Man soll es sogleich zu Geld machen, befehl ich, und den Gewinst davon unter die Vierhundert verteilen, die der Brand ruiniert hat.
SOPHIE: Mylady, bedenken Sie, daß Sie die größte Ungnade wagen.
LADY *(mit Größe)*: Soll ich den Fluch des Landes in meinen Haaren tragen? *(Sie winkt dem Bedienten, dieser geht)* Oder willst du, daß ich unter dem schrecklichen Geschirr solcher Tränen zu Boden sinke? – Geh, Sophie! – Es ist besser, falsche Juwelen im Haar, und das Bewußtsein dieser Tat im Herzen zu haben.
SOPHIE: Aber Juwelen wie diese! Hätten Sie nicht Ihre schlechtern nehmen können? Nein, wahrlich, Mylady! Es ist Ihnen nicht zu vergeben.
LADY: Närrisches Mädchen! Dafür werden in einem Augenblick mehr Brillanten und Perlen für mich fallen, als zehen Könige in ihren Diademen getragen, und schönere –

(Friedrich Schiller, „Kabale und Liebe", S. 30 ff.)

3. Einordnung in die Gesamthandlung

Um sich über den Sinngehalt einer dramatischen Szene völlig klar zu werden, genügt es nicht, sie als Spiel- oder Redeszene zu klassifizieren und ihre Funktion zu bestimmen. Als Interpret muss man sie auch in die Handlung des Dramas einordnen. Was macht das Besondere dieses Arbeitsganges aus? Zwar bezieht sich beides, die Bestimmung der Funktion einer Szene wie deren Einordnung in die Handlung, auf das gesamte Drama, setzt also voraus, dass man das Ganze stets im Blick behält. Bezieht sich die Bestimmung der Funktion einer Szene jedoch auf deren Bedeutung für das gesamte Geschehen, so hat ihre Einordnung in die Handlung zu klären, welche Stellung sie innerhalb des Ganzen einnimmt.

Damit stellt sich dem Interpreten bei der Einordnung in die Handlung im Wesentlichen das Problem einer stark verknappten Inhaltsangabe, eine Aufgabe, die Sie bereits aus dem Deutschunterricht der Sekundarstufe I kennen.

Da ein Drama meist aus mehreren Handlungssträngen besteht, ist es zweifellos einfacher, eine Szene in die Gesamthandlung einzuordnen, wenn diese noch ziemlich zu Beginn angesiedelt ist. Eingangsszenen z.B. bieten in dieser Hinsicht kaum Probleme, da sie den Zuschauer in das Drama einführen müssen, hierzu oft nur einige Aspekte der Vorgeschichte aufgreifen und andere Aspekte aufzeigen, aus denen sich das noch ausstehende Geschehen entwickelt.

Viel komplizierter wird es jedoch, wenn es sich z.B. um eine Szene aus dem vierten oder fünften Akt handelt. Dann muss der Interpret bei der Einordnung in knapper Form erläutern, was alles vor dieser Szene geschehen ist und was sich aus ihr an wichtigen Handlungsaspekten entwickelt.

Verfallen Sie nicht in den Fehler, die Einordnung einer Szene mit einer ausgewachsenen Inhaltsangabe zu verwechseln. Es darf hierbei nicht darum gehen, alles bis ins Kleinste zu schildern; vielmehr sollen Sie dem Leser Ihrer Analyse einen groben Überblick verschaffen, der ihn in die Lage versetzt, einen Dramenausschnitt besser in das Dramenganze einordnen zu können. Sie müssen ihn über Handlungselemente informieren, die für die Interpretation der Szene von Bedeutung sind, dürfen aber auf keinen Fall die eigentliche Interpretation schon vorwegnehmen.

Als Beispiel für eine solche Einordnung mag der einführende Text zur Szene I/3 aus Schillers „Kabale und Liebe" (vgl. S. 38) gelten: Als wichtige Handlungselemente werden hier genannt:

- der Ständekonflikt Adel/Bürgertum, der für die Handlung des Dramas von grundlegender Bedeutung ist und in der Liebe Ferdinand/Luise sozusagen konkret wird
- die bisher aufgetretenen Personen (Miller, seine Frau, Wurm) und weitere für die Handlung wichtige Personen (Ferdinand, Luise, Präsident) sowie ihr Verhältnis zueinander (z.B. Wurm als „rechte Hand" des Präsidenten) die Personen, die in I/4 auftreten
- eine grobe Charakterisierung der Situation (Luise kommt vom Kirchbesuch nach Hause)

Wenn es für das Verständnis einer Szene notwendig ist, lässt sich die konzentrierte Inhaltsangabe über das bis zu dieser Szene Geschehene ergänzen durch einen Ausblick auf das Folgende. Für die Szene I/4 aus „Kabale und Liebe" könnte das etwa so aussehen:

„Im Anschluss an diese Szene kommt es zu einem ersten Bühnendialog zwischen Ferdinand und Luise, in dem beide ihre Beziehung diskutieren, die von den Machtansprüchen des Präsidenten überschattet ist. Am Ende der Szene macht Luise deutlich, dass sie in einem inneren Konflikt steht, der von der Liebe zu Ferdinand einerseits und von der Angst vor Ferdinands Vater andererseits geprägt ist. Dieser Konflikt deutet bereits an dieser frühen Stelle der Handlung voraus auf die Katastrophe am Ende des Dramas."

DIE ELEMENTE EINES DRAMAS
Baustein 1: Die Szene

Da die Einordnung einer Szene von der Kenntnis des Gesamttextes abhängt, kann an dieser Stelle keine Aufgabe gestellt werden. Zu Ihrer Übung wäre es sinnvoll, eine Szene nach eigener Wahl in ähnlicher Form einzuordnen wie oben. Zur Kontrolle könnten Sie z.B. eine(n) Mitschüler(in) bitten, Ihren Text zu lesen und kritisch zu beurteilen, ob das, was Sie geschrieben haben, für einen Außenstehenden hilfreich und verständlich ist.

4. Gliederung

Aus der Arbeit mit nicht-fiktionalen und erzählenden Texten – die Lyrik steht in diesem Punkt unter einer eigenen Gesetzmäßigkeit – kennen Sie das Verfahren einer Gliederung in Abschnitte. Einen Text zu gliedern ist für den Leser einer Interpretation wie auch für den Interpreten selbst ein wichtiger Arbeitsschritt. Sie als Interpret unterteilen einen Text in kleinere Einheiten, über die Sie sich einen besseren Überblick verschaffen können, wodurch der analytische Zugriff leichter wird. Der Leser einer Interpretation kann sich besser orientieren und wird einer abschnittsweise vorgehenden Analyse mehr Überzeugungskraft abgewinnen als einer unstrukturierten Großeinheit.

Abschnitte in erzählenden Texten lassen sich meist recht leicht setzen. Ein Wechsel von Ort, Zeit, Personen oder ein Sprung in der Handlung zeigen mit ziemlicher Sicherheit den Beginn eines neuen Abschnittes an. Bei einer dramatischen Szene liegen die Dinge anders und schwieriger, denn diese ist ja gerade dadurch definiert, dass weder ein Orts-, Zeit- noch Personenwechsel stattfindet. Deshalb muss hier mit anderen Gliederungskriterien gearbeitet werden. Diese ergeben sich aus der obigen (vgl. S. 17) Definition des Dramas als eines Textes, der aus Dialogen und Monologen besteht, aus Sprechhandlungen also, in denen zu jemandem über etwas gesprochen wird. Sind an einer dialogischen Szene nur zwei Personen beteiligt, lassen sich Abschnitte dort setzen, wo im Gespräch Themenwechsel stattfinden. Handelt es sich um drei oder mehr *dramatis personae*, können sich zusätzliche Abschnitte ergeben, wenn z.B. Person 1 zuerst mit Person 2 spricht, sich dann aber Person 3 zuwendet, oder wenn sich Person 3 in ein Gespräch zwischen Person 1 und Person 2 einschaltet. Der Monolog stellt hier erneut einen Sonderfall dar. Da in ihm eine Person mit sich selbst spricht, lassen sich Abschnitte allein an Themen- oder an Stimmungs- und Gefühlswechseln feststellen.

1. Eine Szene ist der kleinste in sich geschlossene Teil eines Dramas.
2. Fast immer werden Beginn und Ende einer Szene durch Auf- oder Abtritt einer oder mehrerer dramatis personae markiert.
3. Die erste grobe Charakterisierung einer Szene besteht darin, dass man sie als Spiel- oder Redeszene anspricht.
   Merke: Monologe sind wegen ihrer geringen äußeren Handlung fast immer Redeszenen.
4. Als Teil eines größeren Ganzen – des Aufzugs/Akts – besitzt jede Szene eine bestimmte dramatische Funktion. Diese Funktion festzustellen ist eine der wichtigsten Voraussetzungen und Bestandteil jeder Szeneninterpretation.
5. Als Teil des gesamten Dramas muss eine Szene durch eine knappe, sich auf das Wesentliche beschränkende Inhaltsangabe in die Handlung des Dramas eingeordnet werden.
6. Die Gliederung einer Szene in Sinnabschnitte verschafft dem Leser (und auch dem Interpreten!) eine Orientierung über deren Aufbau und ist deswegen ein unverzichtbarer Bestandteil jeder Interpretation einer Dramenszene.

AUFGABE 6

Gliedern Sie die folgende Szene aus Lessings „Emilia Galotti".

Erster Aufzug

(Die Szene, ein Kabinett des Prinzen)

Erster Auftritt

DER PRINZ *(an einem Arbeitstische, voller Briefschaften und Papiere,*
5 *deren einige er durchläuft)*: Klagen, nichts als Klagen! Bittschriften, nichts als Bittschriften! – Die traurigen Geschäfte; und man beneidet uns noch! – Das glaub' ich; wenn wir allen helfen könnten: dann wären wir zu beneiden. – Emilia? *(indem er noch eine von den Bittschriften aufschlägt, und nach dem unterschriebnen Namen sieht)*
10 Eine Emilia? – Aber eine Emilia Bruneschi – nicht Galotti. Nicht Emilia Galotti! – Was will sie, diese Emilia Bruneschi? *(Er lieset)* Viel gefordert; sehr viel. – Doch sie heißt Emilia. Gewährt! *(Er unterschreibt und klingelt; worauf ein Kammerdiener hereintritt)* Es ist wohl noch keiner von den Räten in dem Vorzimmer?

4 DIE ELEMENTE EINES DRAMAS

Baustein 2: Die dramatis personae

15   DER KAMMERDIENER: Nein.
   DER PRINZ: Ich habe zu früh Tag gemacht. – Der Morgen ist so schön. Ich will ausfahren. Marchese Marinelli soll mich begleiten. Laß ihn rufen. *(Der Kammerdiener geht ab)* – Ich kann doch nicht mehr arbeiten. – Ich war so ruhig, bild' ich mir ein, so ruhig – Auf einmal
20   muß eine arme Bruneschi, Emilia heißen: – weg ist meine Ruhe, und alles! –
   DER KAMMERDIENER *(welcher wieder herein tritt)*: Nach dem Marchese ist geschickt. Und hier, ein Brief von der Gräfin Orsina.
   DER PRINZ: Der Orsina? Legt ihn hin.
25   DER KAMMERDIENER: Ihr Läufer wartet.
   DER PRINZ: Ich will die Antwort senden; wenn es einer bedarf. – Wo ist sie? In der Stadt? oder auf ihrer Villa?
   DER KAMMERDIENER: Sie ist gestern in die Stadt gekommen.
   DER PRINZ: Desto schlimmer – besser; wollt' ich sagen. So braucht der
30   Läufer um so weniger zu warten. *(Der Kammerdiener geht ab.)* Meine teure Gräfin! *(bitter, indem er den Brief in die Hand nimmt:)* So gut, als gelesen! *(und ihn wieder wegwirft:)* – Nun ja; ich habe sie zu lieben geglaubt! Was glaubt man nicht alles? Kann sein, ich habe sie auch wirklich geliebt. Aber – ich habe!
35   DER KAMMERDIENER *(der nochmals herein tritt)*: Der Maler Conti will die Gnade haben – –
   DER PRINZ: Conti? Recht wohl; laßt ihn herein kommen. – Das wird mir andere Gedanken in den Kopf bringen. – *(Steht auf.)*

(Gotthold Ephraim Lessing, „Emilia Galotti", S. 4f.)

Baustein 2: Die dramatis personae

1. Einführung

Erzählende oder lyrische Texte können ohne weiteres darauf verzichten, Personen darzustellen. Wenn z.B. der realistische Autor Adalbert Stifter (1805–68) in seinem Roman „Der Nachsommer" über zwei Druckseiten einen Rosenstrauch schildert, kommt dabei eine Person bestenfalls indirekt vor: der fiktive Erzähler, der einen Naturgegenstand bis in die Details sprachlich einzufangen versucht. Vergleichbares gilt für die Lyrik. Conrad Ferdinand Meyers (1825–98) bekanntes Gedicht „Der römische Brunnen" z.B. oder viele Dinggedichte Rainer Maria Rilkes (1875–1926) – seine „Blaue Hortensie" ebenso wie „Früher Apollo" – entwerfen jeweils ein sehr dichtes Sprach-Bild, in dem Personen nicht nur nicht vorkommen, sondern schlicht überflüssig sind. Dem gegenüber ist die Gattung Drama an die Existenz von Personen gebunden – ein dramatischer Text ohne sprechende und handelnde Figuren ist undenkbar.

Hierbei ist der Begriff der Person in einem weiten Sinn zu nehmen. In Ludwig Tiecks (1773–1853) Komödie „Der gestiefelte Kater" etwa tritt gleichberechtigt mit menschlichen *dramatis personae* ein als Kater verkleideter Schauspieler auf; in Shakespeares (1564–1616) „Hamlet" der Geist des ermordeten Vaters usw. Selbst diesen seltenen und extremen Ausprägungen dramatischer Figuren ist gemeinsam, dass sie sprechen und handeln, also durchaus „menschliche" Kriterien erfüllen.

Da also das Drama geradezu hiervon lebt, muss man sich als Interpret mit dem Charakter dieser Figuren auch näher auseinandersetzen.

Wer einen realen Menschen genauer kennen gelernt hat, wird über dessen Charakter eine ganze Menge sagen können. Seine (Haupt-) Eigenschaften, seine Vorlieben und Abneigungen, seine politischen, philosophischen oder religiösen Anschauungen, seine Lebensziele, die Normen und Werte, nach denen er denkt und handelt. All dies gehört zum Charakter einer Person.

Mit gewissen Abstrichen – schließlich handelt es sich um fiktionale Figuren – lassen sich solche charakteristischen Merkmale auch bei den Personen eines Dramas feststellen. Je nach Gestaltung durch den Autor kann ein Charakter einfach oder vielschichtig, in sich konsequent oder widersprüchlich, sympathisch oder unsympathisch angelegt sein.

Es liegt in der Natur der Sache, dass ein Autor vor allem Wert auf die Gestaltung der Hauptfigur legt, welche häufig auch im Titel erscheint.

Die französische Typenkomödie etwa macht es dem Zuschauer hier oft leicht, wenn z.B. ein Stück „Der Geizige" oder „Der eingebildete Kranke" (beide von Molière) heißt. Schon vom Titel her ahnt man, welch ein Charakter auf der Bühne erscheinen wird.

Wenn ein Drama hingegen „Nathan der Weise" betitelt wird, bekommt der Leser nur einen wichtigen Hinweis auf den Charakter der Hauptfigur, gar keinen bei Dramentiteln wie „Wilhelm Tell" oder „Faust" – sein Bild über den Charakter des jeweiligen Titelhelden muss sich im Laufe der Textlektüre erst entwickeln. Was für den Titelhelden eines Dramas gilt, trifft umso mehr auf die übrigen Figuren zu, für deren Charakter der Leser am Anfang noch keinerlei Hinweise besitzt. Wie man im realen Leben einen Menschen erst näher kennen lernen muss, um über seinen Charakter etwas aussagen zu können, so verhält es sich auch bei den fiktiven Personen eines Dramas. Der Leser bzw. Zuschauer muss erst ein gewisses Maß an Vertrautheit mit ihnen gewonnen haben, um ihren Charakter richtig einschätzen und gegebenenfalls auch beurteilen zu können. Hierzu bedient sich der Dramatiker verschiedener Techniken, mit denen Sie in diesem Kapitel näher bekannt gemacht werden sollen.

DIE ELEMENTE EINES DRAMAS
Baustein 2: Die dramatis personae

2. Personenverzeichnisse

Zu Beginn eines jeden Dramentextes findet sich ein Personenverzeichnis, aus dem hervorgeht, welche *dramatis personae* in dem Stück vorkommen. Nicht nur für den Leser ist dies im Normalfall der erste Kontakt mit einem Drama, auch der Theaterbesucher – sofern er sich ein Programmheft kauft – bekommt durch den Theaterzettel ein Personenverzeichnis in die Hand (und zusätzlich noch die Namen der Schauspieler).

Personenverzeichnisse können völlig unterschiedlich gestaltet sein. Handelt es sich nicht um ein Drama mit unsicherer Textgeschichte, werden sie vom Autor erstellt, bieten also eine Übersicht über die beteiligten Personen in der Anordnung und mit den Informationen, die er hierfür vorgesehen hat. So ist es z.B. ein großer Unterschied, ob in Lessings „Emilia Galotti" die Gräfin Orsina, die eine vormalige Geliebte der männlichen Hauptfigur, des Prinzen von Guastalla, ist, nur mit ihrem Namen im Personenverzeichnis auftaucht oder ob in Schillers „Kabale und Liebe" Lady Milford, die Geliebte des Landesfürsten, schon im Personenverzeichnis als „Favoritin des Fürsten" vorgestellt wird. Zwar lässt sich die genaue Analyse eines Personenverzeichnisses erst bewerkstelligen, wenn man auch das Drama kennt, zu dem es gehört, Grundzüge lassen sich jedoch auch ohne Textkenntnis erschließen. Wenn Sie daher im Folgenden zwei Personenverzeichnisse aus völlig unterschiedlichen Epochen vergleichen sollen, können Sie sich hierbei auf zwei Aspekte beschränken.

AUFGABE 7

1. Wie haben die beiden Autoren das Personenverzeichnis jeweils aufgebaut?
2. Welche Rückschlüsse lassen sich aus dem Aufbau auf das Menschen- und Gesellschaftsbild des Autors ziehen?

Personenverzeichnis 1: Schiller, „Maria Stuart"

ELISABETH, Königin von England
MARIA STUART, Königin von Schottland, Gefangne in England
ROBERT DUDLEY, Graf von Leicester
5 GEORG TALBOT, Graf von Shrewsbury
WILHELM CECIL, Baron von Burleigh, Großschatzmeister
GRAF VON KENT
WILHELM DAVISON, Staatssekretär
AMIAS PAULET, Ritter, Hüter der Maria
10 MORTIMER, sein Neffe
GRAF AUBESPINE, französischer Gesandter
GRAF BELLIEVRE, außerordentlicher Botschafter von Frankreich

OKELLY, Mortimers Freund
DRUGEON DRURY, zweiter Hüter der Maria
15 MELVIL, ihr Haushofmeister
BURGOYN, ihr Arzt
HANNA KENNEDY, ihre Amme
MARGARETA KURL, ihre Kammerfrau
Sheriff der Grafschaft
20 Offizier der Leibwache
Französische und englische Herren
Trabanten
Hofdiener der Königin von England
Diener und Dienerinnen der Königin von Schottland

Personenverzeichnis 2: Bertolt Brecht, „Mutter Courage und ihre Kinder"

Mutter Courage – Kattrin, ihre stumme Tochter – Eilif, der ältere Sohn– Schweizerkas, der jüngere Sohn – Der Werber – Der Feldwebel – Der Koch – Der Feldhauptmann – Der Feldprediger – Der Zeugmeister –
5 Yvette Pottier – Der mit der Binde – Ein anderer Feldwebel – Der alte Obrist – Ein Schreiber – Ein junger Soldat – Ein älterer Soldat – Ein Bauer – Die Bauersfrau – Der junge Mann – Die alte Frau – Ein anderer Bauer – Die Bäuerin – Ein junger Bauer – Der Fähnrich – Soldaten – Eine Stimme

3. Selbstcharakteristik

Die einfachste und unmittelbarste Form, dem Leser etwas über den Charakter einer *dramatis persona* wissen zu lassen, besteht in der *Selbstcharakteristik*. Eine Person trifft, meist veranlasst durch äußeren Einfluss, eine Aussage über sich selbst und teilt diese einer anderen Dramenfigur – und damit auch dem Leser – mit.

Am prägnantesten ist dieses Mittel, wenn sich die Selbstcharakteristik zu einer Existenzformel verdichtet: zu einem knappen, zugespitzten Ausspruch, in dem sie zum Ausdruck bringt, worin gleichsam der innerste Nerv ihres Lebens liegt. So äußert z.B. Wilhelm Tell in einem sehr privaten Dialog mit seiner Frau:

4 DIE ELEMENTE EINES DRAMAS
Baustein 2: Die dramatis personae

> Zum Hirten hat Natur mich nicht gebildet,
> Rastlos muß ich ein flüchtig Ziel verfolgen,
> Dann erst genieß ich meines Lebens recht,
> Wenn ich mirs jeden Tag aufs neu erbeute.
>
> (Friedrich Schiller, „Wilhelm Tell", S. 966)

Anlass dieser Äußerung ist ein Erziehungsproblem: Walter, der Sohn der Tells, besingt in einem Lied kindlich-fröhlich das Leben eines Jägers, der „mit dem Pfeil, dem Bogen" seinen Unterhalt bestreitet. Seiner Mutter gefällt es gar nicht, dass er so „zeitig" anfängt, „zu schießen." (Ebd.) Wilhelm Tell hingegen legitimiert diese Lebensform gegenüber seiner Frau mit der oben zitierten Existenzformel. Als Jäger kann er nicht anders, als echte Lebensfreude im täglichen Gebrauch der Waffe zu gewinnen; diese Freude ist vom Vollzug des Erbeutens nicht abzulösen.

4. Fremdcharakteristik

Auch Ihnen wird es sicher schon einmal passiert sein, dass ein anderer Mensch Sie völlig anders eingeschätzt hat als Sie sich selbst. Vielleicht ist Ihnen eine flapsig gemeinte Bemerkung als Zynismus ausgelegt worden oder eine gut gemeinte Höflichkeit als unpassende Einschmeichelei. In beiden Fällen deckt sich Ihr Selbstbild nicht mit der Auffassung, die ein anderer von Ihrer Person bekommen hat. Aber auch das Umgekehrte ist denkbar: Ein anderer Mensch entdeckt an Ihnen einen Charakterzug, der Ihnen selbst bisher verborgen geblieben ist.

Diese Erfahrung, dass sich Selbst- und Fremdcharakteristik nicht immer decken, lässt sich auch auf die Personen eines Dramas übertragen, wobei oft gerade die Spannung zwischen den jeweils unterschiedlichen Einschätzungen für die Interpretation von Bedeutung ist: Denn welche ist nun die zutreffende? Die, die eine *dramatis persona* von sich selbst abgibt, oder die, die andere über sie äußern? Doch es ist noch eine weitere Möglichkeit denkbar. Eine Person sagt nichts oder nur Unwesentliches über den eigenen Charakter aus, andere hingegen umso mehr und dies ganz unverblümt.

Eine Fremdcharakteristik liegt immer dann vor, wenn eine dramatis persona eine Aussage über eine andere trifft – ob diese Aussage mit einer Selbstcharakteristik der betreffenden Person übereinstimmt, nicht übereinstimmt oder ob diese über sich selbst gar nichts äußert, ist hierbei von zweitrangiger Bedeutung, trägt doch jede der angesprochenen Möglichkeiten dazu bei, dass sich der Leser oder Zuschauer eines Dramas über die so charakterisierte Person ein bestimmtes Bild macht.

Hierzu ein Beispiel aus Schillers „Maria Stuart": Am Ende der Eingangsszene, in der Paulet, Marias Bewacher, gegenüber ihrer Vertrauten Kennedy begründet hat, warum man der gefangenen Maria u. a. Handspiegel, Bücher und eine Laute weggenommen hat, charakterisiert er die Königin, die „im Schleier, ein Kruzifix in der Hand", auftritt, in sentenzartiger Verknappung:

> KENNEDY: Da kommt sie selbst!
> PAULET: Den Christus in der Hand,
>   Die Hoffart und die Weltlust in dem Herzen.

Dieser Satz, der als letzter vor Marias erstem Bühnenauftritt fällt, charakterisiert die Königin als eine Person, die auf den äußeren Schein einer Büßerin abzielt, während sie in Wahrheit von der obersten Todsünde, der *superbia* (lat. Hochmut = „Hoffart"), besetzt ist und zudem der „Weltlust" huldigt, die in enger Verbindung mit einer weiteren Todsünde steht: der *voluptas* (lat. Wollust). Nur wenige Verse später wird diese negative Sicht relativiert, wenn Maria angesichts der konfiszierten Privatgegenstände äußert:

> Beruhige dich Hanna. Diese Flitter machen
> Die Königin nicht aus. Man kann uns niedrig
> Behandeln, nicht erniedrigen.
>
>   (Friedrich Schiller, „Maria Stuart", S. 8)

Nicht „Hoffart" ist nach diesen Sätzen die Ursache ihrer durchaus selbstbewussten Äußerung, sondern königliche Würde.

Die folgende Aufgabe lässt sich auch dann lösen, wenn Sie Brechts Drama „Mutter Courage" nicht kennen; es genügen ein paar kurze Hinweise: Die Hauptfigur zieht im Dreißigjährigen Krieg zuerst im Tross des protestantischen, dann des katholischen Heeres mit. Ihre Kinder und sich selbst ernährt sie als Marketenderin, indem sie Waren an die Soldaten verkauft. Als ein kurzlebiger Friede geschlossen wird, sieht Mutter Courage ihre Existenz bedroht, da sie ja nur im Krieg ihre Waren an die Soldaten verkaufen kann. Ein Feldprediger, der ihr in einer früheren Szene sogar einen Heiratsantrag gemacht hat, bezeichnet sie daraufhin als „Hyäne des Schlachtfelds".

AUFGABE 8
Erschließen Sie die Bedeutung der Fremdcharakteristik „Hyäne des Schlachtfelds"! (Brecht, „Mutter Courage", S. 50)

4 DIE ELEMENTE EINES DRAMAS
Baustein 2: Die dramatis personae

5. Indirekte Charakteristik

Die von den *dramatis personae* geäußerte Selbst- oder Fremdcharakteristik, die Sie bisher kennen gelernt haben, gibt dem Leser *direkte* Hinweise über den Charakter einer Person: Eine wichtige Eigenschaft oder gar das Wesen einer Person (s.o.: „Hyäne des Schlachtfelds") werden dem Leser unmittelbar mitgeteilt, indem sie ausgesprochen werden.
Von dieser direkten, verbalen Charakteristik ist die *indirekte* abzuheben, die sich auf der nonverbalen Ebene abspielt oder vom Autor durch Regieanweisungen gegeben wird, die sich zumeist auf das Äußere (Kleidung, Umgebung, Milieu etc.) beziehen.
Die indirekte Charakteristik gewinnt, literaturgeschichtlich betrachtet, etwa seit der zweiten Hälfte des 19. Jahrhunderts zunehmend an Bedeutung, so dass man als Interpret vor allem bei neueren Dramen hierauf verstärkt achten muss. Kann man etwa bei Dramen Lessings, Goethes oder Schillers fast immer davon ausgehen, dass man die entscheidenden Charakteristika einer Person durch den Sprechtext erfährt, verschiebt sich dies in einer veränderten geistesgeschichtlichen Situation: wenn ein Dramenautor nicht mehr das Gefühl hat, dass das Sprechen einer *dramatis persona* über sich selbst oder eine andere Bühnenfigur deren Charakter vollgültig erfassen kann. Schon in Büchners „Woyzeck" zeigt sich dies. Weder die Titelfigur noch eine andere Person kann verbalisieren, dass Marie, Woyzecks Lebensgefährtin, sein seelischer Existenzgrund ist; Woyzeck kann seine Liebe zu ihr nur dadurch äußern, dass er für sie sorgt, indem er sich sogar für höchst zweifelhafte medizinische Experimente zur Verfügung stellt. Negativ zeigt er seine Liebe sogar noch darin, dass er Marie in dem Moment umbringt, als er von ihrer Untreue erfahren hat. Mit dem in diesem Beispiel deutlich gewordenen Misstrauen eines Dichters in die Fähigkeit der Sprache, das ausdrücken zu können, was eine Person charakterisiert, verlagert sich die Charakteristik zunehmend auf die indirekte Ebene.

Zu Beginn des naturalistischen Dramas „Die Familie Selicke" von Arno Holz und Johannes Schlaf treten Frau Selicke und ihre beiden Söhne Walter (12 Jahre) und Albert (18 Jahre) auf. Das 1890 erschienene Theaterstück spielt in Berlin, und zwar am Heiligen Abend. Die Familie wartet darauf, dass der Vater, ein alkoholsüchtiger Buchhalter, nach Hause kommt.

AUFGABE

9 Erschließen Sie, wie Albert im folgenden Textausschnitt indirekt charakterisiert wird. Achten Sie dabei besonders auf die Regieanweisungen.

ERSTER AUFZUG

Das Wohnzimmer der Familie Selicke

Es ist mäßig groß und sehr bescheiden eingerichtet. Im Vordergrunde rechts führt eine Tür in den Korridor, im Vordergrunde links eine in das Zimmer Wendts. Etwas weiter hinter dieser eine Küchentür mit Glasfenstern und Zwirngardinen. Die Rückwand nimmt ein altes, schwerfälliges, großgeblumtes Sofa ein, über welchem zwischen zwei kleinen, vergilbten Gipsstatuetten „Schiller und Goethe" der bekannte Kaulbachsche Stahlstich „Lotte, Brot schneidend" hängt. Darunter, im Halbkranze, symmetrisch angeordnet, eine Anzahl photographischer Familienporträts. Vor dem Sofa ein ovaler Tisch, auf welchem zwischen allerhand Kaffeegeschirr eine brennende weiße Glaslampe mit grünem Schirm steht. Rechts von ihm ein Fenster, links von ihm eine kleine Tapetentür, die in eine Kammer führt. Außerdem noch, zwischen den beiden Türen an der linken Seitenwand, ein Tischchen mit einem Kanarienvogel, über welchem ein Regulator tickt, und, hinten an der rechten Seitenwand, ein Bett, dessen Kopfende, dem Zuschauerraum zunächst, durch einen Wandschirm verdeckt wird. Über ihm zwei große, alte Lithographien in fingerdünnen Goldrahmen, der alte Kaiser und Bismarck. Am Fußende des Bettes, neben dem Fenster, schließlich noch ein kleines Nachttischchen mit Medizinflaschen. Zwischen Kammer- und Küchentür ein Ofen; Stühle.

Frau Selicke, etwas ältlich, vergrämt, sitzt vor dem Bett und strickt. Abgetragene Kleidung, lila Seelenwärmer, Hornbrille auf der Nase, ab und zu ein wenig fröstelnd. Pause.

FRAU SELICKE *(seufzend)*: Ach Gott ja!
WALTER *(noch hinter der Szene, in der Kammer)*: Mamchen?!
FRAU SELICKE *(hat in Gedanken ihren Strickstrumpf fallen lassen, zieht ihr Taschentuch halb aus der Tasche, bückt sich drüber und schneuzt sich).*
WALTER *(steckt den Kopf durch die Kammertür. Pausbacken, Pudelmütze, rote, gestrickte Fausthandschuhe)*: Mamchen? Darf ich mir noch schnell 'ne Stulle schneiden?
FRAU SELICKE *(ist zusammengefahren)*: Ach, geh, du ungezogener Junge! Erschrick einen doch nich immer so! *(Ist aufgestanden und an den Tisch getreten.)* Kannst du denn auch gar nich 'n bißchen Rücksicht nehmen?! Siehst du denn nich, daß das Kind krank ist?
WALTER *(ist unterdessen aufs Sofa geklettert und trinkt nun nacheinan-*

der die verschiedenen Kaffeereste aus. Den Zucker holt er sich mit dem Löffel extra raus.): Aber ich hab doch noch solchen Hunger, Mamchen?

ALBERT *(ebenfalls noch hinter der Szene, in der Kammer, deren Tür jetzt weit aufsteht. Man sieht ihn vor einer kleinen Spiegelkommode, auf der ein Licht brennt. Knüpft sich gerade seine Krawatte um. Hemdärmel)*: Ach was, Mutter! Jieb ihm lieber 'n Katzenkopp un denn is jut!

FRAU SELICKE *(die jetzt Walter die Stulle schneidet)*: Na, du, Großer, sei doch man schon ganz still! Du verdienst ja noch alle Tage welche! Ich denk, ihr seid überhaupt schon lange weg?

ALBERT *(ärgerlich)*: Ja doch! Gleich! Aber ich wer' mir doch wohl noch erst den Rock abbürschten können?

FRAU SELICKE: Na ja, gewiß doch! Steh du man immer recht vorm Spiegel und vertrödle recht viel Zeit! Da werd't ihr ja euern lieben Vater sicher noch finden! Der wird heute grade noch auf'm Comptoir sitzen!

ALBERT: Ach Jott! Nu tu doch man nicht wieder so! Vor sechs kann er doch heute sowieso nich aus'm Geschäft!

FRAU SELICKE: So! Na! Und wie spät denkste denn, daß es jetz' is? *(Hat während des Streichens der Stulle einen Augenblick innegehalten, den Schirm von der Lampe gerückt, die Brille auf die Stirn gerückt und nach dem Regulator gesehen.)* ... Jetz' is gleich Dreiviertel!

ALBERT: Ach, Unsinn! Die jeht ja vor!

FRAU SELICKE *(für sich, fast weinend)*: Hach nee! Ich sag schon! Sicher is er nu wieder weg, und vor morgen früh wer'n wir'n ja dann natürlich nich wieder zu sehn kriegen! Nein, so ein Mann! So ein Mann! ...

ALBERT *(noch immer in der Kammer und vorm Spiegel)*: Hurrjott, Mutter! Räsonier doch nich immer so! Du weißt ja noch gar nich!

FRAU SELICKE: Ach was! Laß mich zufrieden! Beruf mich nich immer! Ich weiß schon, was ich weiß! *(Unwirsch zu Walter.)* Da – haste! Klapp se dir zusammen, und dann macht, daß ihr endlich fortkommt! Aus euch wird auch nischt!

(Es klingelt. Einen Augenblick lang horchen beide. Frau Selicke ist zusammengefahren, Walter starrt, die Stulle in der Hand, mit offenem Munde über die Lampe weg nach der Tür, die ins Entree führt.)

FRAU SELICKE *(endlich)*: Na? Machste nu auf, oder nich?

(Walter hat die Stulle liegen lassen und läuft auf die Tür zu. Er klinkt diese auf und verschwindet im Entree.)

ALBERT *(der eben aus der Kammer getreten ist, in der er das Licht ausgelöscht hat. Zieht sich noch grade seinen Überzieher an. Aus der*

> *Brusttasche stecken Glacés, zwischen den Zähnen hält er eine brennende Zigarette, an einem breiten, schwarzen Bande baumelt ihm ein Kneifer herab. Modern gescheitelt. Hut und Stöckchen hat er einstweilen auf den Stuhl neben dem Sofa plaziert. Zu Frau Selicke,*
> 85 *indem er mit dem Fuße die Tür hinter sich zudrückt)*: Nanu? Das kann doch unmöglich schon der Vater sein?
>
> (Arno Holz/Johannes Schlaf, „Die Familie Selicke", S. 5-7)

Da die Charakterisierung einer Person ein gängiges Thema ist, sollten Sie sich zum Abschluss dieses Kapitels noch mit einer Aufgabe auseinander setzen, in der Sie alle Kenntnisse, die Sie in diesem Kapitel erworben haben, in systematisierter Form einbringen.
In Lessings Drama „Nathan der Weise", das die humanistische Utopie einer Aussöhnung der drei Weltreligionen Judentum, Islam und Christentum thematisiert, hat der Jude Nathan ein ursprünglich christlich getauftes Kind – Recha – an Kindes statt angenommen und im Sinne dieses Humanitätsideals und nicht im Geist einer ganz bestimmten Religion erzogen. In der unten abgedruckten Szene IV/2 stellt ein Tempelherr, ein christlicher Kreuzritter, genau dieses theologische Problem zur Diskussion. Er bespricht sich mit dem Patriarchen von Jerusalem, der genau wie der Tempelherr selbst Repräsentant der christlichen Religion innerhalb des Dramas ist.

AUFGABE

10 Charakterisieren Sie den Patriarchen an Hand der unten stehenden Szene IV/2. Gehen Sie dabei in methodisch systematisierter Form vor, indem Sie den Text auf Elemente von Selbst-, Fremd- und indirekter Charakteristik untersuchen.

> *Der* PATRIARCH, *welcher mit allem geistlichen Pomp den einen Kreuzgang heraufkömmt, und* DIE VORIGEN
>
> TEMPELHERR: Ich wich' ihm lieber aus. – Wär' nicht mein Mann! –
> Ein dicker, roter, freundlicher Prälat!
> 5 Und welcher Prunk!
> KLOSTERBRUDER: Ihr solltet ihn erst sehn,
> Nach Hofe sich erheben. Itzo kömmt
> Er nur von einem Kranken.

TEMPELHERR: Wie sich da
10 Nicht Saladin wird schämen müssen!
PATRIARCH *(indem er näher kömmt, winkt dem Bruder)*:
Hier! –
Das ist ja wohl der Tempelherr. Was will Er?
KLOSTERBRUDER: Weiß nicht.
15 PATRIARCH *(auf ihn zugehend, indem der Bruder und das Gefolge zurücktreten)*:
Nun, Herr Ritter! – Sehr erfreut
Den braven jungen Mann zu sehn! – Ei, noch
So gar jung! – Nun, mit Gottes Hülfe, daraus
20 Kann etwas werden.
TEMPELHERR: Mehr, ehrwürd'ger Herr,
Wohl schwerlich, als schon ist. Und eher noch,
Was weniger.
PATRIARCH: Ich wünsche wenigstens,
25 Daß so ein frommer Ritter lange noch
Der lieben Christenheit, der Sache Gottes
Zu Ehr und Frommen blühn und grünen möge!
Das wird denn auch nicht fehlen, wenn nur fein
Die junge Tapferkeit dem reifen Rate
30 Des Alters folgen will! – Womit wär' sonst
Dem Herrn zu dienen?
TEMPELHERR: Mit dem nämlichen,
Woran es meiner Jugend fehlt: mit Rat.
PATRIARCH: Recht gern! – Nur ist der Rat auch anzunehmen.
35 TEMPELHERR: Doch blindlings nicht?
PATRIARCH: Wer sagt denn das? – Ei freilich
Muß niemand die Vernunft, die Gott ihm gab,
Zu brauchen unterlassen, – wo sie hin
Gehört. – Gehört sie aber überall
40 Denn hin? – O nein! – Zum Beispiel: wenn uns Gott
Durch einen seiner Engel, – ist zu sagen,
Durch einen Diener seines Worts, – ein Mittel
Bekannt zu machen würdiget, das Wohl
Der ganzen Christenheit, das Heil der Kirche,
45 Auf irgend eine ganz besondre Weise
Zu fördern, zu befestigen: wer darf
Sich da noch unterstehn, die Willkür des,
Der die Vernunft erschaffen, nach Vernunft
Zu untersuchen? und das ewige
50 Gesetz der Herrlichkeit des Himmels, nach

    Den kleinen Regeln einer eiteln Ehre
    Zu prüfen? – Doch hiervon genug. – Was ist
    Es denn, worüber unsern Rat für itzt
    Der Herr verlangt?
55 TEMPELHERR: Gesetzt, ehrwürd'ger Vater,
    Ein Jude hätt' ein einzig Kind, – es sei
    Ein Mädchen, – das er mit der größten Sorgfalt
    Zu allem Guten auferzogen, das
    Er liebe mehr als seine Seele, das
60 Ihn wieder mit der frömmsten Liebe liebe.
    Und nun würd' unser einem hinterbracht,
    Dies Mädchen sei des Juden Tochter nicht;
    Er hab' es in der Kindheit aufgelesen,
    Gekauft, gestohlen, – was ihr wollt; man wisse,
65 Das Mädchen sei ein Christenkind, und sei
    Getauft; der Jude hab' es nur als Jüdin
    Erzogen; laß es nur als Jüdin und
    Als seine Tochter so verharren: – sagt,
    Ehrwürd'ger Vater, was wär' hierbei wohl
70 Zu tun?
    PATRIARCH: Mich schaudert! – Doch zu allererst
    Erkläre sich der Herr, ob so ein Fall
    Ein Faktum oder eine Hypothes'.
    Das ist zu sagen: ob der Herr sich das
75 Nur bloß so dichtet, oder obs geschehn,
    Und fortfährt zu geschehn.
    TEMPELHERR: Ich glaubte, das
    Sei eins, um Euer Hochehrwürden Meinung
    Bloß zu vernehmen.
80 PATRIARCH: Eins? – Da seh' der Herr,
    Wie sich die stolze menschliche Venunft
    Im Geistlichen doch irren kann. – Mit nichten!
    Denn ist der vorgetragne Fall nur so
    Ein Spiel des Witzes: so verlohnt es sich
85 Der Mühe nicht, im Ernst ihn durchzudenken.
    Ich will den Herrn damit auf das Theater
    Verwiesen haben, wo dergleichen pro
    Et contra sich mit vielem Beifall könnte
    Behandeln lassen. – Hat der Herr mich aber
90 Nicht bloß mit einer theatral'schen Schnurre
    Zum besten; ist der Fall ein Faktum; hätt'
    Er sich wohl gar in unsrer Diözes',

In unsrer lieben Stadt Jerusalem,
Eräugnet: – ja alsdann –
95 TEMPELHERR: Und was alsdann?
PATRIARCH: Dann wäre mit dem Juden fördersamst
Die Strafe zu vollziehn, die päpstliches
Und kaiserliches Recht so einem Frevel,
So einer Lastertat bestimmen.
100 TEMPELHERR: So?
PATRIARCH: Und zwar bestimmen obbesagte Rechte
Dem Juden, welcher einen Christen zur
Apostasie* verführt, – den Scheiterhaufen, –
Den Holzstoß –
105 TEMPELHERR: So?
PATRIARCH: Und wie vielmehr dem Juden,
Der mit Gewalt ein armes Christenkind
Dem Bunde seiner Tauf entreißt! Denn ist
Nicht alles, was man Kindern tut, Gewalt? –
110 Zu sagen: – ausgenommen, was die Kirch'
An Kindern tut.
TEMPELHERR: Wenn aber nun das Kind,
Erbarmte seiner sich der Jude nicht,
Vielleicht im Elend umgekommen wäre?
115 PATRIARCH: Tut nichts! der Jude wird verbrannt. – Denn besser,
Es wäre hier im Elend umgekommen,
Als daß zu seinem ewigen Verderben
Es so gerettet ward. – Zu dem, was hat
Der Jude Gott denn vorzugreifen? Gott
120 Kann, wen er retten will, schon ohn' ihn retten.
TEMPELHERR: Auch trotz ihm, sollt' ich meinen, – selig machen.
PATRIARCH: Tut nichts! der Jude wird verbrannt.
TEMPELHERR: Das geht
Mir nah'! Besonders, da man sagt, er habe
125 Das Mädchen nicht sowohl in seinem, als
Vielmehr in keinem Glauben aufgezogen,
Und sie von Gott nicht mehr nicht weniger
Gelehrt, als der Vernunft genügt.
PATRIARCH: Tut nichts!
130 Der Jude wird verbrannt ... Ja, wär' allein
Schon dieserwegen wert, dreimal verbrannt
Zu werden! – Was? ein Kind ohn' allen Glauben
Erwachsen lassen? – Wie? die große Pflicht
Zu glauben, ganz und gar ein Kind nicht lehren?

135 Das ist zu arg! – Mich wundert sehr, Herr Ritter,
Euch selbst...
TEMPELHERR: Ehrwürd'ger Herr, das übrige,
Wenn Gott will, in der Beichte. (*Will gehn.*)
PATRIARCH: Was? mir nun
140 Nicht einmal Rede stehn? – Den Bösewicht,
Den Juden mir nicht nennen? – mir ihn nicht
Zur Stelle schaffen? – O da weiß ich Rat!
Ich geh' sogleich zum Sultan. – Saladin,
Vermöge der Kapitulation,
145 Die er beschworen, muß uns, muß uns schützen;
Bei allen Rechten, allen Lehren schützen,
Die wir zu unsrer allerheiligsten
Religion nur immer rechnen dürfen!
Gottlob! wir haben das Original.
150 Wir haben seine Hand, sein Siegel. Wir! –
Auch mach' ich ihm gar leicht begreiflich, wie
Gefährlich selber für den Staat es ist,
Nichts glauben! Alle bürgerliche Bande
Sind aufgelöset, sind zerrissen, wenn
155 Der Mensch nichts glauben darf. – Hinweg! hinweg
Mit solchem Frevel! ...
TEMPELHERR: Schade, daß ich nicht
Den trefflichen Sermon mit beßrer Muße
Genießen kann! Ich bin zum Saladin
160 Gerufen.
PATRIARCH: Ja? – Nun so – Nun freilich – Dann –
TEMPELHERR: Ich will den Sultan vorbereiten, wenn
Es Euer Hochehrwürden so gefällt.
PATRIARCH: O, oh! – Ich weiß, der Herr hat Gnade funden
165 Vor Saladin! – Ich bitte meiner nur
Im besten bei ihm eingedenk zu sein. –
Mich treibt der Eifer Gottes lediglich.
Was ich zu viel tu', tu' ich ihm. – Das wolle
Doch ja der Herr erwägen! – Und nicht wahr,
170 Herr Ritter? das vorhin Erwähnte von
Dem Juden, war nur ein Problema? – ist
Zu sagen –
TEMPELHERR: Ein Problema. (*Geht ab.*)
PATRIARCH: (Dem ich tiefer
175 Doch auf den Grund zu kommen suchen muß.
Das wär' so wiederum ein Auftrag für

Den Bruder Bonafides.) – Hier, mein Sohn!
(Er spricht im Abgehen mit dem Klosterbruder.)

(Gotthold Ephraim Lessing, „Nathan der Weise", S. 89 – 94)

180 [*Apostasie = Abfall vom Glauben]

MERKE

1. Die differenzierte Einschätzung einer *dramatis persona* ist für die Analyse und Beurteilung ihrer Denk- und Handlungsweise eine wichtige Voraussetzung.
2. Erste grobe Informationen über die *dramatis personae* gibt das Personenverzeichnis, das in jeder Ausgabe eines Dramas dem eigentlichen Text vorangestellt ist. Neben den Namen enthält es oft Hinweise auf Standeszugehörigkeit, Beruf oder Stellung der Personen. Seine Anordnung (mehr „vertikal" oder mehr „horizontal") lässt auch Rückschlüsse auf das Gesellschafts- und Menschenbild des Autors zu.
3. Die Grundformen der Charakterisierung einer Person sind die direkte und die indirekte Charakteristik.
4. Die direkte Charakteristik ist verbal und kann entweder durch die betreffende Person selbst (Selbstcharakteristik) oder durch (eine) andere Person(-en) (Fremdcharakteristik) erfolgen.
5. Die indirekte Charakteristik ist nonverbal (= nicht-sprachlich) und erfolgt durch die Handlungen einer Person, ihr Äußeres (Aussehen, Kleidung) oder das Milieu, in dem sie auftritt. Hinweise für diese Form der Charakteristik finden sich häufig in Regieanweisungen.

Baustein 3: Die Handlung

Schon eine Übersetzung des griechischen Begriffs „Drama" (= Handlung) weist darauf hin, dass in dieser literarischen Grundgattung dem Zuschauer ein Geschehen präsentiert wird. Zweifellos besteht auch ein Roman als epische Dichtung aus Handlung, und Romane, die arm an Handlung sind, haben es meist schwer, beim Leser auf Interesse zu stoßen, doch es gibt diese durchaus, und z.T. werden sie sogar, wie z.B. James Joyces „Ulysses", zur Weltliteratur gezählt. Auch der lyrische Dichter kann ohne weiteres auf die Darstellung einer Handlung verzichten, und abgesehen von Balladen ist dies sogar überwiegend der Fall, denn worin besteht z.B. die „Handlung" eines Herbstgedichtes, das – wie Gottfried Benns „Astern" – eine Grundstimmung von Melancholie beschwört, oder eines Liebesgedichts, welches – wie Goethes „Rastlose Liebe" – eben das auszuschöpfen versucht, was der Titel bereits andeutet?

Das Drama als eine auf die Bühne gebrachte Abfolge von Geschehnissen hingegen verlangt geradezu, dass es aus einer Handlung besteht, die einen Ausgangspunkt hat und auch ein Ende. Hierbei muss jedoch zwischen dem Handeln bzw. den Handlungen einzelner *dramatis personae* und der Handlung insgesamt unterschieden werden. Wenn z.B. Schillers „Wallenstein"-Trilogie mit dem Tod des Titelhelden endet, so sind hieran viele Faktoren und Personen beteiligt, nicht etwa nur Wallenstein selbst.

> **MERKE**
>
> Die Handlung eines Dramas umfasst immer mehr als die Handlungen seiner einzelnen Personen; erst das Zusammenwirken vieler einzelner Handlungen verdichtet sich im Laufe des Dramas zu dessen Gesamthandlung. Diese kann daher definiert werden als die Gesamtheit von Ereignissen und Geschehnissen, die den Ablauf eines Dramas ausmacht und bestimmt.

Man kann sich dieses leicht vergegenwärtigen, wenn man Anfang und Ende eines Dramas vergleicht. Zwischen beiden findet ein Geschehen statt, das ganz entscheidende Veränderungen mit sich bringt. So ist z.B. der Anfang von Schillers „Kabale und Liebe" dadurch geprägt, dass der Musiker Miller die Beziehung zwischen seiner Tochter Luise und dem adligen Ferdinand unterbinden will, am Ende ist deren Liebesbeziehung gescheitert. Luise und Ferdinand sind tot, die Verantwortlichen – Ferdinands Vater und seine rechte Hand, der Sekretär Wurm – werden festgenommen und zur Rechenschaft gezogen. Schon an diesem Beispiel wird deutlich, dass die Handlung nicht ablösbar ist von den Dramenfiguren. Sie sind diejenigen, aus deren Motiven und Entschlüssen Einzelhandlungen hervorgehen, die wiederum Teil der Gesamthandlung sind. Daher hängt ein sachgerechtes Verständnis der Handlung eines Dramas eng zusammen mit dem Charakter der Personen, von denen genau die Impulse ausgehen, welche wiederum die Dramenhandlung beeinflussen. *Dramatis personae* und Handlung eines Dramas sind direkt und unlösbar miteinander verknüpft.

4 DIE ELEMENTE EINES DRAMAS
Baustein 3: Die Handlung

1. Gliederung in Akte und Szenen

Abgesehen von kurzen Einaktern ist jedes Drama in Ober- und Untereinheiten gegliedert. Obereinheiten werden gebildet durch Akte oder Aufzüge – je nach Textausgabe finden sich beide Bezeichnungen, die aber von der Bedeutung her gleich sind –, Untereinheiten durch Szenen oder Bilder. Die Bezeichnung „Bild" hat sich vor allem für die Dramen Bertolt Brechts eingebürgert.

Bereits in Baustein 1 haben Sie sich mit der einzelnen Szene beschäftigt, der kleinsten in sich geschlossenen Einheit eines Dramas. Ihr ist der Akt als nächstgrößere Einheit übergeordnet. Er besteht aus einer nicht festgelegten Anzahl von Szenen; bei ein und demselben Dichter finden sich Akte mit nur wenigen oder auch mit sehr vielen Szenen – der zweite Akt von Schillers „Räubern" enthält z.B. nur drei, der fünfte seiner „Maria Stuart" 15 Szenen.

Wie die Kapiteleinteilung eines Romans vom Autor nicht willkürlich gewählt ist so auch nicht die Einteilung eines Dramas in Akte und Szenen. Sie stellt ein Formgesetz dar, welches das Ziel hat, eine auf die Bühne gebrachte Handlung zu gliedern, zu ordnen und dadurch für den Zuschauer überschaubarer zu machen.

Am klarsten wird dieses Formgesetz an Beispielen des aristotelischen Theaters. Dramen dieses Typs bestehen in der Regel aus fünf Akten, die im Hinblick auf die Gesamthandlung eine ziemlich eindeutige Funktion aufweisen. Der 1. Akt enthält die sogenannte *Exposition*, die den Zuschauer mit den Voraussetzungen und den wichtigsten Elementen der Vorgeschichte des Stücks bekannt macht. Hier erhält er die Informationen, die für das Verständnis des weiteren Geschehens von Bedeutung sind. Im 2. Akt spitzen sich die Ereignisse zu, was eine starke *Steigerung der Spannung* einschließt. Der 3. Akt bietet oft einen *Höhepunkt der Handlung*, deren Spannung im 4. Akt *abfällt*, gelegentlich auch *verzögert* wird und im 5. Akt schließlich zu einer Lösung führt, die bei Komödien durch das *Happy End*, bei Tragödien durch die *Katastrophe* markiert wird. (Das auf S. 20 vorgestellte Dramenschema Gustav Freytags veranschaulicht dieses Bauprinzip in idealtypischer Weise.)

Dieser Aufbau soll beispielhaft an Schillers „Maria Stuart" verdeutlicht werden. Im 1. Akt wird Maria als Gefangene mit ihren Sorgen und Nöten vorgestellt. Unberechtigterweise wird ihr vorgeworfen, sie habe einen Bürgerkrieg angezettelt, um Elisabeth, die Königin von England, zu entmachten. Ihre Schuld besteht jedoch allein darin, dass ihr früherer Gatte mit ihrem Wissen umgebracht worden ist. Der 2. Akt stellt Elisabeth, ihre Gegenspielerin, in den Vordergrund. Sie wird gedrängt, eine Entscheidung zu treffen, ob Marias Hinrichtung von ihr bestätigt wird oder nicht. Im 3. Akt treffen beide Königinnen zusammen; es kommt zu einem allmählich sich steigernden, sehr bewegten Dialog, in dessen Verlauf Maria und Elisabeth einander persönlich schwer beleidigen. Die von ihrer Machtposition her überlegene Elisabeth kann ihre Verletztheit im Grunde nicht anders rächen als dadurch, dass sie die Konkurrentin hinrichten lässt. Der 4. Akt zögert jedoch anfangs die Katastrophe hinaus, indem Schiller einen bereits in den vorangegangenen Akten einsetzenden Handlungsstrang zum Abschluss bringt: das Schicksal Mortimers, eines jungen Ritters, der, gefangen von der erotischen Ausstrahlung Marias, als deren potentieller Befreier entlarvt wird und sich selbst tötet. Später dann fasst Elisabeth in einem groß angelegten Monolog den Entschluss, Marias Todesurteil zu unterzeichnen, welches im 5. Akt nach einer umfangreichen Vorbereitung – rührseliger Abschied Marias von ihren Vertrauten, Beichte nach katholischem Ritus – vollzogen wird.

Dieser sehr verkürzt dargestellte Aufriss der dramatischen Handlung verdeutlicht, dass das Drama „Maria Stuart" nicht nur in seinen einzelnen Szenen, sondern auch in seinen größeren Einheiten – den Akten oder Aufzügen – nach einem klar strukturierten Formgesetz konstruiert ist. Dieses hat den Zweck, beim Zuschauer Spannung zu erwecken, zu steigern, mit Hilfe von Verzögerungen zu erhalten und schließlich am Ende auch zu lösen.

AUFGABE 11

Welche Elemente der Eingangsszene aus Lessings „Emilia Galotti" dienen der Exposition? (Vgl. Textabdruck zu Aufgabe 6, S. 58f.) Welche Erwartungen ergeben sich hieraus für den Zuschauer?

Erregendes und retardierendes Moment

Der Schriftsteller und Literaturwissenschaftler Gustav Freytag hat in seinem 1863 erschienenen Buch „Die Technik des Dramas" einen stark schematisierten Aufriss des aristotelischen Dramas entwickelt (vgl. S. 20), auf dem die obige geraffte Beschreibung der Handlungsstruktur der „Maria Stuart" fußt. Im Rahmen dieser Abhandlung geht er auch auf zwei Handlungselemente ein, die nicht nur für das aristotelische Drama von Bedeutung sind: das „erregende" und das „retardierende Moment".

Das erregende Moment, meist im ersten oder zweiten Akt angesiedelt, ist ein Ereignis oder eine Handlung oder Entscheidung einer Person, das die eigentliche Handlung des Dramas in Gang setzt, indem es einen Konflikt auslöst. In der Regel folgt es auf die Exposition, gelegentlich findet es sich auch schon innerhalb der Exposition.

In der „Maria Stuart" besteht das erregende Moment in der Information, dass die Titelfigur schuldig gesprochen worden ist: „Es [das Urteil] ist gefällt. Die zweiundvierzig Richter haben Ihr *Schuldig* ausgesprochen über Euch" (S. 21). Aufgrund dieses Gerichtsurteils wird die folgende Handlung von dem Problem bestimmt, ob Elisabeth dieses Todesurteil ratifiziert und unter welchen Umständen dies geschieht. Der Schuldspruch als erregendes

4 DIE ELEMENTE EINES DRAMAS
Baustein 3: Die Handlung

Moment setzt die noch kommenden Verwicklungen der dramatischen Handlung in Gang.

Eine ganz andere Funktion hat das retardierende Moment. Es dient dazu, den Ausgang des Dramas zu verzögern, bildet also gleichsam eine gewisse Zeitspanne des Innehaltens, verstärkt dadurch aber auch die Spannung, da im Anschluss an das erregende Moment die Handlung in beschleunigter Form weitergeführt wird.

In der „Maria Stuart" kann ein Großteil des 4. Aktes als retardierendes Moment angesprochen werden, denn dieser zeigt, wie Elisabeth hin- und herschwankt, zögert, sich windet, das Todesurteil zu unterzeichnen. Am deutlichsten jedoch besitzt der erste Teil von Elisabeths Entscheidungsmonolog (IV/10) retardierenden Charakter, da sie dort mit sich selbst abmacht, ob die Konkurrentin hingerichtet werden soll oder nicht. Erst mit ihrem deutlichen Entschluss: „Ihr Haupt soll fallen. Ich will Frieden haben!" (S. 105) ist die Verzögerung endgültig beendet; die Katastrophe kann beginnen.

2. Äußere und innere Handlung

Äußere Handlung

Wenn in Goethes „Faust" der Titelheld mit Mephisto einen Vertrag abschließt, in Dürrenmatts „Besuch der alten Dame" Claire Zachanassian im D-Zug die Notbremse zieht, um in Güllen aussteigen zu können, oder in Sophokles' „König Oidipus" der Seher Teiresias Oidipus als Vatermörder und Blutschänder bezeichnet, so sind dies Elemente der sogenannten „äußeren Handlung" eines Dramas. Zusammengenommen bilden ihre einzelnen Geschehnisse einen Ereignisablauf, ein nach und nach abrollendes stoffliches Geschehen: das, was – verkürzt formuliert – rein äußerlich „passiert". *Die äußere Handlung eines Dramas wird mithin gebildet durch die Summe seiner miteinander verknüpften Einzelereignisse.*

Diese äußere Handlung kann dem Zuschauer mit Hilfe verschiedener Techniken vermittelt werden. In der Aufgabe dieses Kapitels sollen Sie sich mit drei Beispielen dieser Techniken näher auseinandersetzen.

In allen drei Dramenausschnitten geht es um den gewaltsamen Tod einer Person und von daher zweifellos um ein Stück äußerer Handlung.

Beispiel 1:
In Sophokles' „König Oidipus" versucht die Titelfigur, den Mord an Laios, dem früheren König Thebens, aufzuklären, wobei er nicht weiß, dass er selbst dessen Mörder ist und Laios zudem sein leiblicher Vater. In einem Gespräch mit Iokaste – seiner Frau und Mutter – äußert Oidipus:

> Du sollst die volle Wahrheit hören: Als
> Ich in die Nähe jenes Kreuzwegs kam,
> Sah ich den Herold und den Mann, von dem
> Du sagst, daß ihn ein Fohlenwagen zog.
> 5 Der Lenker und der Alte trieben mich
> Gewaltsam aus der Bahn und voller Zorn
> Traf ich den frechen Wagenführer schwer.
> Der Alte sah es und er lauerte,
> Bis ich am Wagen dicht vorüberkam,
> 10 Da fuhr sein Pferdestachel auf mein Haupt.
> Das hat er schwer bezahlt: Im Augenblick
> Traf ihn mein Stab und rücklings sah man ihn
> Vom Wagensitz geschleudert in den Staub.
> Und alle schlug ich tot.
>
> (Sophokles, „König Oidipus", S. 37f.)

Beispiel 2:
Kleists Drama „Penthesilea" schildert eine legendäre Episode aus dem Trojanischen Krieg: Ein Amazonenheer greift unter Führung seiner Königin Penthesilea in die Kämpfe ein, die weibliche Hauptfigur entwickelt zu dem griechischen Helden Achilles eine von Gewaltgefühlen durchsetzte Liebe, und die Katastrophe des Dramas besteht darin, dass Penthesilea Achill im Zweikampf umbringt:

> DAS HEER DER AMAZONEN *(außerhalb der Szene)*:
>   Triumph! Triumph! Triumph! Achilleus stürzt!
>   Gefangen ist der Held! Die Siegerin,
>   Mit Rosen wird sie seine Scheitel kränzen!
> 5   *(Pause.)*
>   DIE OBERPRIESTERIN *mit freudebeklemmter Stimme*:
>   Hört ich auch recht?
>   DIE PRIESTERINNEN UND AMAZONEN: Ihr hochgepriesnen Götter!
>   DIE OBERPRIESTERIN: War dieser Jubellaut der Freude nicht?
> 10 DIE ERSTE PRIESTERIN: Geschrei des Siegs, o du Hochheilige
>   Wie noch mein Ohr keins seliger vernahm!
>   DIE OBERPRIESTERIN: Wer schafft mir Kund, ihr Jungfraun?
>   DIE ZWEITE PRIESTERIN: Terpi! rasch!
>   Sag an, was du auf jenem Hügel siehst?
> 15 EINE AMAZONE *(die währenddessen den Hügel erstiegen, mit Entsetzen)*:

DIE ELEMENTE EINES DRAMAS
Baustein 3: Die Handlung

    Euch, ihr der Hölle grauenvolle Götter,
    Zu Zeugen ruf ich nieder – was erblick ich!
DIE OBERPRIESTERIN: Nun denn – als ob sie die Medus' erblickte!
DIE PRIESTERINNEN: Was siehst du? Rede! Sprich!
20 DIE AMAZONE: Penthesilea
    Sie liegt, den grimmgen Hunden beigesellt,
    Sie, die ein Menschenschoß gebar, und reißt –
    Die Glieder des Achills reißt sie in Stücken!
DIE OBERPRIESTERIN: Entsetzen! o Entsetzen!
25 ALLE: Fürchterlich!
                                (Heinrich von Kleist, „Penthesilea", S. 563)

Beispiel 3:
Dieser Ausschnitt ist Ihnen aus einem anderen Zusammenhang bereits bekannt: Woyzeck aus Büchners gleichnamigem Drama ersticht Marie:

WALDSAUM AM TEICH

Marie und Woyzeck.

MARIE: Also dort hinaus is die Stadt. 's is finster.
WOYZECK: Du sollst noch bleiben. Komm, setz dich!
5 MARIE: Aber ich muß fort.
WOYZECK: Du wirst dir die Füß nit wund laufe.
MARIE: Wie bist du nur auch!
WOYZECK: Weißt du auch, wie lang es jetzt is, Marie?
MARIE: Am Pfingsten zwei Jahr.
10 WOYZECK: Weißt du auch, wie lang es noch sein wird?
MARIE: Ich muß fort, das Nachtessen richten.
WOYZECK: Friert's dich, Marie? Und doch bist du warm! Was du heiße
    Lippen hast! Heiß, heißen Hurenatem! Und doch möcht ich den
    Himmel geben, sie noch einmal zu küssen ... Wenn man kalt is, so
15 friert man nicht mehr. Du wirst vom Morgentau nicht frieren.
MARIE: Was sagst du?
WOYZECK: Nix.
                (Schweigen.)
MARIE: Was der Mond rot aufgeht!
20 WOYZECK: Wie ein blutig Eisen.
MARIE: Was hast du vor? Franz, du bist so blaß. *(Er holt mit dem Messer aus.)* Franz, halt ein! Um des Himmels willen, Hilfe, Hilfe!
WOYZECK *(sticht drauflos)*: Nimm das und das! Kannst du nicht ster-

ben? So! So! – Ha, sie zuckt noch; noch nicht, noch nicht? Immer
25 noch. *(Stößt mehrmals zu.)* – Bist du tot? Tot! Tot! ... *(Er läßt das Messer fallen und läuft weg.)*

(Georg Büchner, „Woyzeck", S. 24 f.)

AUFGABE 12

1. Wie wird der Tod der drei *dramatis personae* dem Zuschauer jeweils vermittelt?
2. Welche Wirkungen haben die unterschiedlichen Darstellungen auf den Zuschauer?

Innere Handlung

Besteht die äußere Handlung aus der Summe ihrer miteinander verknüpften Einzelereignisse, bezieht sich die innere Handlung unmittelbar auf die psychische Verfassung der *dramatis personae*: jeden Gedanken und jedes Gefühl, das diese hat. Dabei können Figuren im Laufe eines Stückes in seelischer, moralischer und/oder emotionaler Hinsicht eine Entwicklung durchmachen.
Wenn z.B. in Dürrenmatts „Besuch der alten Dame" Alfred Ill akzeptiert, dass er von seinen Mitbürgern getötet wird, dann setzt dies einen inneren Prozess voraus, der innerhalb des Dramas stufenweise entwickelt wird. Steht am Anfang Ills selbstgerechter Satz: „Alte Geschichten. Ich war jung und unbesonnen." (S. 46), so am Ende die resignative Einsicht: „Man wird mich zum Tode verurteilen, und einer wird mich töten. Ich weiß nicht, wer es sein wird und wo es geschehen wird, ich weiß nur, daß ich ein sinnloses Leben beende." (S. 117) Zwischen beiden Äußerungen findet eine seelische Entwicklung statt, die nicht nur die Erkenntnis und Annahme seiner Schuld beinhaltet, Claire geschwängert, sitzengelassen und dadurch zur Prostituierten gemacht zu haben, sondern ebenso die Annahme des Todes als Sühne, obwohl die Güllener sich im Umgang mit ihm in ein moralisch äußerst zweifelhaftes Licht setzen.
Ein epischer Dichter kann die innere Handlung einer Person dem Leser sehr einfach nahe bringen: Der Erzähler – handle es sich nun um einen auktorialen oder personalen – kann ohne weiteres in eine Figur „hineinschlüpfen" und berichten, wie es in dieser aussieht. So besteht z.B. Robert Musils Erzählung „Die Vollendung der Liebe" nahezu ausschließlich aus einem Erzählerbericht der inneren Handlung der weiblichen Hauptperson, die – obgleich glücklich verheiratet – bei einer Kur eine Affäre mit einem ihr eigentlich unsympathischen Mann hat. Ein kurzer Ausschnitt:

4 DIE ELEMENTE EINES DRAMAS
Baustein 3: Die Handlung

> Es war, als stünde etwas um sie und sähe sie an. Sie fühlte die Erregung dieses Menschen wie etwas Brandendes in einer sinnentleerten Weite, etwas finster, einsam sich Schlagendes. Und allmählich ward ihr, es sei, was dieser Mensch von ihr begehrte, diese scheinbar stärkste
> 5 Handlung, etwas ganz Unpersönliches; es war nichts als dieses Angesehenwerden, ganz dumm und stumpf, wie Punkte fremd im Raum einander ansehn, die irgend etwas Ungreifbares zu einem zufälligen Gebilde vereint. Sie schrumpfte darunter ein, es drückte sie zusammen, als wäre sie selbst solch ein Punkt. Sie empfand dabei ein sonderbares
> 10 Gefühl von sich, es hatte nichts mehr mit der Geistigkeit und dem Selbstgewählten ihres Wesens zu tun und war doch noch das gleiche wie sonst. Und mit einemmal entschwand ihr das Bewußtsein, daß dieser Mensch vor ihr von häßlicher Alltäglichkeit des Geistes war.
>
> (Robert Musil, Sämtliche Erzählungen, Hamburg: Rowohlt 1968, S. 182)

Diese Möglichkeit des Erzählerberichts hat das Drama so nicht, wohl aber gibt es Passagen, in denen einzelne *dramatis personae* eine bereits abgeschlossene innere Handlung rekapitulieren: eine Möglichkeit, die meist mit einer Selbstcharakteristik (vgl. S. 62f.) verbunden ist. So sagt z. B. Meister Anton, ein knorriger, moralisch aufrechter, aber auch engstirniger Familienvater, über seine Entwicklung:

> Mir gings in jungen Jahren schlecht. Ich bin so wenig wie Er als ein borstiger Igel zur Welt gekommen, aber ich bin nach und nach einer geworden. Erst waren all die Stacheln bei mir nach innen gerichtet, da kniffen und drückten sie alle zu ihrem Spaß auf meiner nachgiebigen
> 5 glatten Haut herum und freuten sich, wenn ich zusammenfuhr, weil die Spitzen mir in Herz und Eingeweide drangen. Aber das Ding gefiel mir nicht, ich kehrte meine Haut um, nun fuhren ihnen die Borsten in die Finger, und ich hatte Frieden.
>
> (Friedrich Hebbel, „Maria Magdalena", S. 280)

Wesentlich seltener kommt es vor, dass die Zuschauer zu direkten Zeugen eines entscheidenden inneren Wandels einer *dramatis persona* werden; solche Szenen sind dann häufig auch Augenblicke höchster Spannung. Hierfür ein Beispiel in Kombination mit einer Aufgabe .
In Schillers „Wallenstein" sinnt die Hauptfigur, militärischer Führer des österreichischen Heeres, auf Hochverrat, will das kaiserliche Heer dem protestantischen Lager zuführen. Octavio Piccolomini ist als Gesandter des Kaisers da-

zu beauftragt, dies mit allen Mitteln zu verhindern. Hierzu versucht er einige
Offiziere, die sich verpflichtet haben, Wallenstein und nicht dem Kaiser treu
zu dienen, auf seine Seite zu ziehen. Einer dieser Offiziere ist Buttler. Dieser,
aus einfachen Verhältnissen stammend, hat sich vom Rittmeister zum Oberst
hochgedient und leidet unter starken Minderwertigkeitsgefühlen, weil er im
Gegensatz zu den anderen Offizieren nicht adlig ist. Genau dieses psychische
Problem macht sich der Menschenkenner Octavio zunutze.

AUFGABE 13

Beschreiben Sie die innere Handlung Buttlers, indem Sie seine Gefühle und
deren Wechsel erschließen! Denken Sie dabei auch an die Regieanweisungen.
Sie geben Ihnen wichtige Aufschlüsse über die innere Handlung.

OCTAVIO: Die Zeit ist teuer, laßt uns offen reden.
Ihr wißt, wie hier die Sachen stehn. Der Herzog [=Wallenstein]
Sinnt auf Verrat, ich kann Euch mehr noch sagen,
Er hat ihn schon vollführt; geschlossen ist
5   Das Bündnis mit dem Feind vor wengen Stunden.
Nach Prag und Eger reiten schon die Boten,
Und morgen will er zu dem Feind uns führen.
Doch er betrügt sich, denn die Klugheit wacht.
Noch treue Freunde leben hier dem Kaiser,
10 Und mächtig steht ihr unsichtbarer Bund.
Dies Manifest erklärt ihn in die Acht,
Spricht los das Heer von des Gehorsams Pflichten,
Und alle Gutgesinnten ruft es auf,
Sich unter meiner Führung zu versammeln.
15 Nun wählt, ob Ihr mit uns die gute Sache,
Mit ihm der Bösen böses Los wollt teilen?
BUTTLER *(steht auf)*: Sein Los ist meines.
OCTAVIO: Ist das Euer letzter Entschluß?
BUTTLER: Er ists.
20 OCTAVIO: Bedenkt Euch, Oberst Buttler.
Noch habt Ihr Zeit. In meiner treuen Brust
Begraben bleibt das raschgesprochne Wort.
Nehmt es zurück. Wählt eine bessere
Partei. Ihr habt die gute nicht ergriffen.
25 BUTTLER: Befehlt Ihr sonst noch etwas, Generalleutnant?
OCTAVIO: Seht Eure weißen Haare! Nehmts zurück.
BUTTLER: Lebt wohl!
OCTAVIO: Was? Diesen guten, tapfern Degen
Wollt Ihr in solchem Streite ziehn? Wollt

DIE ELEMENTE EINES DRAMAS
Baustein 3: Die Handlung

30   In Fluch den Dank verwandeln, den Ihr Euch
     Durch vierzigjährge Treu verdient um Östreich?
     BUTTLER *(bitter lachend)*: Dank vom Haus Östreich!
     (Er will gehen)
     OCTAVIO *(läßt ihn bis an die Türe gehen, dann ruft er)*:
35   Buttler!
     BUTTLER: Was beliebt?
     OCTAVIO: Wie war es mit dem Grafen?
     BUTTLER: Grafen! Was?
     OCTAVIO: Dem Grafentitel, mein ich.
40   BUTTLER *(heftig auffahrend)*: Tod und Teufel!
     OCTAVIO *(kalt)*: Ihr suchtet darum nach. Man wies Euch ab.
     BUTTLER: Nicht ungestraft sollt Ihr mich höhnen. Zieht!
     OCTAVIO: Steckt ein. Sagt ruhig, wie es damit ging. Ich will
     Genugtuung nachher Euch nicht verweigern.
45   BUTTLER: Mag alle Welt doch um die Schwachheit wissen,
     Die ich mir selber nie verzeihen kann!
     – Ja! Generalleutnant, ich besitze Ehrgeiz,
     Verachtung hab ich nie ertragen können.
     Es tat mir wehe, daß Geburt und Titel
50   Bei der Armee mehr galten, als Verdienst.
     Nicht schlechter wollt ich sein, als meinesgleichen,
     So ließ ich mich in unglückselger Stunde
     Zu jenem Schritt verleiten – Es war Torheit!
     Doch nicht verdient ich, sie so hart zu büßen!
55   – Versagen konnte mans – Warum die Weigerung
     Mit dieser kränkenden Verachtung schärfen,
     Den alten Mann, den treu bewährten Diener
     Mit schwerem Hohn zermalmend niederschlagen,
     An seiner Herkunft Schmach so rauh ihn mahnen,
60   Weil er in schwacher Stunde sich vergaß!
     Doch einen Stachel gab Natur dem Wurm,
     Den Willkür übermütig spielend tritt –
     OCTAVIO: Ihr müßt verleumdet sein. Vermutet Ihr
     Den Feind, der Euch den schlimmen Dienst geleistet?
65   BUTTLER: Seis, wer es will! Ein niederträchtger Bube,
     Ein Höfling muß es sein, ein Spanier,
     Der Junker irgend eines alten Hauses,
     Dem ich im Licht mag stehn, ein neidscher Schurke,
     Den meine selbstverdiente Würde kränkt.
70   OCTAVIO: Sagt! Billigte der Herzog jenen Schritt?
     BUTTLER: Er trieb mich dazu an, verwendete

Sich selbst für mich, mit edler Freundeswärme.
OCTAVIO: So? Wißt Ihr das gewiß?
BUTTLER: Ich las den Brief.
75 OCTAVIO *(bedeutend)*: Ich auch – doch anders lautete sein Inhalt.
(Buttler wird betroffen)
Durch Zufall bin ich im Besitz des Briefs,
Kann Euch durch eignen Anblick überführen.
(Er gibt ihm den Brief)
80 BUTTLER: Ha! was ist das?
OCTAVIO: Ich fürchte, Oberst Buttler,
Man hat mit Euch ein schändlich Spiel getrieben.
Der Herzog, sagt Ihr, trieb Euch zu dem Schritt? –
In diesem Briefe spricht er mit Verachtung
85 Von Euch, rät dem Minister, Euren Dünkel,
Wie er ihn nennt, zu züchtigen.
(Buttler hat den Brief gelesen, seine Knie zittern, er greift nach einem Stuhl, setzt sich nieder)
Kein Feind verfolgt Euch. Niemand will Euch übel.
90 Dem Herzog schreibt allein die Kränkung zu,
Die Ihr empfangen; deutlich ist die Absicht.
Losreißen wollt er Euch von Eurem Kaiser –
Von Eurer Rache hofft' er zu erlangen,
Was Eure wohlbewährte Treu ihn nimmer
95 Erwarten ließ, bei ruhiger Besinnung.
Zum blinden Werkzeug wollt er Euch, zum Mittel
Verworfner Zwecke Euch verächtlich brauchen.
Er hats erreicht. Zu gut nur glückt' es ihm,
Euch wegzulocken von dem guten Pfade,
100 Auf dem Ihr vierzig Jahre seid gewandelt.
BUTTLER *(mit der Stimme bebend)*:
Kann mir des Kaisers Majestät vergeben?
OCTAVIO: Sie tut noch mehr. Sie macht die Kränkung gut,
Die unverdient dem Würdigen geschehn.
105 Aus freiem Trieb bestätigt sie die Schenkung,
Die Euch der Fürst zu bösem Zweck gemacht.
Das Regiment ist Euer, das Ihr führt.
BUTTLER *(will aufstehen, sinkt zurück. Sein Gemüt arbeitet heftig, er versucht zu reden und vermag es nicht. Endlich nimmt er den Degen*
110 *vom Gehänge und reicht ihn dem Piccolomini)*.
OCTAVIO: Was wollt Ihr? Faßt Euch.
BUTTLER: Nehmt!
OCTAVIO: Wozu? Besinnt Euch.

DIE ELEMENTE EINES DRAMAS
Baustein 3: Die Handlung

> BUTTLER: Nehmt hin! Nicht wert mehr bin ich dieses Degens.
> 115 OCTAVIO: Empfangt ihn neu zurück aus meiner Hand,
> Und führt ihn stets mit Ehre für das Recht.
> BUTTLER: Die Treue brach ich solchem gnädgen Kaiser!
> OCTAVIO: Machts wieder gut. Schnell trennt Euch von dem Herzog.
> BUTTLER: Mich von ihm trennen!
> 120 OCTAVIO: Wie? Bedenkt Ihr Euch?
> BUTTLER *(furchtbar ausbrechend)*:
> Nur von ihm trennen? O! er soll nicht leben!
>
> (Friedrich Schiller, „Wallensteins Tod", S. 444 ff.)

3. Vorgriffe, Ankündigungen, Andeutungen

In der 1. Szene von Friedrich Hebbels bürgerlichem Trauerspiel „Maria Magdalena" kommt es zwischen Klara und ihrer Mutter zu folgendem Wortwechsel:

> KLARA: Dein Hochzeitskleid? Ei, wie es dir steht! Es ist, als obs zu heut gemacht wäre!
> MUTTER: Ja, Kind, die Mode läuft so lange vorwärts, bis sie nicht weiter kann und umkehren muß. Dies Kleid war schon zehnmal aus der
> 5 Mode und kam immer wieder hinein.
> KLARA: Diesmal doch nicht ganz, liebe Mutter! Die Ärmel sind zu weit. Es muß dich nicht verdrießen!
> MUTTER *(lächelnd)*: Dann müßt ich du sein!
> KLARA: So hast du also ausgesehen! Aber einen Kranz trugst du doch
> 10 auch, nicht wahr?
> MUTTER: Wills hoffen! Wozu hätt ich sonst den Myrtenbaum jahrelang im Scherben gepflegt!
> KLARA: Ich hab dich so oft gebeten, und du hast es nie angezogen, du sagtest immer: Mein Brautkleid ists nicht mehr, es ist nun mein Lei-
> 15 chenkleid, und damit soll man nicht spielen. Ich mocht es zuletzt gar nicht mehr sehen, weil es mich, wenn es so weiß dahing, immer an deinen Tod und an den Tag erinnerte, wo die alten Weiber es dir über den Kopf ziehen würden. – Warum denn heut?
> MUTTER: Wenn man so schwer krank liegt, wie ich, und nicht weiß, ob
> 20 man wieder gesund wird, da geht einem gar manches im Kopf herum. [...]
>
> (Friedrich Hebbel, „Maria Magdalena", S. 267)

Auch wenn ein Zuschauer Hebbels „Maria Magdalena" nicht kennt, wird ihm aus diesem kurzen Ausschnitt mit Sicherheit eines klar: Die Mutter wird das Ende des Dramas nicht mehr erleben; ihr Tod ist nur eine Frage der Zeit und der Umstände. Woher aber rührt diese Erwartung? Dass die Mutter ihr Brautkleid anzieht, wird ganz gezielt als außergewöhnlich herausgestellt. Über Jahre hinweg hat sie sich geweigert, es vor der Tochter anzuziehen, weil es sich für sie vom Braut- zum Leichenkleid gewandelt hat, und sie ist gerade erst von einer schweren Krankheit genesen. Beides signalisiert eine Todeserwartung, die sich im Dingsymbol des Brautkleides verdichtet, welches dem Zuschauer unmissverständlich andeutet: Klaras Mutter ist dem Sterben nahe.

Dieses Textbeispiel mag exemplarisch sein für eine ganze Klasse dramatischer Mittel, die man unter dem Begriff „Vorgriff" zusammenfassen kann. Es handelt sich dabei um Hinweise, die dem Zuschauer offen oder versteckt gegeben werden und in die Zukunft weisen, auf den weiteren Verlauf der Handlung oder gar auf den Endpunkt des Bühnengeschehens. Handelt es sich um *Andeutungen*, sind dies eher versteckte Hinweise wie in dem obigen Textbeispiel. Keine der beteiligten Personen spricht direkt über den Tod der Mutter, noch nicht einmal diese selbst, da sie offenbar zu diesem Zeitpunkt nicht das Gefühl hat, ihm nahe zu sein wie etwa noch während ihrer Krankheit. Lediglich das Symbol des Brautkleides deutet dem Zuschauer an, dass ihr Tod bevorsteht.

Anders ist es bei den *Ankündigungen*: Diese verweisen nicht (symbolisch) verschlüsselt, sondern völlig offen auf ein erwartetes Geschehen, meist in verbaler Form. In Schillers „Braut von Messina", einer nach antikem Muster verfassten Tragödie, wird u.a. ein Bruderzwist ausgetragen. Die durch die Mutter der beiden Brüder angeregte kurzfristige Versöhnung kommentiert der Chor folgendermaßen:

> – Sorge gibt mir dieser neue Frieden,
> Und nicht fröhlich mag ich ihm vertrauen,
> Auf der Lava, die der Berg geschieden,
> Möcht ich nimmer meine Hütte bauen.
> 5 Denn zu tief schon hat der Haß gefressen,
> Und zu schwere Taten sind geschehn,
> Die sich nie vergeben und vergessen,
> Noch hab ich das Ende nicht gesehn,
> Und mich schrecken ahnungsvolle Träume!
>
> 10 (Friedrich Schiller, „Braut von Messina", S. 853)

Z.T. bildhaft („Auf der Lava..."), z.T. argumentativ („Denn zu tief...") gibt der Chor Verweise auf das zukünftige Geschehen, wobei er recht deutlich eine tragische Katastrophe voraussagt. Anders als bei bloßen Andeutungen wird damit dem Zuschauer eine deutlichere Perspektive auf das noch ausstehende Bühnengeschehen eröffnet.

Beiden Typen von Vorausdeutung ist jedoch gemeinsam, dass sie den Zuschauer nicht im augenblicklichen Geschehen belassen, sondern durch die Öffnung des Horizontes auf Zukünftiges ihn in Spannung versetzen bzw. seine Spannung verstärken. Zwar kann der Zuschauer nicht sicher sein, ob das Angedeutete oder Angekündigte auch tatsächlich eintrifft, doch ergibt sich gerade hieraus für ihn eine Was- oder Wie-Spannung (vgl. S. 123 ff.).

4. Rückgriffe

Rückgriffe haben mit Vorgriffen gemeinsam, dass sie den Horizont des augenblicklichen Bühnengeschehens öffnen, jedoch – während Vorgriffe die Zukunft einbeziehen – Aspekte der Vergangenheit aufgreifen. Meist handelt es sich dabei um Ereignisse, die zeitlich vor der eigentlichen Dramenhandlung geschehen sind und infolgedessen seiner Vorgeschichte angehören. Zweck dieses Verfahrens ist in erster Linie die Information des Zuschauers. Er wird mit Sachverhalten bekannt gemacht, die er zum völligen Verständnis der Bühnenhandlung benötigt, weil sie zeitlich vor deren Einsetzen liegen, aber sich gleichwohl auf die aktuelle Handlung auswirken.

Die einfachste Form des Rückgriffs ist die *Erzählung durch eine dramatis personae*. Das erregende Moment in Schillers „Kabale und Liebe", der Plan des Präsidenten, seinen Sohn Ferdinand mit der Lady Milford zu verheiraten, bekommt durch deren vertrauliche Äußerung gegenüber ihrer Dienerin für den Zuschauer einen völlig anderen Akzent:

> LADY: Die Verbindung mit dem Major – Du und die Welt stehen im Wahn, sie sei eine *Hofkabale* – Sophie – erröte nicht – schäme dich meiner nicht – sie ist das Werk – *meiner Liebe*.
> SOPHIE: Bei Gott! Was mir ahndete!
> 5 LADY: Sie ließen sich beschwatzen, Sophie – der schwache Fürst – der hofschlaue Walter – der alberne Marschall – Jeder von ihnen wird darauf schwören, daß diese Heurat das unfehlbarste Mittel sei, mich dem Herzog zu retten, unser Band um so fester zu knüpfen. – – Ja! es auf ewig zu trennen! auf ewig diese schändliche Ketten zu brechen! –
> 10 Belogene Lügner! Von einem schwachen Weib überlistet!
>
> (Friedrich Schiller, „Kabale und Liebe", S. 30)

Das, was dem Zuschauer zuvor als politische Intrige des machtbesessenen Präsidenten von Walter erschien, entpuppt sich nun als Schachzug der Lady Milford, wodurch vor allem der Präsident in einem völlig anderen Licht dasteht.

Eine andere Möglichkeit des Rückgriffs ist dessen *Darstellung im Dialog*, also im Gespräch zwischen mehreren Personen, die gemeinsam die Vorgeschichte thematisieren und dabei sowohl den Zuschauer als auch eventuell noch uninformierte weitere *dramatis personae* in Kenntnis setzen. So werden im „Besuch der alten Dame" neben dem Zuschauer die anwesenden Güllener Bürger, allen voran Alfred Ill, über die Lebensgeschichte Claire Zachanassians informiert:

> DIE BEIDEN: Wir sind Koby und Loby, wir sind Koby und Loby.
> ILL: Ich kenne sie nicht.
> DIE BEIDEN: Wir haben uns verändert, wir haben uns verändert.
> DER BUTLER: Nennt eure Namen.
> 5 DER ERSTE: Jakob Hühnlein, Jakob Hühnlein.
> DER ZWEITE: Ludwig Sparr, Ludwig Sparr.
> DER BUTLER: Nun, Herr Ill.
> ILL: Ich weiß nichts von ihnen.
> DER BUTLER: Jakob Hühnlein und Ludwig Sparr, kennt ihr Herrn Ill?
> 10 DIE BEIDEN: Wir sind blind, wir sind blind.
> DER BUTLER: Kennt ihr ihn an seiner Stimme?
> DIE BEIDEN: An seiner Stimme, an seiner Stimme.
> DER BUTLER: 1910 war ich der Richter und ihr die Zeugen. Was habt ihr geschworen, Ludwig Sparr und Jakob Hühnlein, vor dem Ge-
> 15 richt zu Güllen?
> DIE BEIDEN: Wir hätten mit Klara geschlafen, wir hätten mit Klara geschlafen.
> DER BUTLER: So habt ihr vor mir geschworen. Vor dem Gericht, vor Gott. War dies die Wahrheit?
> 20 DIE BEIDEN: Wir haben falsch geschworen, wir haben falsch geschworen.
> DER BUTLER: Warum, Ludwig Sparr und Jakob Hühnlein?
> DIE BEIDEN: Ill hat uns bestochen, Ill hat uns bestochen.
> DER BUTLER: Womit?
> 25 DIE BEIDEN: Mit einem Liter Schnaps, mit einem Liter Schnaps.
> [...]
> DER BUTLER: Dies ist die Geschichte: Ein Richter, ein Angeklagter, zwei falsche Zeugen, ein Fehlurteil im Jahre 1910. Ist es nicht so, Klägerin?
> 30 *Claire Zachanassian steht auf.*

4 DIE ELEMENTE EINES DRAMAS
Baustein 3: Die Handlung

> ILL *(stampft auf den Boden)*: Verjährt, alles verjährt! Eine alte, verrückte Geschichte.
> DER BUTLER: Was geschah mit dem Kind, Klägerin?
> CLAIRE ZACHANASSIAN *(leise)*: Es lebte ein Jahr.
> 35 DER BUTLER: Was geschah mit Ihnen?
> CLAIRE ZACHANASSIAN: Ich wurde eine Dirne.
> DER BUTLER: Weshalb?
> CLAIRE ZACHANASSIAN: Das Urteil des Gerichts machte mich dazu.
>
> (Friedrich Dürrenmatt, „Der Besuch der alten Dame", S. 47 ff.)

Gerade bei verwickelteren oder umfangreicheren Ereignissen der Vorgeschichte bedienen sich Dramatiker oft dieser Form des dialogisierten Rückgriffs, da sie für den Zuschauer weniger ermüdend ist und zudem auch ungekünstelter wirkt, als wenn eine Person – u. U. über mehrere Seiten – ein Stück der Vorgeschichte eines Dramas aufrollt, nur um den Zuschauer zu informieren. Selbst Autoren, die – wie z. B. Schiller – ein sehr feines Gespür für Bühnenwirksamkeit haben, sind vor solchen Schwierigkeiten nicht immer gefeit. Wenn Sie sich die Szene I/4 aus „Maria Stuart" durchlesen, werden Sie feststellen, dass ihre Funktion, den Zuschauer über wichtige Aspekte der Vorgeschichte zu informieren, nur sehr schwach motiviert ist. Anlass für Maria und ihre Amme Kennedy, die ja beide die zurückliegenden Ereignisse ganz genau kennen, noch einmal die Vorgeschichte zu besprechen, ist der wiedergekehrte Todestag von Marias ermordetem Gatten, dessen „Schatten [...] zürnend aus dem Gruftgewölbe steigt" und den Maria „mit Buß und Fasten" feiert. Ein kritischer Zuschauer wird sich hier ernsthaft fragen, ob dies allein ausreicht, damit die beiden Personen die Vorgeschichte bis ins kleinste Detail über gut hundert Verse hinweg aufrollen!

5. Das analytische Drama als Sonderfall des Rückgriffs

In den obigen Textbeispielen ist die jeweilige Vorgeschichte zwar von gewisser Bedeutung, und das Drama käme ohne sie nicht aus, sowohl in dem „Besuch der alten Dame" als auch in der „Maria Stuart" ist die Handlung angelegt als ein sich in einzelnen Stationen entfaltendes Geschehen, das zielgerichtet auf eine Katastrophe zusteuert. Ganz anders liegt das Problem im sogenannten *analytischen Drama*. Wie der entsprechende deutsche Fachbegriff – *Enthüllungsdrama* – andeutet, besteht seine Handlung in erster Linie darin, dass etwas enthüllt wird, was in der Vergangenheit bereits geschehen ist und damit der Vorgeschichte des Dramas angehört. Der Zuschauer erfährt nicht in einer Exposition alles das, was er für das Verständnis der weiteren Handlung benötigt,

sondern die Aufdeckung der verborgenen Vorgeschichte ist der eigentliche Kern der Handlung.
Hierbei gibt es entweder die Möglichkeit, dass auch die *dramatis personae* – oder zumindest einige unter ihnen – über die Vorgeschichte genauso wenig informiert sind wie der Zuschauer – dies trifft z.T. auf den „König Oidipus" zu – oder aber gerade genauestens informiert sind und dann versuchen, die Enthüllung zu verhindern – dies trifft auf den Richter Adam in Kleists „Zerbrochnem Krug" zu.
Die Katastrophe des Dramas „König Oidipus" besteht darin, dass die Titelfigur als Mörder des eigenen Vaters und Ehemann der eigenen Mutter erkannt wird; diese doppelte Schuld aufzudecken ist Zielpunkt der Handlung. Der Enthüllungsprozess geht nun so vor sich, dass Indizien, die hierauf hindeuten, nicht nur Schritt für Schritt aufgedeckt, sondern auch als Indizien erkannt werden müssen. Wenn Oidipus z.B. davon berichtet, dass er an einer Wegkreuzung einen „Alten" nebst seinem Gefolge erschlagen habe (vgl. S. 78), so verweist dieser Rückgriff erst dann auf eine mögliche Schuld des Oidipus, wenn die nötigen Querverbindungen gezogen werden und sich zudem als sachlich richtig erweisen:

> Hat Laios
> Nur irgend etwas mit dem Mann zu tun,
> Wer ist dann unglückseliger als ich,
> Wer gottverhaßter?
>
> (Sophokles, „König Oidipus", S. 38)

Oidipus weiß also, dass er einen Mord begangen hat, der dem in einem Orakel prophezeiten und dem von Iokaste berichteten sehr nahe kommt; was fehlt, um diesen als Mord am eigenen Vater erkennen zu können, ist nur noch die Identifizierung des Erschlagenen. Das ist Oidipus, wie die obigen Verse zeigen, durchaus bewusst, doch sein Aufklärungswille, den Mörder des Laios zu finden, ist ungebrochen und richtet sich tragischerweise schließlich gegen ihn selbst: Richter und Angeklagter sind ein und dieselbe Person.
Ganz anders liegen die Dinge in Kleists Lustspiel „Der zerbrochne Krug": Der Dorfrichter Adam, der versucht hat, die junge Eve sexuell zu nötigen, weiß sehr wohl um seine Schuld. Anders als Oidipus, der darauf bedacht ist, in unbestechlichem Aufklärungswillen Licht in den Mord an König Laios zu bringen, versucht Adam natürlich, die für ihn peinliche Angelegenheit zu vertuschen. Wieder sind Richter und Angeklagter ein und dieselbe Person, diesmal aber kennt diese die genauen Umstände der Tat. Bei dem Nötigungsversuch ist Adam am Kopf verletzt worden und hat zudem bei der Flucht seine Perücke verloren.

DIE ELEMENTE EINES DRAMAS
Baustein 3: Die Handlung

AUFGABE 14

1. Unterstreichen Sie in dem folgenden Szenenausschnitt die Verse, die Rückgriffe auf die Vorgeschichte enthalten.
2. Wie versucht Adam die Rückgriffe, die ihn verdächtig machen, zu entkräften?

    ZWEITE MAGD *(tritt auf)*: Im Bücherschrank,
      Herr Richter, find ich die Perücke nicht.
    ADAM: Warum nicht?
    ZWEITE MAGD: Hm! Weil Ihr –
5   ADAM: Nun?
    ZWEITE MAGD: Gestern abend –
      Glock eilf –
    ADAM: Nun? Werd ich's hören?
    ZWEITE MAGD: Ei, Ihr kamt ja,
10   Besinnt Euch, ohne die Perück ins Haus.
    ADAM: Ich, ohne die Perücke?
    ZWEITE MAGD: In der Tat.
      Da ist die Liese, die's bezeugen kann.
      Und Eure andr' ist beim Perückenmacher.
15   ADAM: Ich wär – ?
    ERSTE MAGD: Ja, meiner Treu, Herr Richter Adam!
      Kahlköpfig wart Ihr, als Ihr wiederkamt;
      Ihr spracht, Ihr wärt gefallen, wißt Ihr nicht?
      Das Blut mußt ich Euch noch vom Kopfe waschen.
20   ADAM: Die Unverschämte!
    ERSTE MAGD: Ich will nicht ehrlich sein.
    ADAM: Halt's Maul, sag ich, es ist kein wahres Wort.
    LICHT: Habt Ihr die Wund seit gestern schon?
    ADAM: Nein, heut.
25   Die Wunde heut und gestern die Perücke.
      Ich trug sie weiß gepudert auf dem Kopfe,
      Und nahm sie mit dem Hut, auf Ehre, bloß,
      Als ich ins Haus trat, aus Versehen ab.
      Was die gewaschen hat, das weiß ich nicht.
30   – Scher dich zum Satan, wo du hingehörst!
      In die Registratur!

          (Erste Magd ab.)

      Geh, Margarete!
      Gevatter Küster soll mir seine borgen;
35   In meine hätt die Katze heute morgen
      Gejungt, das Schwein! Sie läge eingesäuet
      Mir unterm Bette da, ich weiß nun schon.

LICHT: Die Katze? Was? Seid Ihr – ?
ADAM: So wahr ich lebe.
40 Fünf Junge, gelb und schwarz, und eins ist weiß.
Die schwarzen will ich in der Vecht ersäufen.
Was soll man machen? Wollt Ihr eine haben?
LICHT: In die Perücke?
ADAM: Der Teufel soll mich holen!
45 Ich hatte die Perücke aufgehängt,
Auf einen Stuhl, da ich zu Bette ging,
Den Stuhl berühr ich in der Nacht, sie fällt –
LICHT: Drauf nimmt die Katze sie ins Maul –
ADAM: Mein Seel –
50 LICHT: Und trägt sie unters Bett und jungt darin.

(Heinrich von Kleist, „Der zerbrochne Krug", S. 344f.)

MERKE

1. Die Handlung eines Dramas ist die Gesamtheit von Ereignissen, Geschehnissen und Einzelhandlungen seiner Personen. Ihr Ablauf führt fast immer zu deutlichen Veränderungen. Die Situation ist am Ende eine andere als zu Beginn der Dramenhandlung.
2. Die Handlung ist normalerweise in Ober- und Untereinheiten gegliedert: in Akte (= Aufzüge) und Szenen (= Auftritte, Bilder). Diese Einteilung hat für das Publikum die Funktion, das Ganze überschaubar zu strukturieren.
3. Während der Begriff der äußeren Handlung das rein stoffliche Geschehen meint, umfasst der Begriff der inneren Handlung die seelische, moralische oder emotionale Situation oder auch Entwicklung einer *dramatis persona*. Über diese kann der Zuschauer verbal oder/und gestisch-mimisch informiert werden. Hierbei geben Regieanweisungen oft wichtige Hinweise.
4. Wichtige Informationen werden dem Zuschauer häufig in Form von Vor- und Rückgriffen gegeben. Vorgriffe können offen (Ankündigungen) oder versteckt (Andeutungen) sein, weisen aber in beiden Fällen auf den weiteren Ablauf der Handlung hin. Rückgriffe geben dem Zuschauer Informationen, die meist die Vorgeschichte betreffen und für das Verständnis der Handlung eine wichtige Voraussetzung darstellen.
5. Einen wichtigen Sonderfall stellt das analytische Drama dar: Die aktuelle Handlung tritt stark zurück zu Gunsten der Vorgeschichte und dient nur dazu, deren verborgene Verwicklungen schrittweise aufzudecken.
In einem analytischen Drama kann es wegen der Enthüllungstechnik keine Exposition geben!

Baustein 4: Formen des Sprechens

Dass der Mensch ein sprechendes Lebewesen ist, gehört zu den ältesten Einsichten, die das Nachdenken über den Menschen zutage gefördert hat. Schon Aristoteles (384–321 v. Chr.) war dieses Phänomen so wichtig, dass er in seiner philosophischen Abhandlung „Politik", die ja den Menschen als gesellschaftliches Wesen zum Hauptthema hat, die Definition, der Mensch sei ein *zoon logon echon* – ein sprechendes Wesen – gleichberechtigt neben die Definition, er sei ein *zoon politikon* – ein politisches Wesen – stellt. Dabei setzen wir im Alltag unsere Fähigkeit, sprechen zu können, häufig ganz naiv und selbstverständlich voraus; um was für eine Besonderheit es sich hierbei handelt, fällt uns normalerweise erst dann auf, wenn wir mit Menschen zu tun haben, die diese Fähigkeit – etwa infolge eines Schlaganfalls – verloren haben, oder in Situationen, in denen wir nicht sprechen dürfen – in harmlosester Form z.B. bei bestimmten Gesellschaftsspielen.

Ganz allgemein lässt sich über diese Fähigkeit Folgendes sagen: *Beim Sprechen spricht ein Mensch zu einem anderen mit einer bestimmten Absicht über etwas, wobei er, um verstanden zu werden, eine Sprache verwenden muss, über die beide verfügen.*

Die Einschränkung im letzten Teil verweist darauf, dass eine Verständigung mit Hilfe des Sprechens nicht immer gelingt. Zu einer gelungenen Kommunikation gehören viele Faktoren, die hier nicht alle aufgezählt werden können, doch zeigen bereits die banalsten Alltagssituationen, dass Missverständnisse genauso zur sprachlichen Verständigung gehören wie das Verstehen. All dieses ist gerade für eine literarische Gattung, die aus nichts anderem als dem im Moment der Aufführung geschehenden Sprechen besteht, von eminenter Bedeutung. Wie im realen Leben auch sprechen im Drama Personen miteinander über etwas, und wie im Alltag kann es dabei zu einer gelungenen Kommunikation, aber auch zu Missverständnissen kommen.

Die Grundformen dramatischen Sprechens sind Dialog und Monolog. Letzterer stellt ein Selbstgespräch (griech. *monos* = allein; *logos* = Sprache, Rede) einer *dramatis persona* dar, also eine gewissermaßen künstliche Situation, die im täglichen Leben kaum vorkommt. Beim Dialog (griech. *dialogos* = Unterredung) muss zwischen zwei Formen unterschieden werden: dem – im wörtlichsten Sinne – Zwiegespräch, also der Unterredung, die unter lediglich zwei Personen, und dem Gespräch, das unter mehr als zwei Personen stattfindet. Diese Differenzierung ist nicht unwichtig, denn wie oft finden auf der Bühne z.B. geheime Unterredungen oder Liebesszenen statt, bei denen die Anwesenheit eines Dritten die Situation zerstören würde, und wie oft gibt es Szenen, in denen drei und mehr Personen etwas beratschlagen oder eine einzelne Figur vor anderen redet.

1. Dialog

Von der o.a. allgemeinen Definition des Sprechens her kann man sich am Besten klarmachen, wie man als Interpret einem Dialog gerecht wird. Es ist zuerst immer zu fragen, *wer* mit *wem worüber* spricht. Mit dieser Ausgangsfrage lassen sich die äußeren Faktoren der zu untersuchenden Gesprächssituation bestimmen.

In einem zweiten Schritt ist dann zu klären, in welcher Art und Weise der Dialog geführt wird und welche Funktion er innerhalb des Dramas hat. Letzteres überschneidet sich bei der konkreten Analyse oft mit der Bestimmung der Funktion einer Szene (vgl. S. 47ff.).

Statt einer Klassifizierung von Dialogen, die Ihnen im konkreten Einzelfall häufig nicht weiterhilft, weil sie zwangsläufig sehr allgemein ausfallen müsste, sollen Sie im Folgenden an Hand einiger kurzer Textausschnitte exemplarisch mit typischen Dialogsituationen vertraut gemacht werden.

In Schillers „Kabale und Liebe" begrüßt Hofmarschall von Kalb den Präsidenten von Walter folgendermaßen:

>   HOFMARSCHALL *(ihn umarmend)*: Ah guten Morgen, mein Bester! Wie geruht? Wie geschlafen? – Sie verzeihen doch, daß ich so spät das Vergnügen habe – dringende Geschäfte – der Küchenzettel – Visitenbilletts – das Arrangement der Partien auf die heutige Schlittenfahrt
> 5 – Ah – und denn mußt ich ja auch bei dem Lever zugegen sein, und Seiner Durchleucht das Wetter verkünigen.
>   PRÄSIDENT: Ja, Marschall. Da haben Sie freilich nicht abkommen können.
>   HOFMARSCHALL: Obendrein hat mich ein Schelm von Schneider noch
> 10 sitzen lassen.
>   PRÄSIDENT: Und doch fix und fertig?
>   HOFMARSCHALL: Das ist noch nicht alles. – Ein Malheur jagt heut das andere. Hören Sie nur.
>   PRÄSIDENT *(zerstreut)*: Ist das möglich?
> 15 HOFMARSCHALL: Hören Sie nur. Ich steige kaum aus dem Wagen, so werden die Hengste scheu, stampfen und schlagen aus, daß mir – ich bitte Sie! – der Gassenkot über und über an die Beinkleider sprützt. Was anzufangen? […]
>
>   (Friedrich Schiller, „Kabale und Liebe", S. 20)

4 DIE ELEMENTE EINES DRAMAS
Baustein 4: Formen des Sprechens

Die Kommunikationssituation dieses Dialogs wird vor allem abgesteckt durch den gemeinsamen sozialen Horizont der Gesprächspartner: Beide gehören dem Adel an. Obwohl sich von Kalb im weiteren Verlauf des Gesprächs als nicht sonderlich intelligent und als typische Hofschranze entpuppt, schafft die Zugehörigkeit zum selben gesellschaftlichen Stand eine gewisse Vertrautheit, die sich in Vertraulichkeiten („mein Bester") und gegenseitiger Akzeptanz äußert, und dies, obwohl von Kalbs „dringende Geschäfte", der eigentliche Gesprächsgegenstand, überdeutlich als Nichtigkeiten entlarvt werden. Auch wenn der Präsident den Hofmarschall ironisch angeht („Da haben Sie freilich nicht abkommen können.") und von Kalb sich und seinen Stand lächerlich macht – er bleibt ein Mann von Adel, und damit sind die Bahnen, in denen der Dialog abläuft, in gewissen Grenzen vorgezeichnet.

Ganz anders sieht die Kommunikationssituation aus, wenn Adel und Bürgertum aufeinandertreffen: Der Präsident ist mit Gefolge ins Haus der Millers eingedrungen, um durch eine entsprechende Machtdemonstration die Beziehung zwischen seinem Sohn und Luise zu hintertreiben. Nachdem er diese als Hure beschimpft hat, kommt es zu folgendem Wortwechsel:

MILLER *(der bis jetzt furchtsam auf der Seite gestanden, tritt hervor in Bewegung, wechselsweis für Wut mit den Zähnen knirschend und für Angst damit klappernd)*: Euer Exzellenz – Das Kind ist des Vaters Arbeit – Halten zu Gnaden – Wer das Kind eine Mähre schilt,
5 schlägt den Vater ans Ohr, und Ohrfeig um Ohrfeig – Das ist so Tax bei uns – Halten zu Gnaden.
FRAU: Hilf, Herr und Heiland! – Jetzt bricht auch der Alte los – über unserm Kopf wird das Wetter zusammenschlagen.
PRÄSIDENT *(der es nur halb gehört hat)*: Regt sich der Kuppler auch? –
10 Wir sprechen uns gleich, Kuppler.
MILLER: Halten zu Gnaden. Ich heiße Miller, wenn Sie ein Adagio hören wollen – mit Buhlschaften dien ich nicht. Solang der Hof da noch Vorrat hat, kommt die Lieferung nicht an uns Bürgersleut. Halten zu Gnaden.
15 FRAU: Um des Himmels willen, Mann! Du bringst Weib und Kind um.
FERDINAND: Sie spielen hier eine Rolle, mein Vater, wobei Sie sich wenigstens die Zeugen hätten ersparen können.
MILLER *(kommt ihm näher, herzhafter)*: Teutsch und verständlich. Halten zu Gnaden. Euer Exzellenz schalten und walten im Land. *Das* ist
20 meine Stube. Mein devotestes Kompliment, wenn ich dermaleins ein Promemoria bringe, aber den ungehobelten Gast werf ich zur Tür hinaus – Halten zu Gnaden.
PRÄSIDENT *(vor Wut blaß)*: Was? – Was ist das? *(Tritt ihm näher)*
MILLER *(zieht sich sachte zurück)*: Das war nur so meine Meinung,

> 25 Herr – Halten zu Gnaden.
> PRÄSIDENT *(in Flammen)*: Ha, Spitzbube! Ins Zuchthaus spricht dich deine vermessene Meinung – Fort! Man soll Gerichtsdiener holen. *(Einige vom Gefolg gehen ab; der Präsident rennt voll Wut durch das Zimmer)* Vater ins Zuchthaus – an den Pranger Mutter und Met-
> 30 ze von Tochter! [...]
>
> (Friedrich Schiller, „Kabale und Liebe", S. 47 f.)

Auch hier markiert die Standeszugehörigkeit von vornherein den Rahmen des Dialogs. Der Präsident, der sich im hier nicht abgedruckten ersten Teil des Dialogs vorwiegend mit seinem Sohn Ferdinand auseinandergesetzt hat, nimmt Miller zu Anfang überhaupt nicht wahr – obwohl Vater der beleidigten Luise, ist er für den Präsidenten keine ernst zu nehmende Person. Dies spiegelt sich auch in den Schimpfwörtern, mit denen er Miller belegt, während dieser sich in Höflichkeitsfloskeln ergeht und den Präsidenten siezt, dieser wiederum duzt Miller.

Ein wichtiger Aspekt bei der Analyse eines Dialogs wäre also: Sind diejenigen, die miteinander sprechen, einander auch gleichgestellt? Oder gibt es Überlegenheiten, Ungleichgewichte, Spannungen, die aus einer verschiedenen Standeszugehörigkeit (oder: Alter, Geschlecht, Beruf...) resultieren?

Wenn kurz vor Schluss des Dramas „Emilia Galotti" die männlichen Hauptfiguren – der Prinz und Odoardo Galotti, Emilias Vater – zusammentreffen, so ist auch die Kommunikationssituation dieses Dialogs durch den Standesunterschied geprägt; er ist jedoch, anders als in dem Ausschnitt aus „Kabale und Liebe", nicht das Entscheidende.

Der Prinz hat Emilia auf sein Lustschloss Guastalla entführen lassen, da er sich in sie verliebt hat. Der außerordentlich sittenstrenge Odoardo fürchtet um die Unbescholtenheit seiner Tochter, vor allem, da er annimmt, sie werde dem Prinzen nur für eine kurzfristige Liebesaffäre gut sein. Nachdem Odoardo seine Frau bereits zurück nach Hause geschickt und der Kammerherr Marinelli die Herausgabe Emilias unter fadenscheinigen Gründen verweigert hat, verlangt Odoardo den Prinzen persönlich zu sprechen. Obwohl der Gesprächsausschnitt zwischen beiden sehr konfliktgeladen ist, kommt es nicht zur offenen Auseinandersetzung wie zwischen dem Präsidenten von Walter und dem Musiker Miller.

AUFGABE 15

1. Welche Ziele versuchen beide Dialogpartner durchzusetzen?
2. Mit welchen Mitteln versuchen sie diese zu erreichen?

DIE ELEMENTE EINES DRAMAS
Baustein 4: Formen des Sprechens

Fünfter Aufzug

Fünfter Auftritt

DER PRINZ. MARINELLI. ODOARDO GALOTTI

DER PRINZ: Ah, mein lieber, rechtschaffner Galotti, – so etwas muß auch geschehen, wenn ich Sie bei mir sehen soll. Um ein geringeres tun Sie es nicht. Doch keine Vorwürfe!

ODOARDO: Gnädiger Herr, ich halte es in allen Fällen für unanständig, sich zu seinem Fürsten zu drängen. Wen er kennt, den wird er fodern lassen, wenn er seiner bedarf. Selbst itzt bitte ich um Verzeihung –

DER PRINZ: Wie manchem andern wollte ich diese stolze Bescheidenheit wünschen! – Doch zur Sache. Sie werden begierig sein, Ihre Tochter zu sehen. Sie ist in neuer Unruhe, wegen der plötzlichen Entfernung einer so zärtlichen Mutter. – Wozu auch diese Entfernung? Ich wartete nur, daß die liebenswürdige Emilie sich völlig erholet hätte, um beide im Triumphe nach der Stadt zu bringen. Sie haben mir diesen Triumph um die Hälfte verkümmert; aber ganz werde ich ihn mir nicht nehmen lassen.

ODOARDO: Zu viel Gnade! – Erlauben Sie, Prinz, daß ich meinem unglücklichen Kinde alle die mannichfaltigen Kränkungen erspare, die Freund und Feind, Mitleid und Schadenfreude in Guastalla für sie bereit halten.

DER PRINZ: Um die süßen Kränkungen des Freundes und des Mitleids, würde es Grausamkeit sein, sie zu bringen. Daß aber die Kränkungen des Feindes und der Schadenfreude sie nicht erreichen sollen; dafür, lieber Galotti, lassen Sie mich sorgen.

ODOARDO: Prinz, die väterliche Liebe teilet ihre Sorgen nicht gern. – Ich denke, ich weiß es, was meiner Tochter in ihren itzigen Umständen einzig ziemet. – Entfernung aus der Welt; – ein Kloster, – sobald als möglich.

DER PRINZ: Ein Kloster?

ODOARDO: Bis dahin weine sie unter den Augen ihres Vaters.

DER PRINZ: So viel Schönheit soll in einem Kloster verblühen? – Darf eine einzige fehlgeschlagene Hoffnung uns gegen die Welt so unversöhnlich machen? – Doch allerdings: dem Vater hat niemand einzureden. Bringen Sie Ihre Tochter, Galotti, wohin Sie wollen.

(Gotthold Ephraim Lessing, „Emilia Galotti", S. 73f.)

Ein weiterer zu berücksichtigender Aspekt ist der Gesprächsgegenstand: Worüber wird gesprochen?

In Schillers „Maria Stuart" gibt sich Mortimer, der Neffe des Kerkermeisters Paulet, Maria als Vertrauter zu erkennen:

> MORTIMER: Habt keine Furcht, Mylady. Lernt mich kennen.
> *(Er überreicht ihr eine Karte.)*
> MARIA *(sieht sie an und fährt bestürzt zurück)*:
> Ha! Was ist das?
> 5 MORTIMER *(zur Amme)*: Geht, Dame Kennedy.
> Sorgt, daß mein Oheim uns nicht überfalle!
> MARIA *(zur Amme, welche zaudert und die Königin fragend ansieht)*:
> Geh! Geh! Tu, was er sagt!
> *(Die Amme entfernt sich mit Zeichen der Verwunderung)*
>
> 10   Sechster Auftritt
>
>   MORTIMER. MARIA
>
> MARIA: Von meinem Oheim!
> Dem Kardinal von Lothringen aus Frankreich!
> *(Liest)* „Traut dem Sir Mortimer, der Euch dies bringt,
> 15 Denn keinen treuern Freund habt Ihr in England."
> *(Mortimern mit Erstaunen ansehend)*
> Ists möglich? Ists kein Blendwerk, das mich täuscht?
> So nahe find ich einen Freund und wähnte mich
> Verlassen schon von aller Welt – find ihn
> 20 In Euch, dem Neffen meines Kerkermeisters,
> In dem ich meinen schlimmsten Feind –
> MORTIMER *(sich ihr zu Füßen werfend)*: Verzeihung
> Für diese verhaßte Larve, Königin,
> Die mir zu tragen Kampf genug gekostet,
> 25 Doch der ichs danke, daß ich mich Euch nahen,
> Euch Hülfe und Errettung bringen kann.
>
> (Friedrich Schiller, „Maria Stuart", S. 15 f.)

Der Gesprächsgegenstand, Mortimers wahre Identität, steht hier stellvertretend für viele ähnliche Dialoge. Eine Person wird von einer anderen über einen wichtigen Sachverhalt informiert. Da ein Drama zumeist einen tragischen oder komischen Konflikt entfaltet, ist die Preisgabe bisher unbekannter Informationen häufiges Thema von Dialogen, denn hierdurch verändert sich für die so informierte Person oft ihre Situation in entscheidendem Maße. So auch

4 DIE ELEMENTE EINES DRAMAS
Baustein 4: Formen des Sprechens

hier: Maria gewinnt in Mortimer völlig unerwartet einen Vertrauten, was ihre Ausgangslage scheinbar verbessert.

Da Dramen häufig Konflikte entfalten, liegt es nahe, dass diese auch in Dialogen und nicht nur in äußerer Handlung ausgetragen werden. In Sophokles' „Antigone" besteht der zentrale Konflikt darin, dass Antigone ihren im Kampf um Theben gefallenen Bruder Polyneikes bestatten will. Dieser hat sich nach dem Abtritt des Oidipus in den folgenden Herrschaftsauseinandersetzungen mit seinem Bruder Eteokles überworfen; beim Kampf um die Regierungsgewalt sterben beide. Kreon, daraufhin Herrscher der Stadt, hat jedoch diese Beerdigung verboten, da Polyneikes der Aggressor gewesen sei. Antigone ist bei der heimlichen Bestattung ergriffen und zu Kreon geführt worden:

> KREON: Du aber sag mir – keine Rede, kurz:
>   Hast du gewußt, daß es verboten war?
> ANTIGONE: Ich wußt' es, allerdings, es war doch klar!
> KREON: Und wagtest, mein Gesetz zu übertreten?
> 5 ANTIGONE: Der mir's verkündete, war ja nicht Zeus,
>   Auch Dike in der Totengötter Rat
>   Gab solch Gesetz den Menschen nie. So groß
>   Schien dein Befehl mir nicht, der sterbliche,
>   Daß er die ungeschriebnen Gottgebote,
> 10 Die wandellosen, konnte übertreffen.
>   Sie stammen nicht von heute oder gestern,
>   Sie leben immer, keiner weiß, seit wann.
>   An ihnen wollt' ich nicht, weil Menschenstolz
>   Mich schreckte, schuldig werden vor den Göttern.
> 15 [...]
>   Den Bruder ehren macht mir keine Schande.
> KREON: Den er erschlug, war er nicht auch dein Bruder?
> ANTIGONE: Ja, gleichen Vaters, gleicher Mutter Kind.
> KREON: Und kränkst ihn so mit deinem Liebesdienst!
> 20 ANTIGONE: Das wird der Tote niemals dir bezeugen!
> KREON: Wo du doch den Verbrecher ehrst wie ihn!
> ANTIGONE: Sein Bruder, nicht ein Sklave war's, der starb!
> KREON: Der schirmte Theben, der verheerte es.
> ANTIGONE: Und dennoch fordert Hades gleiches Recht.
>
> (Sophokles, „Antigone", S. 24, S. 26f.)

AUFGABE

16 Mit welchen Argumenten versuchen beide Dialogpartner ihre Position zu rechtfertigen?

Wenn hingegen zwei Personen in einem Drama gemeinsame Interessen haben – seien diese nun moralisch unbedenklich oder kriminell wie in dem folgenden Textausschnitt – kommt es oft zu Dialogen, in denen diese beraten, diskutiert, hin- und hergewendet werden. Rede und Gegenrede dienen hier also keinem Konflikt wie in dem vorigen Auszug aus der „Antigone", sondern zielen auf eine Erörterung gemeinsamer Probleme und Ziele ab. In Schillers „Kabale und Liebe" diskutieren z.B. der Präsident und sein Sekretär Wurm, wie Ferdinand von seiner Absicht, Luise zu heiraten, abgebracht werden könnte:

PRÄSIDENT: Er weiß, Wurm, wie sehr sich mein Ansehen [beim Fürsten] auf den Einfluß der Lady [Milford] stützt – wie überhaupt meine mächtigsten Springfedern in die Wallungen des Fürsten hineinspielen. Der Herzog sucht eine Partie für die Milford. Ein anderer kann sich melden – den Kauf schließen, mit der Dame das Vertrauen des Fürsten anreißen, sich ihm unentbehrlich machen – Damit nun der Fürst im Netz meiner Familie bleibe, soll mein Ferdinand die Milford heuraten – – Ist Ihm das helle?

WURM: Daß mich die Augen beißen – – Wenigstens bewies der *Präsident* hier, daß der *Vater* nur ein *Anfänger* gegen ihn ist. Wenn der Major Ihnen ebenso den *gehorsamen Sohn* zeigt, als Sie ihm den *zärtlichen Vater,* so dörfte Ihre Anforderung mit Protest zurückkommen.

PRÄSIDENT: Zum Glück war mir noch nie für die Ausführung eines Entwurfs bang, wo ich mit einem: *Es soll so sein,* einstellen konnte. – Aber seh Er nun, Wurm, das hat uns wieder auf den vorigen Punkt geleitet. Ich kündige meinem Sohn noch diesen Vormittag seine Vermählung an. Das Gesicht, das er mir zeigen wird, soll Seinen Argwohn entweder rechtfertigen oder ganz widerlegen.

WURM: Gnädiger Herr, ich bitte um Vergebung. Das finstre Gesicht, das er Ihnen ganz zuverlässig zeigt, läßt sich ebensogut auf die Rechnung der Braut schreiben, die Sie ihm zuführen, als derjenigen, die Sie ihm nehmen. Ich ersuche Sie um eine schärfere Probe. Wählen Sie ihm die untadeligste Partie im Land, und sagt er ja, so lassen Sie den Sekretär Wurm drei Jahre Kugeln schleifen.

PRÄSIDENT *(beißt die Lippen)*: Teufel!

WURM: Es ist nicht anders. Die Mutter [Luises] – die Dummheit selbst – hat mir in der Einfalt zuviel geplaudert.

PRÄSIDENT *(geht auf und nieder, preßt seinen Zorn zurück)*: Gut! Diesen Morgen noch.

(Friedrich Schiller, „Kabale und Liebe", S. 18f.)

DIE ELEMENTE EINES DRAMAS
Baustein 4: Formen des Sprechens

Thema dieses Ausschnitts ist zwar – wie in dem „Antigone"-Text – das Kernproblem des Dramas, da beide Personen jedoch ein gemeinsames Ziel verfolgen, dient der Dialog der Erörterung einer praktikablen Handlungsstrategie.

2. Monolog

Jeder Monolog stellt eine im Grunde künstliche und unrealistische Situation dar: Eine Person spricht mit sich selbst. Konsequenterweise werden daher Monologe von Dramatikern des Naturalismus abgelehnt; sie sind von der alltäglichen Wirklichkeit so weit entfernt, dass sie die Illusion, die das naturalistische Drama beim Zuschauer erwecken will – auf der Bühne handle es sich um ein Stück Realität – , sofort zerstören würden. Umgekehrt haben Monologe gerade in der Kunstwirklichkeit des klassischen Dramas ihren Platz und unterstreichen deutlich den Abstand zwischen Wirklichkeit und Kunst, auf den es dem klassischen Dramatiker ankommt.

Rein dramentechnisch gesehen, ist es gar nicht so einfach, auf Monologe völlig zu verzichten. Fast immer sind sie ein Behelf, die Zuschauer an wichtigen Gedanken und Überlegungen einer *dramatis persona* unmittelbar teilhaben zu lassen. Da das Publikum aber – abgesehen von Stücken, in denen diese Brücke zum Publikum ganz bewusst geschlagen wird – für die auf der Bühne handelnden Personen „nicht da ist", haben Monologe grundsätzlich einen sehr persönlichen und intimen Charakter. Sie sind Selbst-Gespräche im wörtlichsten Sinne, thematisieren etwas, was nur für die sprechende Person bestimmt ist.

Während der dramatische Dialog aufgrund seiner Vielfältigkeit kaum sinnvoll zu klassifizieren ist, lassen sich beim Monolog einige gängige Typen unterscheiden.

Affektmonolog: Dieser Typus, gelegentlich auch „lyrischer Monolog" genannt, ist eher Selbst-Aussprache als Selbstgespräch. Eine *dramatis persona* verbalisiert in oft recht überschwänglicher Form ihre Gefühle und offenbart damit dem Zuschauer etwas über ihren inneren Zustand. Ein Beispiel: Karl Moor, Hauptmann einer Räuberbande aus Schillers Drama „Die Räuber", kehrt nach langer Zeit unsteten Lebens wieder zum väterlichen Schloss zurück. Der folgende Monolog findet in einer „ländliche(n) Gegend um das Moorische Schloß" (Regieanweisung zur Szene IV/1) statt.

Das Grundgefühl, von dem seine Worte getragen werden, ist seine Heimatliebe, die umso stärker zum Ausdruck kommen muss, als er lange Zeit von Zuhause weg gewesen ist. Der letzte Satz des hier abgedruckten Ausschnitts – der ganze Monolog umfasst eine komplette Druckseite! – jedoch verlässt bereits die Ebene unmittelbaren Gefühlsausdrucks und mündet in einen reflektierenden Teil ein.

> Sei mir gegrüßt, Vaterlandserde! (Er küßt die Erde) Vaterlandshimmel! Vaterlandssonne! – und Fluren und Hügel und Ströme und Wälder! seid alle, alle mir herzlich gegrüßt! – wie so köstlich wehet die Luft von meinen Heimatgebürgen! wie strömt balsamische Wonne aus euch
> 5 dem armen Flüchtling entgegen! – Elysium! dichterische Welt! Halt ein Moor! dein Fuß wandelt in einem heiligen Tempel. [...] Die goldne Maienjahre der Knabenzeit leben wieder auf in der Seele des Elenden – da warst du so glücklich, warst so ganz, so wolkenlos heiter – und nun – da liegen die Trümmer deiner Entwürfe!
>
> (Friedrich Schiller, „Die Räuber", S. 569)

Reflexionsmonolog: Im Unterschied zum Affektmonolog, der rein emotional geprägt ist, ist der Reflexionsmonolog von der Rationalität der *dramatis persona* bestimmt: Sie überlegt, rechtfertigt, argumentiert, begründet usw., und zwar zumeist einen Entschluss oder eine Handlung, die sie getan hat oder sich zu tun anschickt. Ein Paradebeispiel für diesen Typ ist Tells Monolog in der hohlen Gasse bei Küßnacht, wo er den Tyrannen Geßler erwartet, um ihn zu erschießen. Wegen der Länge des Originaltextes auch hier wieder nur ein kleiner Ausschnitt:

> Ich lebte still und harmlos – Das Geschoß
> War auf des Waldes Tiere nur gerichtet,
> Meine Gedanken waren rein von Mord –
> *Du* hast aus meinem Frieden mich heraus
> 5 Geschreckt, in gärend Drachengift hast du
> Die Milch der frommen Denkart mir verwandelt,
> Zum Ungeheuren hast du mich gewöhnt –
> Wer sich des Kindes Haupt zum Ziele setzte,
> Der kann auch treffen in das Herz des Feinds.
>
> 10 Die armen Kindlein, die unschuldigen,
> Das treue Weib muß ich vor deiner Wut
> Beschützen, Landvogt – Da, als ich den Bogenstrang
> Anzog – als mir die Hand erzitterte –
> Als du mit grausam teufelischer Lust
> 15 Mich zwangst, aufs Haupt des Kindes anzulegen –
> Als ich ohnmächtig flehend rang vor dir,
> Damals gelobt ich mir in meinem Innern
> Mit furchtbarm Eidschwur, den nur Gott gehört,
> Daß meines *nächsten* Schusses *erstes* Ziel

4 DIE ELEMENTE EINES DRAMAS
Baustein 4: Formen des Sprechens

20 Dein Herz sein sollte – Was ich mir gelobt
In jenes Augenblickes Höllenqualen,
Ist eine heilge Schuld, ich will sie zahlen.

(Friedrich Schiller, „Wilhelm Tell", S. 1003 f.)

Der Unterschied in der Haltung des Sprechers zu dem vorangegangenen Beispiel ist deutlich. Karl Moor thematisiert Gefühle, die ihn hier und jetzt bestimmen. Tells seelische Situation ist zwar nicht frei von Emotionen, doch geht es ihm in seinem Selbstgespräch allein darum, sich – und dem Zuschauer – die Gründe darzulegen, die ihn zum Tyrannenmord an Geßler bewegen – der Entschluss zur Tat hingegen ist schon längst gefallen. Genau hierin liegt der Unterschied zum dritten hier erwähnten Monologtyp.

Entscheidungsmonolog: Dieser Typus, auch „Konfliktmonolog" genannt, zeigt die Dramenfigur in einer Situation, die Tell bereits hinter sich gelassen hat. Im Selbstgespräch ringt sie mit sich selbst, ihren möglicherweise vielfältigen Handlungsmotiven, moralischen Grundsätzen, äußeren Zwängen, Interessen anderer Personen usw. Die Konstellation ist, wie bereits die Bezeichnung Entscheidungsmonolog andeutet, dabei in ihrer Grundanlage immer ähnlich. Die Person steht in einem Konflikt, in dem sie sich entscheiden muss, und diese Entscheidung kann ihr aufgrund der Anlage der Handlung niemand anderes abnehmen. Handelt es sich um einen tragischen Konflikt, so ergibt sich zusätzlich für die Person ein moralisches Dilemma. Wie sie sich auch entscheidet, sie lädt in jedem der möglichen Fälle durch diese Entscheidung Schuld auf sich.
Obwohl sich der oben schon erwähnte Monolog Elisabeths aus Schillers „Maria Stuart" als Beispiel anböte (IV/10), soll hier auf einen kurzen Ausschnitt aus Lessings „Emilia Galotti" zurückgegriffen werden, da dieser ungekürzt wiedergegeben werden kann. Emilia, tugendhafte Tochter des moralisch sehr strengen Odoardo Galotti, ist auf das Schloss des Prinzen von Guastalla entführt worden, da dieser sich in sie verliebt hat. Bei dieser Entführung ist Graf Appiani, der Verlobte Emilias, getötet worden. Odoardo Galotti hat versucht, den Prinzen zur Herausgabe seiner Tochter zu bewegen, aber ohne Erfolg. Um sie vor der Schande zu bewahren, die Mätresse des in Liebesangelegenheiten sehr unsteten Prinzen zu werden, entschließt er sich, seine Tochter zu erstechen:

(Ihm [= dem Prinzen] nachsehend; nach einer Pause): Warum nicht? – Herzlich gern – Ha! ha! ha! – *(Blickt wild umher:)* Wer lacht da? – Bei Gott, ich glaub', ich war es selbst. – Schon recht! Lustig, lustig. Das Spiel geht zu Ende. So, oder so. – Aber – *(Pause)* wenn sie mit ihm sich
5 verstünde? Wenn es das alltägliche Possenspiel wäre? Wenn sie es nicht

> wert wäre, was ich für sie tun will? – *(Pause)* Für sie tun will? Was will ich denn für sie tun? – Hab ich das Herz, es mir zu sagen? – Da denk' ich so was: So was, was sich nur denken läßt. – Gräßlich! Fort, fort! Ich will sie nicht erwarten. Nein! – *(Gegen den Himmel:)* Wer sie un-
> 10 schuldig in diesen Abgrund gestürzt hat, der ziehe sie wieder heraus.
>
> Was braucht er meine Hand dazu? Fort! *(Er will gehen und sieht Emilien kommen:)* Zu spät! Ah! er will meine Hand; er will sie!
>
> (Gotthold Ephraim Lessing, „Emilia Galotti", S. 79)

Aufgrund der elliptischen Sprache bereitet dieser Monolog einige Verständnisschwierigkeiten, vor allem, wenn Sie das Drama nicht kennen. Jedoch gilt für ihn – deswegen steht er an letzter Stelle der Textbeispiele – , was auf fast alle Monologe zutrifft: Selten ist ein Monolog reiner Affekt-, Reflexions- oder Entscheidungsmonolog, nahezu immer mischen sich diese drei Formen. So beginnt Odoardo in einer wenn auch nur in Ansätzen zu erkennenden reflektierenden Haltung, wobei das zynische Lachen, in das er ausbricht, durchaus als Ausdruck eines Affekts gedeutet werden kann. Versteckt deuten sich im „So, oder so!" bereits die Möglichkeiten an, die der weitere Handlungsverlauf noch möglich macht. Entweder bleibt Emilia beim Prinzen, oder Odoardo bringt sie um. Kompliziert wird die Überlegung jedoch durch die Möglichkeit, dass Emilia dem Prinzen Zuneigung entgegenbringen könnte, allerdings Zuneigung ohne längere Dauer („das alltägliche Possenspiel"). Damit wäre sie der moralischen Schuld, die der Vater mit einem Tochtermord auf sich lüde, nicht mehr wert. Zum Entscheidungsmonolog wird der Text erst mit dem Satz: „Was will ich denn für sie tun?" Erst hier wird sich Odoardo offenbar über die Tragweite des vorher (im Affekt?) gefassten Entschlusses klar. Und dann kommt es zur entscheidenden Wende: Er versucht der Entscheidungssituation durch Flucht auszuweichen („Ich will sie nicht erwarten."), will Gott die Verantwortung zuschieben. Wie er die Entscheidung gerade versucht hat von sich zu schieben, so wird er dann durch Emilias Auftauchen gezwungen, sie zu treffen – wobei man allerdings ernsthaft fragen muss, ob seine letztendliche Entscheidung, Emilia zu töten, tatsächlich als moralisch selbstverantwortet anzusehen ist, macht er diese doch quasi von Emilias Auftauchen als einem „göttlichen Zeichen" abhängig.

DIE ELEMENTE EINES DRAMAS
Baustein 4: Formen des Sprechens

3. Beiseite sprechen

Diese Form dramatischer Rede, in Regieanweisungen meist durch den Hinweis „beiseite" oder „für sich" gekennzeichnet, ist von vornherein darauf angelegt, beim Zuschauer Aufmerksamkeit und Spannung zu erzeugen. Dies ergibt sich naturgemäß aus dem Charakter des Sprechens, denn wenn eine *dramatis persona* „beiseite" oder „für sich" spricht, verlässt sie mit dieser Äußerung die Kommunikationssituation des Dialogs, spricht nicht mehr mit einer anderen Person. Daher enthalten beiseite gesprochene Passagen sehr oft entscheidende Hinweise für den Zuschauer.

Der sich immer mehr zuspitzende Dialog zwischen Elisabeth und Maria Stuart etwa beginnt folgendermaßen:

> ELISABETH: Wie, Mylords?
>   Wer war es denn, der eine Tiefgebeugte
>   Mir angekündigt? Eine Stolze find ich,
>   Vom Unglück keineswegs geschmeidigt.
> 5 MARIA: Seis!
>   Ich will mich auch noch diesem unterwerfen.
>   Fahr hin, ohnmächtger Stolz der edeln Seele!
>   Ich will vergessen, wer ich bin, und was
>   Ich litt, ich will vor ihr mich niederwerfen,
> 10 Die mich in diese Schmach herunterstieß.
>   *(Sie wendet sich gegen die Königin)*
>   Der Himmel hat für Euch entschieden, Schwester!
>   Gekrönt vom Sieg ist Euer glücklich Haupt,
>   Die *Gottheit* bet ich an, die Euch erhöhte!
> 15 *(Sie fällt vor ihr nieder)*
>
> (Friedrich Schiller, „Maria Stuart", S. 71f.)

Die Funktion dieses Beiseite-Sprechens ist klar. Für den Zuschauer soll ganz deutlich werden, welche Selbstüberwindung und Selbsterniedrigung es für Maria bedeutet, vor Elisabeth als Bittstellerin aufzutreten und gar noch vor ihr niederzufallen, zumal diese gleich in ihren Eingangsworten – vor allem mit der Wortschöpfung „geschmeidigt" – Maria mit übelstem Sarkasmus angeht. Damit ist Marias seelische Situation zu Beginn des Dialoges umrissen. Sie ist an einem Tiefpunkt angelangt, der eigentlich nicht mehr zu steigern ist. In Komödien führt ein Beiseite-Sprechen manchmal zu Situationen, die für den Sprechenden deswegen peinlich werden, weil das, was er eigentlich „für sich" gesprochen hat, von den anderen *dramatis personae* gehört, wenn auch nicht unbedingt verstanden wird.

Richter Adam, dessen prekäre Situation Sie bereits aus dem vorigen Teilkapitel (vgl. S. 90) kennen, kommt während der Gerichtsverhandlung der Gedanke, er selbst könne vielleicht den Krug, wegen dessen Klage geführt wird, bei seiner überstürzten Flucht aus Eves Zimmer zerstört haben:

> ADAM *(für sich)*: Verflucht! Ich kann mich nicht dazu entschließen – !
> – Es klirrte etwas, da ich Abschied nahm –
> LICHT *(ihn aufschreckend)*: Herr Richter! Seid Ihr – ?
> ADAM: Ich? Auf Ehre nicht!
> 5   Ich hatte sie behutsam draufgehängt,
> Und müßt ein Ochs gewesen sein –
> LICHT: Was?
> ADAM: Was?
> LICHT: Ich fragte – !
> 10 ADAM: Ihr fragtet, ob ich – ?
> LICHT: Ob Ihr taub seid, fragt ich.
> Dort Sr. Gnaden haben Euch gerufen.
> ADAM: Ich glaubte – ? Wer ruft?
> LICHT: Der Herr Gerichtsrat dort.
> 15 ADAM *(für sich)*: Ei! Hol's der Henker auch! Zwei Fälle gibt's,
> Mein Seel, nicht mehr, und wenn's nicht biegt, so bricht's.
> – Gleich! Gleich! Gleich! Was befehlen Ew. Gnaden?
> Soll jetzt die Prozedur beginnen?
>
> (Heinrich von Kleist, „Der zerbrochne Krug", S. 354f.)

Nur den Zuschauern wird in diesem Ausschnitt klar, dass Adam irgend etwas mit dem zerbrochenen Krug zu tun haben muss. Licht hat Adams Beiseite-Sprechen mitbekommen und will ihn eigentlich nur ermahnen, die Verhandlung fortzusetzen. Adam jedoch, der noch ganz in Gedanken versunken ist, geht auf die gar nicht zu Ende gesprochene Frage Lichts ein, vervollständigt sie in Gedanken zu „Seid Ihr der Täter?" und verplaudert sich mehrfach. „Ich hatte sie behutsam draufgehängt." Für den Zuschauer ist aufgrund der bisherigen Bühnenhandlung klar, dass es sich nur um Adams vermisste Perücke handeln kann. Die Komik der Kommunikationssituation ergibt sich aus dem Missverständnis Adams, sowie daraus, dass er fast ertappt worden ist.

DIE ELEMENTE EINES DRAMAS
Baustein 4: Formen des Sprechens

4. Aneinander vorbeireden

Wie bereits erwähnt, besteht die äußere Handlung des Dramas „Die Familie Selicke" im Wesentlichen darin, dass die jüngste Tochter, schon seit Tagen schwer krank, stirbt, und den Reaktionen auf diesen Tod. Handlungsarmut bringt in einem Drama immer eine Betonung der Dialoge mit sich. Aber wie sehen diese Dialoge aus, vor allem, als die Tochter Linchen gestorben ist?

FRAU SELICKE *(mit müder Stimme, fast weinend).* Die Lampe fängt an zu riechen, Toni! ... Lösch aus! ... 's is hell draußen! ... Der Lärm auf dem Flur! ... Die kennen keine Sorgen...

TONI *(löscht die Lampe aus und zieht dann den Fenstervorhang*
5 *zurück. Das Morgenlicht fällt grau durch die verschneiten Scheiben ins Zimmer. – Toni will auf die Flurtür zugehen und den Kindern verbieten, die draußen immer noch lärmen; aber in diesem Augenblick poltern sie lachend, schreiend und blasend die Treppe hinunter. Der Lärm entfernt sich unten im Hause und hört dann allmählich*
10 *ganz auf).*

FRAU SELICKE: Die sind fidel! ... *(Sie tritt zu Selicke hin und legt ihm sanft die Hand auf die Schulter; mit mitleidiger, bebender Stimme.)* Vater! ... *(Selicke, der, das Gesicht in den Händen, die Ellenbogen auf die Knie gestützt, vor sich hinbrütet, achtet nicht auf sie.)* Vater!
15 ... Komm! ... Vater! ... *(Ihre Worte gehen in Weinen über.)*

SELICKE *(rührt sich; dumpf, mit zärtlichem Ausdruck)*: Du! ... Mein Linchen! ... *(Schluchzt unterdrückt.)*

FRAU SELICKE *(lehnt ihren Kopf gegen seine Schulter und weint)*: Vater, komm! ... Komm hier fort! ...
20 SELICKE: Du! ... Mein Linchen! ... Warum du? *(Starrt vor sich hin.)*

FRAU SELICKE *(immer noch in derselben Stellung)*: Komm Vater! ... Wir wollen uns von jetzt ab – rechte Mühe geben ... Wir wollen vernünftig sein ... Es soll nun anders werden bei uns ... Nich wahr, Vater?

SELICKE *(richtet das Gesicht in die Höhe und sieht sie mit einem toten,*
25 *ausdruckslosen Blick an. Frau Selicke starrt ihn eine kleine Weile angstvoll an und richtet sich dann, den Schürzenzipfel vor den Augen, wieder auf. Selicke, der sich schwerfällig erhoben hat, bückt sich über das Bett und küßt die Leiche. Weich, zärtlich)*: Leb wohl! ... Leb wohl, mein gutes Linchen! ... Du hast's gut! ... Du hast's gut!
30 ... *(Betrachtet die Leiche noch einen Augenblick, richtet sich dann in die Höhe und wankt gebrochen in die Kammer, während Walter auf dem Sofa noch lauter zu weinen anfängt und Albert sich, mit dem Gesicht gegen das Fenster gewandt, laut schneuzt.)*

(Kleine Pause.)

FRAU SELICKE *(wieder in Tränen ausbrechend)*: Warum hat uns – der liebe Gott das – Kind genommen?! ... und ich ... und ich – muß mich – weiterschleppen ... mit meinem Elend und meinem Leiden ... Ich muß mir selber zur Last sein ... und ... euch allen! ... Siehste? ... Als ich 'm das eben sagte: er hat mich – kaum angesehn! ... *(Schluchzt krampfhaft in ihr Taschentuch, in das sie sich, während sie sprach, geschneuzt hat. Laut, sehnsüchtig.)* Ach, hol mich bald nach, mein Linchen! Hol mich bald nach! ...

TONI *(sie sanft umfassend)*: Mutterchen! ... Sprich doch nicht so! ... Was sollten wir denn machen, wenn ... Ach! ...

FRAU SELICKE. Unser einzges ... unser einzges ...

TONI *(beißt die Lippen zusammen. Ihr Oberkörper zuckt von unterdrücktem Schluchzen).*

FRAU SELICKE: Was hat sie nun gehabt von ihrem armen, bißchen Leben? ... Und doch ... war sie immer ... so fröhlich und munter ... unsre einzge, einzge Freude ... *(Schluchzt.)* Ach, was hatte man weiter von der Welt...? ...

(Arno Holz/Johannes Schlaf, „Die Familie Selicke", S. 52 ff.)

Im ersten Teil des Textausschnitts unternimmt Frau Selicke zwar den Versuch, mit ihrem Mann zu kommunizieren, doch dieser erscheint als völlig eingepanzert in sich, kann von nichts anderem reden als seinem Schmerz und der Unfähigkeit, dem Tod seiner Tochter in irgendeiner Weise einen Sinn abzugewinnen.
Diese Unfähigkeit zum echten Gespräch betrifft die Frau jedoch nicht weniger. Sie, die sich wenig später bei Toni beklagt: „Kein Wort, kein Sterbenswörtchen hat er wieder für mich gehabt" (S. 54), ist selbst ebenfalls nicht in der Lage, auf andere einzugehen. Wie zuvor ihr Mann nicht auf ihre Gesprächsangebote eingegangen ist, so jetzt sie nicht auf die der Tochter Toni. Und wie unsensibel sie ist, wird am deutlichsten, wenn sie Toni, die erwachsene Tochter, die sich als einziges Familienmitglied um eine Verbesserung der familiären Verhältnisse und um Ausgleich bemüht, vor den Kopf stößt, indem sie sie als Kind gegenüber Linchen zurücksetzt: „Unser einzges ... unser einzges ..."
Eine andere Form des Aneinander-Vorbeiredens, die vor allem im Drama des 20. Jahrhunderts vorkommt, besteht darin, dass die Gesprächspartner zwar scheinbar einen Dialog führen und es Gelenkstellen gibt, an denen der eine auf den anderen einzugehen scheint. In Wirklichkeit jedoch lebt jeder in seiner eigenen Situation; eine Brücke wird nicht geschlagen.
Wenn das Aneinander-Vorbeireden im Drama der Aufklärung und der Klassik so gut wie nicht vorkommt, zunehmend aber im Drama des 20. Jahrhunderts, trifft sich diese Beobachtung mit der Feststellung vieler Psychologen und Kulturphilosophen, dass der Mensch unserer Zeit zunehmend Probleme habe, mit seinen Mitmenschen angemessen zu kommunizieren.

DIE ELEMENTE EINES DRAMAS
Baustein 4: Formen des Sprechens

5. Chorisches Sprechen

Wenn eine Gruppe von Menschen einen vielleicht sogar rhythmisch verfassten Text spricht, wirkt dieses auf einen Zuhörer wesentlich eindringlicher und nachdrücklicher, als wenn diesen Text nur ein Einzelner spricht. Redesituationen, die Ihnen diesen Eindruck verdeutlichen, können z.B. so unterschiedlich sein wie das gemeinsam gesprochene Gebet in der Kirche, militärische Gelöbnisse (Fahneneid) oder Sprechchöre von Fußballfans. All diese unterschiedlichen Situationen stimmen darin überein, dass das gleichmäßige chorische Sprechen wirkt als eine „sinnlich mächtige Masse, welche durch ihre ausfüllende Gegenwart den Sinnen imponiert". (Schiller)

Es ist heute nur noch von historischer Bedeutung, dass in allen Kulturen das Drama hervorgegangen ist aus kultisch-religiösen Gesängen, die nach und nach durch Monologe und Dialoge erweitert wurden. Chorisches Sprechen, obwohl im Drama seit dem Ausgang des 17. Jahrhunderts relativ wenig verwendet, ist mithin die eigentliche Keimzelle einer ganzen literarischen Grundgattung!

Chorlieder insbesondere des antiken Dramas sind oft schwer zu verstehen. Sie werden eingeschoben in die Handlung und bieten dem Zuschauer einen Moment des Innehaltens, da die äußere Handlung unterbrochen wird.

6. Publikumsanrede

Ursprünglich war die Publikumsanrede eine Sprechform, die insbesondere vor Beginn der Bühnenhandlung – im sogenannten „Prolog" – oder im Anschluss an sie – im sogenannten „Epilog" eingesetzt wurde. Das Publikum wird dabei informiert, um was es in dem aufzuführenden Stück gehen soll, oder erhält am Schluss vom Autor noch eine „Moral" oder einen Selbstkommentar.

Ganz anders jedoch wirkt die Publikumsanrede, wenn sie innerhalb der Handlung eines Dramas selbst stattfindet. Die Illusion des Zuschauers wird sofort zerstört, eine emotionale Distanz zum Bühnengeschehen tritt ein. Bei Komödien kann dieses oft noch den komischen Effekt steigern, wenn sich eine *dramatis persona* – meist hinter dem Rücken einer anderen – mit dem Publikum verständigt. Dies schafft einen gemeinsamen Horizont, aus dem heraus Publikum und anredende Figur sich über einen Dritten lustig machen.

Es gibt die Publikumsanrede jedoch auch innerhalb der Handlung ernsterer Dramen. In Brechts Parabelstück „Der gute Mensch von Sezuan" etwa kommen während der ganzen Handlung immer wieder Publikumsanreden vor, meist gebraucht von der Hauptfigur Shen Te. Diese, ursprünglich eine Prostituierte, erhält von drei auf die Erde gekommenen Göttern, die auf der Suche nach einem guten Menschen sind, Geld. Sie kauft sich damit einen Tabakladen.

Im ersten Bild des Dramas wird dargestellt, wie immer mehr Menschen Shen Tes Gutmütigkeit ausnützen, indem sie sich bei ihr einnisten und auf ihre Kosten leben, so dass am Ende dieses Bildes klar ist: Mit ungezielter Freigebigkeit ist dem Problem der Armut in der Provinz Sezuan nicht beizukommen. Im Folgenden werden die Publikumsanreden dieses Bildes abgedruckt.

AUFGABE 17 Erschließen Sie, welche dramatische Funktion die Publikumsanreden innerhalb des Bildes haben.

[Eingangsworte dieser Szene:]
SHEN TE *(zum Publikum)*: Drei Tage ist es her, seit die Götter weggezogen sind. Sie sagten, sie wollten mir ihr Nachtlager bezahlen. Und als ich sah, was sie mir gegeben hatten, sah ich, daß es über tausend Silberdollar waren. – Ich habe mir mit dem Geld einen Tabakladen gekauft. Gestern bin ich hier eingezogen, und ich hoffe, jetzt viel Gutes tun zu können. Da ist zum Beispiel die Frau Shin, die frühere Besitzerin des Ladens. Schon gestern kam sie und bat mich um Reis für ihre Kinder. Auch heute sehe ich sie wieder über den Platz kommen mit ihrem Topf.

(Bertolt Brecht, „Der gute Mensch von Sezuan", S. 18)

DIE SHIN: Was sind denn das für welche?
SHEN TE: Als ich vom Land in die Stadt kam, waren sie meine ersten Wirtsleute. *(Zum Publikum)*: Als mein bißchen Geld ausging, hatten sie mich auf die Straße gesetzt. Sie fürchten vielleicht, daß ich jetzt nein sage. Sie sind arm.

Sie sind ohne Obdach.
Sie sind ohne Freunde.
Sie brauchen jemand.
Wie könnte man da nein sagen?

(Freundlich zu den Ankömmlingen): Seid willkommen! Ich will euch gern Obdach geben.

(Ebd., S. 19f.)

DIE ELEMENTE EINES DRAMAS
Baustein 4: Formen des Sprechens

SHEN TE *(zum Publikum)*:

Sie sind schlecht.
Sie sind niemandes Freund.
Sie gönnen keinem einen Topf Reis.
5 Sie brauchen alles selber.
Wer könnte sie schelten?

(Ebd., S. 21)

[Ein Schreiner versucht bei Shen Te Schulden einzutreiben, die noch aus der Zeit stammen, als Frau Shin den Laden besessen hat.]

SHEN TE: Seien Sie nicht hart, Herr Lin To. Ich kann nicht allen Forderungen sofort nachkommen. *(Zum Publikum)*:

5 Ein wenig Nachsicht und die Kräfte verdoppeln sich.
Sieh, der Karrengaul hält vor einem Grasbüschel:
Ein Durch-die-Finger-Sehen und der Gaul zieht besser.
Noch im Juni ein wenig Geduld und der Baum
Beugt sich im August unter den Pfirsichen. Wie
10 Sollen wir zusammen leben ohne Geduld?
Mit einem kleinen Aufschub
Werden die weitesten Ziele erreicht.

(Zum Schreiner) Nur ein Weilchen gedulden Sie sich, Herr Lin To!

(Ebd., S. 22 f.)

SHEN TE *[zu weiteren Ankömmlingen]*: Seid willkommen!
DIE FRAU: Bedankt euch. Schalen stehen dort hinten. *(Zu Shen Te)*: Die hätten überhaupt nicht gewußt, wohin. Gut, daß du den Laden hast!
SHEN TE *(lachend zum Publikum, Tee bringend)*: Ja, gut, daß ich ihn
5 habe!

(Ebd., S. 24)

[Schlussworte Shen Tes in diesem Bild:]
SHEN TE: Mein schöner Laden! O Hoffnung! Kaum eröffnet, ist er schon kein Laden mehr! *(Zum Publikum:)*
Der Rettung kleiner Nachen
5 Wird sofort in die Tiefe gezogen:
Zu viele Versinkende
Greifen gierig nach ihm.

(Ebd., S. 28 f.)

MERKE

1. Die Grundsituation dramatischer Texte besteht darin, dass eine *dramatis persona* zu einer oder mehreren anderen über etwas spricht. Diese Sprechform wird als Dialog bezeichnet.
2. Ein Dialog wird vor allem bestimmt durch die Gesprächspartner (z.B. ihre soziale Stellung, ihren Beruf, ihr Geschlecht), den Gesprächsgegenstand (z.B. Informationen über Sachverhalte, die dem Dialogpartner unbekannt sind) und die Absicht, mit der gesprochen wird (z.B. die Austragung eines Konflikts, die Verständigung über gemeinsame Ziele/Interessen).
3. Monologe haben meist den Zweck, das Publikum an den Gedanken, Gefühlen und Überlegungen einer Dramenfigur teilhaben zu lassen.
4. Die wichtigsten Typen des Monologs sind Affektmonolog (Gefühlsausdruck einer Person), Reflexionsmonolog (Ausdruck rationaler Überlegungen einer Person) und Entscheidungsmonolog (Austragung eines Konflikts, in dem eine Person steht).
5. Das Beiseite-Sprechen einer *dramatis persona* schlägt eine direkte Brücke zum Zuschauer und dient meist dazu, diesen über etwas zu informieren, von dem die übrigen Dramenfiguren nichts wissen sollen.
6. Aneinander-Vorbeireden kommt vor allem in moderneren Dramen (etwa seit der zweiten Hälfte des 19. Jahrhunderts) vor und ist Ausdruck der Unfähigkeit der Personen, auf einander situationsgerecht einzugehen und einander zu verstehen.
7. Chorisches Sprechen ist ein Mittel vor allem des antiken Dramas. Der Chor unterbricht die äußere Handlung, kommentiert und reflektiert sie und gibt dem Publikum so Deutungshilfen.
8. Auch die Publikumsanrede stellt eine Verbindung zum Zuschauer her, zerstört aber eher dessen mögliche Identifikation mit der Bühnenhandlung und distanziert ihn damit vom Geschehen.

Die Publikumsanrede ist im Sinne der Theatertheorie Brechts ein „Verfremdungseffekt" (V-Effekt).

Baustein 5: Der Ort

1. Bedeutung für den Zuschauer

Abgesehen vom Sprechtext, dessen Realisierung wesentlich beim Schauspieler und Regisseur liegt, macht kein anderes Element des Dramas den Unterschied zwischen einem bloßen Lesen des Textes und einem Zuschauen einer Theateraufführung so deutlich wie der Ort: Ein Leser, der die karge Regieanweisung *Ein Zimmer* liest, vielleicht gar überliest, macht sich in der Regel wenig Gedanken über den Ort des Geschehens, es sei denn, er spielt gleichsam Regisseur und malt sich in seiner Phantasie dieses Zimmer in seinen Einzelheiten plastisch aus. Der Zuschauer des aufgeführten Dramas hingegen wird sozusagen Augenzeuge eines Spielortes, der in der jeweiligen Inszenierung mit Bühnenbild, Kulissen, Requisiten etc. nach den Vorstellungen von Regisseur und Bühnenbildner für ihn hergerichtet worden ist. Er bekommt auf der Bühne z.B. ein ganz bestimmtes Zimmer gezeigt und damit einen ganz bestimmten Ort, der unmittelbar gegenwärtig auf ihn wirkt, hat aber andererseits auch kaum mehr – wie der Leser – die Möglichkeit, sich einen anderen Spielort vorzustellen als den ihm in genau dieser Ausstattung gezeigten.

Anweisungen für die Spielorte sind vom Autor zumeist mehr oder weniger detailliert dem Dramentext beigegeben; sie können sehr knapp sein wie z.B. in Schillers „Maria Stuart" (I/1: *Im Schloß Fotheringhay. Ein Zimmer*) oder auch sehr minutiös wie in vielen Dramen des Naturalismus (vgl. die Bühnenanweisung zu Holz/Schlaf, „Die Familie Selicke", S. 66). Beide Bühnenanweisungen machen deutlich, dass es keineswegs gleichgültig ist, wo ein Akt oder eine Szene spielt.

Sie haben in Ihrem Leben sicher schon Orte kennen gelernt, an denen Sie sich von Anfang an wohl gefühlt haben, ebenso wahrscheinlich Orte, die Sie bedrückt, unsicher gemacht, verängstigt haben – genau solche unterschiedlichen Atmosphären sind es, die auch den Spielort eines Dramas bestimmen können, sich auf Denken, Fühlen und Handeln der *dramatis personae* auswirken und sich bei einer Aufführung auch dem Zuschauer mitteilen.

2. Bedeutung für die Interpretation

Wie das reale Leben, findet auch das Leben auf der Bühne im Prinzip an allen denkbaren Orten statt: in der freien Natur, in Zimmern, auf Bahnhöfen (Dürrenmatt, „Der Besuch der alten Dame"), in Gasthäusern (Lessing, „Minna von Barnhelm"), auf Dachböden und in Lehrerzimmern (Wedekind, „Frühlings Erwachen"), vor einem Königspalast (Sophokles, „König Oidipus"), im

Himmel (Goethe, „Faust") oder in Mülltonnen (Beckett, „Glückliche Tage"). Aus einer solchen möglichen Vielfalt von Orten lässt sich verständlicherweise keine Typisierung ableiten in dem Sinne, dass diesem oder jenem Ort für die Interpretation eine ganz bestimmte, festgelegte Bedeutung beizumessen wäre. Wenn man bei einer Drameninterpretation also den jeweiligen Ort einbezieht, bedeutet das, dass man nur im Einzelfall entscheiden kann, inwiefern er für die Intention des Textes eine Bedeutung besitzt – *das* Zimmer, *den* Park oder die Straße gibt es für die Interpretation nicht. Erst wenn der jeweilige Spielort im Zusammenhang mit der dramatischen Handlung und den Personen betrachtet wird, kann auf seine Funktion rückgeschlossen werden.

Ein Beispiel hierfür mag das oben genannte Drama „König Oidipus" sein. Nachdem in der Vorszene „ein greiser Priester" (S. 5), begleitet von einem „Zug von Knaben und Jünglingen" (ebd.), sich mit Oidipus über die über Theben offensichtlich von den Göttern verhängte Seuche verständigt hat, kommt es zwischen Oidipus und Kreon, der beim Apollotempel in Delphi Rat zu holen geschickt worden ist, zu folgendem Wortwechsel:

> KREON: Geb ich vor allen Zeugen den Bericht?
> Ich bin bereit, doch folg ich auch ins Haus.
> OIDIPUS: Sprich laut vor allen! Schwerer trag ich ja
> Das Leid des Volkes als mein eignes Leid.
>
> (Sophokles, „König Oidipus", S. 8)

Wie auch das gesamte übrige Drama spielt die Vorszene, der diese Verse entnommen sind, vor dem Königspalast und damit in aller Öffentlichkeit. Oidipus' Aufforderung, das, was Kreon ihm zu sagen hat, auch vor dem ganzen Volk laut zu sagen, zielt darauf ab, Öffentlichkeit herzustellen, damit das anwesende Volk Zeuge der Verkündigung Apollos werden kann. Die Beibehaltung des Spielorts vor dem Palast zeigt damit Ödipus' Bestreben, die Ursachen der Seuche, die Theben heimgesucht hat, rückhaltlos aufzuklären.

Herrscher wie Beherrschte kommen an dem Spielort „Vor dem Palast" zusammen, die Herrscher als diejenigen, deren Auflehnung gegen das Schicksal zu Problemen geführt hat, unter denen auch das Volk zu leiden hat: Die Pest ist dafür nur ein Beispiel von vielen. Spätestens sie hat gezeigt, dass das, was anfangs bloß eine Angelegenheit zwischen dem thebanischen Herrscherhaus und den Göttern zu sein schien, Auswirkungen hat auch auf die Untergebenen. Deshalb muss diese Angelegenheit in aller Öffentlichkeit bereinigt werden, und so ist es nur folgerichtig, dass Oidipus dies verlangt – auch wenn er nicht weiß, dass er selbst der eigentliche Auslöser des Problems ist. Der Spielort „Vor dem Palast" ist also nicht bloße Staffage, beliebig austauschbar, sondern Schnittstelle zwischen Privatem und Öffentlichem, an der allein die zen-

4 DIE ELEMENTE EINES DRAMAS
Baustein 5: Der Ort

tralen Probleme des Dramas ausgetragen werden können – das Innere des Palastes oder eine Landschaft außerhalb Thebens wären hierzu gänzlich ungeeignet.
In Aufgabe 18 (s. u.) sollen Sie eine meist wenig beachtete Szene aus Büchners „Woyzeck" einem geeigneten Ort zuordnen.

Der Idiot Karl. Das Kind. Woyzeck.

KARL *(hält das Kind vor sich auf dem Schoß)*: Der is ins Wasser gefallen, der is ins Wasser gefallen, mir, der is ins Wasser gefallen.
WOYZECK: Bub, Christian!
5 KARL *(sieht ihn starr an)*: Der is ins Wasser gefallen.
WOYZECK *(will das Kind liebkosen, es wendet sich weg und schreit)*: Herrgott!
KARL: Der is ins Wasser gefallen.
WOYZECK: Christianchen, du bekommst en Reuter, sa sa. *(Das Kind
10 wehrt sich; zu Karl.)* Da, kauf dem Bub en Reuter!
KARL *(sieht ihn starr an)*.
WOYZECK: Hop! hop! Roß.
KARL *(jauchzend)*: Hop! hop! Roß! Roß! *(Läuft mit dem Kind weg.)*

(Georg Büchner, „Woyzeck", S. 25)

Einige Hintergrundinformationen, sofern Sie sie nicht schon kennen: Woyzeck ist Soldat, im Zivilberuf Friseur. Er lebt mit Marie zusammen. Sie haben ein Kind, das in dieser Szene als stumme Person mitspielt. Um seinen kärglichen Sold aufzubessern und Marie und das Kind besser zu versorgen, stellt er sich sogar dem Doktor – einer weiteren Hauptperson des Dramas – für medizinisch zweifelhafte Versuche zur Verfügung. Marie, die für Woyzeck alles bedeutet, hat mit einem Tambourmajor ein Verhältnis, von dem Woyzeck erfährt. Unmittelbar vor dieser Szene ersticht er sie, weniger aus Eifersucht als aus Verzweiflung.

AUFGABE 18 Überlegen Sie, wo diese Szene am ehesten spielen könnte. Entscheiden Sie sich für eine der angegebenen Möglichkeiten, und begründen Sie Ihre Wahl:

1. Freies Feld
2. In der Kaserne
3. Auf der Straße
4. Mariens Kammer
5. Wirtshaus
6. Waldsaum am Teich

3. Zusammenspiel von Ort und Personen

Wie alle Dramen, die der geschlossenen Form (vgl. Kap. 2) zuzuordnen sind, ist auch Schillers „Maria Stuart" von nur wenigen Ortswechseln bestimmt:

I:	Im Schloß zu Fotheringhay. Ein Zimmer.
II:	Der Palast zu Westminster.
III:	Gegend in einem Park. Vorn mit Bäumen besetzt, hinten eine weite Aussicht.
IV, 1–4:	Vorzimmer.
5–12:	Zimmer der Königin.
V, 1–10:	Die Szene ist das Zimmer des ersten Aufzugs.
11–15:	Das zweite Zimmer des vierten Aufzugs.

Wenn Sie das Drama gelesen haben, werden Sie feststellen, dass sich diese Spielorte aus der Handlungsführung fast zwingend ergeben. Die ersten beiden Akte, die die Exposition beinhalten, stellen die Protagonistin und Antagonistin an den ihnen zugeordneten Orten (Fotheringhay: Gefängnis Marias, Palast: Regierungsgebäude Elisabeths) vor. In Akt III werden beide Hauptpersonen, vor allem in der zentralen Szene III/4 (Dialog der Königinnen), an nicht nur neutralem, sondern an einem Ort, mit dem der Zuschauer Freiheit assoziiert, zusammengeführt. In Akt IV wird spiegelbildlich zum Ort des Akts II zurückgekehrt, wobei der Blick in die Gemächer Elisabeths (Vorzimmer, Zimmer der Königin) eine Steigerung darstellt. Im Vorzimmer spielen die politisch motivierten Aktionen, im Zimmer Elisabeths wird ihr durch die politische Situation hervorgerufener tragischer Konflikt – insbesondere ihr Entschluss, Maria hinrichten zu lassen – ausgetragen. Der letzte Akt wechselt wie der erste noch einmal zwischen Protagonistin und Antagonistin. Maria wird aus ihrem Gefängniszimmer zur Hinrichtung geführt, Elisabeth hat sich in ihrem Privatzimmer mit den Konsequenzen der von ihr angeordneten Exekution auseinanderzusetzen.

AUFGABE 19

Diese Aufgabe können Sie nur dann bearbeiten, wenn Sie Lessings Drama „Nathan der Weise" kennen. Im Folgenden finden Sie eine Übersicht der Spielorte des Stücks. Begründen Sie die dramatische Funktion dieser Orte.

I/1–4:	Flur in Nathans Haus
5–6:	Ein Platz mit Palmen

4 DIE ELEMENTE EINES DRAMAS
Baustein 5: Der Ort

II/1–3: Des Sultans Palast
4–9: Vor dem Haus des Nathan, wo es an die Palmen stößt

III/1–3: In Nathans Hause
4–7: Ein Audienzsaal in dem Palaste des Saladin
8–10: Unter den Palmen, in der Nähe des Klosters

IV/1–2: In den Kreuzgängen des Klosters
3–5: Ein Zimmer im Palaste des Saladin
6–8: Die offne Flur in Nathans Hause, gegen die Palmen zu

V/1–2: Das Zimmer in Saladins Palaste
3–5: Die Palmen vor Nathans Hause, wo der Tempelherr auf und niedergeht
6–8: In Sittahs Harem

Mit Schillers und Lessings Dramen haben Sie Theaterstücke kennen gelernt, in denen den Hauptpersonen jeweils ein bestimmter Ort zugeordnet ist. Diese Zuordnung ist in der „Maria Stuart" eindeutiger festgelegt als in „Nathan der Weise", da sich hier deutlich zwischen Protagonist und Antagonist unterscheiden lässt; lediglich die zugespitzte Zusammenführung der beiden Königinnen findet an einem dritten symbolträchtigen Schauplatz (Park) statt.

Diese Eindeutigkeit ist in Lessings Drama nicht gegeben, da die Handlungsführung nicht auf ein tragisches Ende, sondern auf eine Versöhnung der drei Religionen hinausläuft. Dieser Zielpunkt der Handlung verlangt, dass die sie tragenden *dramatis personae* nicht an einem bestimmten Ort verharren, der ihnen von Anfang an als Spiel-Raum zugewiesen ist, sondern dass sie diesen verlassen können und auch müssen, um mit den Vertretern der anderen Religionen in Kontakt zu treten. Infolgedessen steht der jeweilige Spielort in der „Maria Stuart" mit Protagonistin und Antagonistin bzw. mit „Spiel" und „Gegenspiel" (G. Freytag) in enger Verbindung, in „Nathan der Weise" verweist er darüber hinaus auch noch auf die Versöhnung über die Religionen hinweg, auf die das Drama von Anfang an angelegt ist.

4. Der Ort als Mittel zur Charakterisierung

Nicht nur das aristotelische Drama – als Beispiel kann hier erneut der „König Oidipus" fungieren –, auch das moderne Drama (Handke, „Publikumsbeschimpfung"; Beckett, „Das letzte Band") kennt die Einheit des Ortes, allerdings nicht, weil sie von den bühnentechnischen Voraussetzungen her notwendig wäre. Auch „Die Familie Selicke" von Arno Holz und Johannes Schlaf spielt an nur einem Ort: dem Wohnzimmer als zentralem Kommunikationspunkt der Personen. Das Stück ist trotz vieler Auf- und Abtritte der *dramatis personae* nicht in Szenen eingeteilt; auf Ortswechsel haben die beiden Autoren – obwohl dies durchaus möglich gewesen wäre! – offenbar bewusst verzichtet.

> Das Wohnzimmer der Familie Selicke
>
> *Es ist mäßig groß und sehr bescheiden eingerichtet. Im Vordergrunde rechts führt eine Tür in den Korridor, im Vordergrunde links eine in das Zimmer Wendts. Etwas weiter hinter dieser eine Küchentür mit*
> 5 *Glasfenstern und Zwirngardinen. Die Rückwand nimmt ein altes, schwerfälliges, großgeblumtes Sofa ein, über welchem zwischen zwei kleinen, vergilbten Gipsstatuetten „Schiller und Goethe" der bekannte Kaulbachsche Stahlstich „Lotte, Brot schneidend" hängt. Darunter, im Halbkranze, symmetrisch angeordnet, eine Anzahl photographi-*
> 10 *scher Familienporträts. Vor dem Sofa ein ovaler Tisch, auf welchem zwischen allerhand Kaffeegeschirr eine brennende weiße Glaslampe mit grünem Schirm steht. Rechts von ihm ein Fenster, links von ihm eine kleine Tapetentür, die in eine Kammer führt. Außerdem noch, zwischen den beiden Türen an der linken Seitenwand, ein Tischchen mit*
> 15 *einem Kanarienvogel, über welchem ein Regulator tickt, und, hinten an der rechten Seitenwand, ein Bett, dessen Kopfende, dem Zuschauerraum zunächst, durch einen Wandschirm verdeckt wird. Über ihm zwei große, alte Lithographien in fingerdünnen Goldrahmen, der alte Kaiser und Bismarck. Am Fußende des Bettes, neben dem Fenster,*
> 20 *schließlich noch ein kleines Nachttischchen mit Medizinflaschen. Zwischen Kammer- und Küchentür ein Ofen; Stühle.*
>
> (Arno Holz/Johannes Schlaf, „Die Familie Selicke", S. 5)

AUFGABE 20

Wenn Sie das Drama noch nicht gelesen haben, sehen Sie sich die oben abgedruckte Regieanweisung genau an, und lösen Sie folgende Aufgaben:
1. Fertigen Sie einen Grundriss („Architektenzeichnung") an, aus dem sich die Topographie des Wohnzimmers und die Platzierung der Einrichtungsgegenstände ersehen lässt!
2. Auf welche soziale Schicht der Bewohner lassen die Einrichtungsgegenstände schließen? Begründen Sie Ihre Entscheidung!
3. Welche Requisiten und Einrichtungsgegenstände wecken im Zuschauer Erwartungen in Bezug auf die Handlung? Warum?

Wenn Sie das Drama bereits gelesen haben:
4. Wieso beschränken sich die beiden Autoren auf nur einen Ort?

4 DIE ELEMENTE EINES DRAMAS
Baustein 5: Der Ort

5. Der Ort als Spiegel der seelischen Situation

Eine ganze Reihe von Szenen in Büchners „Woyzeck" spielt in „Mariens Kammer": so auch die folgende, in der Marie ihre seelische Situation thematisiert, nachdem sie Woyzeck mit dem Tambourmajor betrogen hat:

MARIENS KAMMER

MARIE *(blättert in der Bibel)*: „Und ist kein Betrug in seinem Munde erfunden" ... Herrgott, Herrgott! Sieh mich nicht an! *(Blättert weiter.)* „Aber die Pharisäer brachten ein Weib zu ihm, im Ehebruch begriffen, und stelleten sie ins Mittel dar ... Jesus aber sprach: So verdamme ich dich auch nicht. Geh hin und sündige hinfort nicht mehr!" *(Schlägt die Hände zusammen:)* Herrgott! Herrgott! Ich kann nicht! – Herrgott, gib mir nur so viel, daß ich beten kann. *(Das Kind drängt sich an sie.)* Das Kind gibt mir einen Stich ins Herz. – Karl! Das brüst' sich in der Sonne!

NARR *(liegt und erzählt sich Märchen an den Fingern)*: Der hat die goldne Kron, der Herr König ... Morgen hol ich der Frau Königin ihr Kind ... Blutwurst sagt: komm, Leberwurst. – *(Er nimmt das Kind und wird still.)*

MARIE: Der Franz [= Woyzeck] ist nit gekommen, gestern nit, heut nit. Es wird heiß hier! *(Sie macht das Fenster auf.)* – „Und trat hinein zu seinen Füßen und weinete, und fing an seine Füße zu netzen mit Tränen und mit den Haaren ihres Hauptes zu trocknen, und küssete seine Füße und salbete sie mit Salben ..." *(Schlägt sich auf die Brust.)* Alles tot! Heiland! Heiland! Ich möchte dir die Füße salben! –

(Georg Büchner, „Woyzeck", S. 22)

Maries seelische Situation in dieser Szene ist durch Verzweiflung, Schuldgefühle und Reue darüber, dass sie Woyzeck mit dem Tambourmajor betrogen hat, sowie durch eine innere Leere gekennzeichnet. Demzufolge sucht sie Trost in der Geschichte der Ehebrecherin, die zuerst von den Juden gesteinigt werden soll – die nach dem jüdischen Gesetz gängige Strafe für Ehebruch –, der aber von Jesus vergeben wird (vgl. Joh 8, 3–11).
Eingeschoben ist weiterhin eine Anspielung auf die Maria- und Martha-Geschichte des Neuen Testaments (Joh 12, 1–8), deren eine Figur – Maria – von der kirchlichen Tradition als die Hure Maria Magdalena angesehen wurde. Eine Interpretation, die ein historisch-kritischer Textbefund der Bibelstelle nicht zulässt, zu Büchners Zeit aber durchaus noch gang und gäbe war. Marie

findet mithin ihre eigene Problematik in den zitierten Bibelstellen wieder und identifiziert sich mit diesen Frauengestalten.

Diese seelische Situation spiegelt sich nun im äußeren Raum. Entscheidend hierfür ist Maries Engegefühl („Es wird heiß hier!"), das sie veranlasst, das Fenster zu öffnen. Sie hält es nicht aus in der stickigen Atmosphäre einer Kammer, in der sie Woyzeck betrogen hat und deren Enge lastend auf ihr ruht. Dass dieses Öffnen des Fensters ihrer Problematik nicht abhelfen kann, lässt sich erschließen, wenn man die Szene „Die Stadt" (S. 6f.) einbezieht: Hier fungiert das Fenster quasi als Tor zur Außenwelt. Von dort her dringt die verlockende Gestalt des Tambourmajors als optischer Reiz in Maries Kammer ein („Was ein Mann, wie ein Baum. (…) Er steht auf seinen Füßen wie ein Löw." [S. 6]) Marie, deren Innenwelt sich diesem Eindruck aus der Außenwelt geöffnet hat, muss in der Hitze ihres Zimmers hinfort mit einer Schuld leben, aus der sie auch das erneute Öffnen des Fensters nicht erlösen kann. Ihre Kammer, in der der Ehebruch geschehen ist, ist belastet mit dieser Schuld, die Marie bedrückt, so oft sie dort weilt.

Diese Beziehung zwischen äußerem Raum und Innenraum einer Person gibt es jedoch nicht nur im offenen Drama. Bei der Auflistung der Spielorte der „Maria Stuart" ist Ihnen vielleicht aufgefallen, dass nur ein Akt – der dritte – im Freien spielt, die übrigen sind, gleichmäßig verteilt auf die beiden Hauptpersonen, Fotheringhay als dem Gefängnis Marias bzw. dem Palast zu Westminster als dem Regierungssitz Elisabeths zugeordnet.

Die Ortsangabe zum dritten Akt lautet: „*Gegend in einem Park. Vorn mit Bäumen besetzt, hinten eine weite Aussicht*," deutet also offenbar eine Szenerie an, in der wie in einem englischen Garten des 18. Jahrhunderts eine Parklandschaft sich mit einer Naturlandschaft zwanglos verbindet.

Berücksichtigt man ferner, dass in den ersten Szenen dieses Aktes (III/1–3) zuerst einmal Maria Stuart auftritt und Elisabeth erst in III/4 hinzukommt, fällt es nicht schwer, dieses Ortsarrangement zu deuten. Im Gegensatz zur dumpfen Bedrücktheit von Fotheringhay, wo Maria monatelang hat schmachten müssen, vermittelt die Naturszenerie ihr einen „Hauch von Freiheit", welcher durch die „weite Aussicht" deutlich unterstrichen wird, erlaubt diese doch einen Blick in Fernen, die zu der Enge von Marias Gefängnis in krassestem Kontrast stehen.

Die Offenheit dieses Spielortes steht damit in enger Beziehung zu Marias psychischer Verfassung, die sich gleich in ihren Eingangsversen niederschlägt:

> Laß mich der neuen Freiheit genießen,
> Laß mich ein Kind sein, sei es mit!
> Und auf dem grünen Teppich der Wiesen
> Prüfen den leichten, geflügelten Schritt.
> 5 Bin ich dem finstern Gefängnis entstiegen,

DIE ELEMENTE EINES DRAMAS
Baustein 5: Der Ort

> Hält sie mich nicht mehr, die traurige Gruft?
> Laß mich in vollen, durstigen Zügen
> Trinken die freie, die himmlische Luft.
>
> (Friedrich Schiller, „Maria Stuart", S. 66)

Eine rein formale Analyse dieser Zeilen zeigt zuerst einmal, dass sie nicht aus Blankversen bestehen, in denen fast das ganze Drama verfasst ist. Es sind Knittelverse, eine sprachliche Form, die der inneren Erregung Marias besser entspricht als die klassische Gemessenheit des Blankverses. Inhaltlich zeigt sich diese Erregung in Marias irrationalem Wunsch, „Kind [zu] sein", ihrem „leichten, geflügelten Schritt" sowie der zweimaligen Charakterisierung der Situation als „frei".

Auch hier entpuppt sich also der äußere Raum als Spiegel der seelischen Verfassung einer *dramatis persona*: Die äußere und die innere Situation Marias entsprechen einander.

MERKE

1. Prinzipiell kann ein Drama an jedem beliebigen Ort spielen.
2. Der Ort kann zu den Personen und zu der Handlung (-sführung) eines Dramas in enger Beziehung stehen.
3. Der Ort kann dazu dienen, die soziale Situation (Milieu) und/oder die psychische Situation der Personen (z.B. Kommunikationsarmut) zu charakterisieren.
4. Äußerer Raum (Spielort) und seelische Situation einer *dramatis persona* können einander entsprechen.

Beachte

Der Ort eines Dramas ist nie bloße Staffage; er steht immer in Beziehung zu den Personen, der Handlung oder der übergeordneten Intention des Textes.

Baustein 6: Die Zeit

1. Aufgeführte Zeit und Aufführungszeit

Zwar nicht von Aristoteles selbst, wohl aber von späteren formalistischen Anhängern seiner Dramentheorie sind die „Drei Einheiten" (vgl. Kapitel 2) zu einem notwendigen Fundament eines jeden Dramas erklärt worden. So auch die *Einheit der Zeit*: Die Handlung eines Dramas dürfe nicht länger als einen Sonnenumlauf dauern. Dies wird auf verschiedene Weise begründet, von Gottsched z.B., einem einflussreichen Kritiker des 18. Jahrhunderts, mit einer notwendigen Realitätsnähe: „Denn was hätte es für eine Wahrscheinlichkeit (!), wenn man in dem ersten Auftritt den Helden in der Wiege, etwas weiter hin als einen Knaben, hernach als einen Jüngling, Mann, Greis und zuletzt gar im Sarge vorstellen wollte". (J. Chr. Gottsched, „Versuch einer Critischen Dichtkunst vor die Deutschen" [1730], § 17; zit. n.: Ulrich Staehle [Hrsg.], Theorie des Dramas. Stuttgart: Reclam 1973, S. 18)

Da wir heute, gut zweihundertfünfzig Jahre nach Gottsched, uns auch an Stücke mit extremen Zeitsprüngen gewöhnt haben, mag uns seine Argumentation wenig stichhaltig erscheinen. Indem er jedoch das Realitätsempfinden des Zuschauers zum Kriterium seiner Überlegung macht, trifft Gottsched einen psychologischen Aspekt, der immer noch Gültigkeit hat. Soll das Zeitempfinden des Zuschauers nicht zu sehr gestört werden, müssen *Spielzeit* – die Zeit, die während der Aufführung eines Dramas verstreicht – und *gespielte Zeit* – die Zeitspanne, die auf der Bühne aufgeführt wird – einander in etwa entsprechen.

Auf den ersten Blick scheint dies in Widerspruch zu stehen zu Stücken wie Brechts „Mutter Courage", dessen gespielte Zeit – wie man den Einleitungstexten der Szenen entnehmen kann – zwölf Jahre umfasst. Dieser scheinbare Widerspruch löst sich jedoch, wenn man berücksichtigt, dass zwar das ganze Drama in der Tat einen Zeitraum von zwölf Jahren abdeckt, dass aber deswegen die gespielte Zeit der einzelnen Szenen keineswegs einer zeitlichen Raffung unterliegt. Die Diskrepanz zwischen Aufführungszeit (= Spielzeit) und aufgeführter Zeit (= gespielter Zeit) entsteht vielmehr dadurch, dass die zeitlichen Raffungen gleichsam in die Pausen zwischen den einzelnen Szenen gelegt werden. Die gespielte Zeit besteht aus Ausschnitten aus einem zeitlichen Kontinuum, das eine Zeitspanne von insgesamt zwölf Jahren umfasst.

Sekundenstil

Einen extremen Sonderfall in Hinblick auf das Verhältnis von Spielzeit und gespielter Zeit stellt das Drama „Die Familie Selicke" dar. Getreu den theater-

DIE ELEMENTE EINES DRAMAS
Baustein 6: Die Zeit

theoretischen Überlegungen seiner beiden Autoren und des Naturalismus überhaupt, dem Publikum müsse auf der Bühne ein höchstmögliches Maß an Realitätsnähe präsentiert werden, kommen Aufführungszeit und aufgeführte Zeit hier völlig zur Deckung. Die Zeitspanne, die für die Figuren auf der Bühne verstreicht, entspricht genau derjenigen, die für das Publikum vergeht. Mit diesem sogenannten „Sekundenstil" soll die Illusion des Zuschauers, er sehe einen Ausschnitt aus der Wirklichkeit und nicht etwa eine künstliche Überhöhung der Realität, wie sie das klassische Drama bietet, massiv unterstützt werden.

Zeit und Spannung

Auf den ersten Blick scheint die Spannung des Zuschauers mit der Zeit eines Dramas nichts zu tun zu haben. Macht man sich jedoch klar, dass die Zeitspanne eines Dramas ausgefüllt ist mit einer Abfolge von Geschehnissen (vgl. Baustein 3: Die Handlung), bedeutet das für den Zuschauer. Zu jedem Zeitpunkt des Dramas ist bereits etwas geschehen, und ebenso steht noch etwas aus. Aus genau dieser Schon-noch-Struktur ergibt sich die Spannung des Zuschauers. Er ist bereits informiert über etwas, was geschehen *ist*, und er wartet auf etwas, was noch geschehen *wird*.

Spannung ergibt sich psychologisch aus einem Zustand, der zwischen völliger Unkenntnis und völliger Kenntnis liegt. Hat der Zuschauer völlige Kenntnis erlangt – am Ende des Dramas –, ist seine Spannung aufgelöst. Der zeitliche Prozess der dramatischen Handlung und die Spannung des Zuschauers kommen somit gleichzeitig zu Ende. Von der anderen Seite betrachtet: Etwas, das geschieht oder geschehen ist, vermittelt dem Zuschauer eine Teilkenntnis und versetzt ihn damit in Spannung. Im Laufe der dramatischen Handlung wird diese Teilkenntnis Schritt für Schritt größer und mündet am Ende in völlige Kenntnis und damit in Auflösung der Spannung.

Dieser hier recht abstrakt geschilderte Sachverhalt soll im Folgenden an den zwei Grundtypen dramatischer Spannung verdeutlicht werden:

2. Was-Spannung und Wie-Spannung

Auf die Erzeugung von Was-Spannung sind mindestens drei Viertel aller Kriminalfilme ausgerichtet, deshalb können sie hier als anschauliches Beispiel dienen. Am Anfang eines Durchschnittskrimis steht ein Mord, am Ende die Ergreifung des Mörders. Der Mord löst beim Zuschauer eine Spannung auf den Ausgang aus, ihn beschäftigt die Frage: „Wer ist der Mörder?", und da den Kommissar von Berufs wegen dieselbe Frage betrifft, fällt es dem Zuschauer häufig leicht, sich mit diesem zu identifizieren, was wiederum die Spannung unterstützt. Kurz: Die Was-Spannung richtet sich auf das, was der Schluss bringt.

Umgekehrt die Wie-Spannung: Diese tritt bei einem Drama auf, dessen Ende dem Zuschauer bereits bekannt ist. Ihn interessiert und beschäftigt daher die Art und Weise, wie sich die Geschehnisse entwickeln, bis der erwartete Schluss eintritt. Auch diesen zweiten Grundtyp dramatischer Spannung kann man sich am Beispiel bestimmter Kriminalfilme verdeutlichen. Er tritt vornehmlich dann auf, wenn der Zuschauer von Anfang an darüber informiert ist, wer der Mörder ist, so dass die Spannung sich auf die Art und Weise, wie der Mord aufgeklärt wird, richtet.

Der sophokleische „König Oidipus" kann sicher als ein Musterbeispiel für die Erweckung von Wie-Spannung angesehen werden. Nicht nur der zeitgenössische griechische, sondern auch der heutige Zuschauer weiß um das Schicksal des Vatermörders und Ehemannes der eigenen Mutter. Trotz der Kenntnis des Ausgangs jedoch ist der Zuschauer durchgängig gespannt: darauf, *wie* die Entdeckung im Einzelnen vonstatten geht.
Der folgende Textausschnitt schließt sich an Oidipus' Streitrede mit dem Seher Teiresias und seinem Schwager Kreon an, die er verdächtigt, eine Verschwörung gegen ihn zu planen. Weiterhin hat Oidipus bereits von seinem Mord an (dem ihm nicht bekannten) Laios erzählt sowie von seiner Befragung des delphischen Orakels nach seiner ihm ungewissen Identität.

AUFGABE

21 Wie gelingt es Sophokles in diesem Ausschnitt, beim Zuschauer Spannung zu erwecken?

BOTE *(tritt auf)*: Mögt ihr mir sagen, Fremde, wo das Haus
   Des Königs Oidipus gelegen ist,
   Noch besser: wo man ihn zur Stunde trifft?
CHORFÜHRER: Dies ist sein Haus, soeben trat er ein,
5   Die Mutter seiner Kinder steht vor dir.
BOTE: O großen Königs hocherhabne Frau,
   Bleib immer glücklich unter Glücklichen!
IOKASTE: Auch du, mein Fremder, denn dein guter Wunsch
   Verdient Vergeltung; aber sag, was du
10   Von uns begehrst und was du Neues bringst!
BOTE: Glückliche Botschaft dir und deinem Haus!
IOKASTE: Was ist geschehen und wer sendet dich?
BOTE: Mich schickt Korinth, und sicher bringt mein Mund
   Dir große Freude, doch nicht ohne Schmerz.
15 IOKASTE: Wie hat er diese doppelte Gewalt?
BOTE: Des Isthmus Bürger wollen Oidipus

4 DIE ELEMENTE EINES DRAMAS
Baustein 7: Dramatische Mittel

> Zum König machen: So war ihr Beschluß.
> IOKASTE: Und herrscht der alte Polybos nicht mehr?
> BOTE: Das Grab nahm diesen toten König auf.
> 20 IOKASTE: Den Vater meines Gatten? Ist er tot?
> BOTE: So wahr ich lebe und nicht sterben will!
> IOKASTE: Geht schnell hinein und ruft mir unsern Herrn! –
> Wo seid ihr nun, ihr Sehersprüche, wo?
> Wie lange floh mein Gatte voller Angst
> 25 Den Vatermord! Nun nahm ihn sein Geschick
> Hinweg und nicht der Tod von Sohnes Hand.
>
> (Sophokles, „König Oidipus", S. 42 f.)

Baustein 7: Dramatische Mittel

Alle Literatur kann etwas vereinfacht als geformte Sprache definiert werden; diese Formung wird in der Regel verursacht durch den Gestaltungswillen eines Autors, der seine ihm zur Verfügung stehenden künstlerischen Fähigkeiten einsetzt, um ein unverwechselbares literarisches Kunstwerk zu schaffen. Unverwechselbar – und damit individuell – wird es jedoch nur selten durch die Wahl des Themas oder Stoffes. Es gibt kaum ein Problem, einen Gegenstand oder eine menschliche Konstellation, die nicht bereits literarisch gestaltet worden wären. Unverwechselbar wird ein Stoff oder Thema in erster Linie durch die Art und Weise, wie ihn ein Autor arrangiert, und hierzu gehören vor allem Wahl und Ausgestaltung der dichterischen Mittel.
Handle es sich bei diesen nun um *Tropen* – wie etwa Metaphern, Metonymien, Personifikationen – oder *rhetorische Figuren* – wie etwa Anaphern, Parallelismen oder Ellipsen – beide Hauptgruppen sprachlicher Mittel kommen natürlich im Drama ebenso vor wie in anderen literarischen Gattungen und werden deswegen hier nur an einem Szenenbeispiel veranschaulicht. Es gibt jedoch auch dichterische Mittel, die speziell das Drama betreffen, und die wichtigsten dieser Mitttel werden Sie in diesem Kapitel kennen lernen. Da es sich um eine reine Information handelt, erwarten Sie ausnahmsweise keine von Ihnen zu lösenden Aufgaben.

1. Die Verwendung sprachlicher Mittel

Im Folgenden soll die Szene III/3 aus Lessings Drama „Nathan der Weise" dazu dienen, Ihnen exemplarisch die Funktion sprachlicher Mittel innerhalb eines dramatischen Textes zu verdeutlichen.

RECHA *und* DAJA

RECHA: Was ist das, Daja? –
　　So schnell? – Was kömmt ihm an? Was fiel ihm auf?
　　Was jagt ihn?
5　DAJA: Laßt nur, laßt. Ich denk', es ist
　　Kein schlimmes Zeichen.
　RECHA: Zeichen? und wovon?
　DAJA: Daß etwas vorgeht innerhalb. Es kocht,
　　Und soll nicht überkochen. Laßt ihn nur.
10　Nun ists an Euch.
　RECHA: Was ist an mir? Du wirst,
　　Wie er, mir unbegreiflich.
　DAJA: Bald nun könnt
　　Ihr ihm die Unruh all vergelten, die
15　Er Euch gemacht hat. Seid nur aber auch
　　Nicht allzustreng, nicht allzu rachbegierig.
　RECHA: Wovon du sprichst, das magst du selber wissen.
　DAJA: Und seid denn Ihr bereits so ruhig wieder?
　RECHA: Das bin ich; ja das bin ich ...
20　DAJA: Wenigstens
　　Gesteht, daß Ihr Euch seiner Unruh freut;
　　Und seiner Unruh danket, was Ihr itzt
　　Von Ruh' genießt.
　RECHA: Mir völlig unbewußt!
25　Denn was ich höchstens dir gestehen könnte,
　　Wär', daß es mich – mich selbst befremdet, wie
　　Auf einen solchen Sturm in meinem Herzen
　　So eine Stille plötzlich folgen können.
　　Sein voller Anblick, sein Gespräch, sein Tun
30　Hat mich ...
　DAJA: Gesättigt schon?
　RECHA: Gesättigt, will
　　Ich nun nicht sagen; nein – bei weitem nicht –
　DAJA: Den heißen Hunger nur gestillt.
35　RECHA: Nun ja;
　　Wenn du so willst.
　DAJA: Ich eben nicht.
　RECHA: Er wird
　　Mir ewig wert; mir ewig werter, als
40　Mein Leben bleiben: wenn auch schon mein Puls
　　Nicht mehr bei seinem bloßen Namen wechselt;

DIE ELEMENTE EINES DRAMAS
Baustein 7: Dramatische Mittel

>   Nicht mehr mein Herz, so oft ich an ihn denke,
>   Geschwinder, stärker schlägt. – Was schwatz' ich? Komm,
>   Komm, liebe Daja, wieder an das Fenster,
> 45 Das auf die Palmen sieht.
>   DAJA: So ist er doch
>   Wohl noch nicht ganz gestillt, der heiße Hunger.
>   RECHA: Nun werd' ich auch die Palmen wieder sehn:
>   Nicht ihn bloß untern Palmen.
> 50 DAJA: Diese Kälte
>   Beginnt auch wohl ein neues Fieber nur.
>   RECHA: Was Kält'? Ich bin nicht kalt. Ich sehe wahrlich
>   Nicht minder gern, was ich mit Ruhe sehe.
>
> (Gotthold Ephraim Lessing, „Nathan der Weise", S. 63 f.)

Zur Einordnung der Szene: Nachdem innerhalb der Vorgeschichte des Stückes der Tempelherr Recha, Nathans Pflegetochter, aus dem brennenden Vaterhaus gerettet hat, entwickelt diese schwärmerische Gefühle für ihn, die halb auf Dankbarkeit, halb auf Verliebtheit beruhen. In der vorangegangenen Szene (III/2) hat Recha ihren Retter das erste Mal wiedergesehen. Der Tempelherr versetzt sie am Ende von III/2 durch seine plötzliche Entfernung in Erstaunen; er geht fort unter Angabe von Gründen, die Recha fadenscheinig vorkommen müssen, letzten Endes aber darauf beruhen, dass der Tempelherr bereits ahnt, dass Recha seine Schwester ist.

Dajas Motive in diesem Stück sind recht durchsichtig. Sie ist Christin, und es ist ihr ein Dorn im Auge, dass Nathan Recha im Sinne aufklärerischer Humanität erzogen hat, nicht jedoch als Christin, die sie aufgrund ihrer Taufe eigentlich ist. Von daher versucht Daja gezielt auf eine Heirat zwischen Recha und dem Tempelherrn hinzuarbeiten: ein Motiv, das auch die Szene III/3 bestimmt.

Welche sprachlichen Mittel prägen die Szene allgemein? Zuerst einmal die unterschiedliche Anrede: Recha duzt Daja, da diese, obwohl ihre Erzieherin, zum „Hauspersonal" gehört. Umgekehrt wird Recha von Daja gesiezt. Dieser Unterschied hat jedoch auf das Vertrauensverhältnis beider Personen in dieser Szene keinen Einfluss; es ist zeitbedingte Etikette und von daher für eine Interpretation nicht von weitergehender Bedeutung.

Anders jedoch eine formale Besonderheit, die die gesamte Szene bestimmt. Sehr häufig treten Zeilensprünge (Enjambements) auf, darüber hinaus sind auch noch einzelne Verse oft auf die beiden Figuren verteilt (z.B. Z. 30 ff.: Hat mich / Gesättigt schon / Gesättigt, will). Beides zeigt eine hohe emotionale Erregung Rechas und Dajas, und dies obwohl sie in Blankversen (5-hebige, jambische Verse) – dem klassischen Vers des deutschsprachigen Dramas schlechthin – sprechen.

Zu den wichtigsten sprachlichen Mitteln der Personen im Einzelnen:
1. Recha:
Sie beginnt ihre Redeanteile durch knappe, z.T. *elliptische Fragesätze* („So schnell?" [Z. 3]) und signalisiert durch einen *Vergleich* (Z. 11 f.) ihr Unverständnis. Auf Dajas Neckerei (Z. 20 ff.) antwortet sie, indem sie dem Wandel ihrer Gefühle für den Tempelherrn Ausdruck verleiht. Die *Wiederholung* in Z. 26 führt zu einem leicht *gestauten Satzbau*, dadurch wird die folgende Zeile stärker hervorgehoben. Rechas Gefühlswandel wird in einer *Antithese* (Sturm/Stille) deutlich, die zudem durch eine *Alliteration (St-)* unterstrichen wird. Eine weitere Zuspitzung erfolgt durch die *Dreierfigur* in Z. 29, bevor durch Dajas *Unterbrechung* schließlich die Zuschauer um die Auflösung gebracht werden. In den Zeilen 38 ff. endlich kann Recha sich über ihren Gefühlswandel erklären. Körperliche Anzeichen von Verliebtheit (Z. 40–43) haben sich gegeben, dafür hat sich ihr Gefühl dem Tempelherrn gegenüber zu einer eher ethischen Wertschätzung gewandelt (Z. 38–40). Dies wird durch eine *Elision* („Mir ewig wert" [bleiben]) sowie eine *Steigerung* (wert/werter) hervorgehoben.

2. Daja:
Dajas Redeanteile sind vor allem von einer ungewöhnlichen *Bildlichkeit* geprägt. Diese ist zwei Bereichen entnommen: dem der Nahrung und dem der Körpertemperatur. Sie beschreibt damit einmal den – von ihr unterstellten – Gemütszustand des Tempelherrn (Z. 8 f.), später dann die – ebenfalls unterstellte – Verliebtheit Rechas (Z. 31, 34, 46 f.) Die hier verwendeten *Metonymien* verdeutlichen einmal den Zustand der Verliebtheit, genauer: wie ihn sich das ausgehende 18. Jahrhundert diese vorstellte – als einen „Affekt". Zum anderen gehört solche Art von Bildlichkeit zu der komödiantischen Seite des Dramas, ein Aspekt, der angesichts des „ernsten Gegenstandes" oft unterschätzt wird. Ähnlich bezeichnen „Kälte" und „neues Fieber" (Z. 50 f.) in traditioneller Weise den „Affekt" Verliebtheit. Beide Bildbereiche verweisen aber darüber hinaus noch auf das – verglichen mit Recha – schlichtere Gemüt Dajas. Sie scheint unfähig, die von Recha angedeutete Wertschätzung des Tempelherrn nachzuvollziehen.

2. Mittel der Handlung

Deus ex machina
Ein erstes, gelegentlich recht künstlich erscheinendes Mittel der Handlung ist der sogenannte *deus ex machina*: Eine eigentlich unauflösbare Handlungsverwicklung wird kurz vor Schluss eines Dramas durch ein plötzlich und zufällig eintretendes Ereignis, eine – oft von außen hinzukommende – Person oder göttliche bzw. schicksalshafte Mächte doch gelöst.

DIE ELEMENTE EINES DRAMAS
Baustein 7: Dramatische Mittel

Botenbericht und Teichoskopie

Botenbericht und *Teichoskopie* verfolgen ein ähnliches Ziel: den Zuschauer über ein Geschehen zu informieren, das nicht direkt auf der Bühne gezeigt wird, entweder weil dies aus bühnentechnischen Gründen nicht möglich ist oder weil ästhetische (z.B. Einheit des Ortes) oder ethische Gründe dem entgegenstehen. Die auf S. 78 angeführte *Teichoskopie* aus Kleists „Penthesilea" erfüllt beide Kriterien. Zum einen lässt sich ein zu Pferde geführter Zweikampf auf einer Bühne kaum realisieren, zum zweiten dürfte es gegen das Ende des Kampfes – Penthesilea zerfleischt Achill wie ein Hund – auch noch in einer Zeit der Horrorvideos erhebliche moralische Bedenken geben.

Ein ähnlicher Fall liegt bei der Hinrichtung Maria Stuarts (IV/10) vor. Schiller lässt die Exekution, die auch Leicester vom darüber liegenden Zimmer aus nur hört, nicht aber sieht, durch diesen dem Publikum berichten.

Im Unterschied zur *Teichoskopie*, die dem Zuschauer ein nicht auf der Bühne gezeigtes Ereignis simultan vermittelt, stellt der *Botenbericht* eine Form des Rückgriffs (vgl. S. 87ff.) dar. Ein zurückliegendes Geschehen wird in erzählter Form dargeboten.

Den Unterschied beider Mittel kann man sich gut an einer Szene aus Lessings „Emilia Galotti" vergegenwärtigen. Nachdem der Graf Appiani überfallen und ermordet worden ist, schildert Marinelli, der den Überfall angezettelt hat, die Rückfahrt der Kutsche, in der der Graf gesessen hat, in *Teichoskopie*, während danach Angelo, der gedungene Mörder, die unmittelbar zurückliegenden Geschehnisse in Form eines Botenberichts erzählt:

> MARINELLI, *und bald darauf* ANGELO
>
> MARINELLI *(der wieder nach dem Fenster geht)*: Dort fährt der Wagen langsam nach der Stadt zurück. – So langsam? Und in jedem Schlage ein Bedienter? – Das sind Anzeigen, die mir nicht gefallen: – daß der
> 5 Streich wohl nur halb gelungen ist; – daß man einen Verwundeten gemächlich zurückführt, – und keinen Toten. – Die Maske steigt ab. – Es ist Angelo selbst. Der Tolldreiste! – Endlich, hier weiß er die Schliche. – Er winkt mir zu. Er muß seiner Sache gewiß sein. – Ha, Herr Graf, der Sie nicht nach Massa wollten, und nun noch einen
> 10 weitern Weg müssen! – Wer hatte Sie die Affen so kennen gelehrt? *(Indem er nach der Türe zugeht:)* Ja wohl sind sie hämisch. – Nun Angelo?
>
> ANGELO *(der die Maske abgenommen)*: Passen Sie auf, Herr Kammerherr! Man muß sie gleich bringen.
> 15 MARINELLI: Und wie lief es sonst ab?
> ANGELO: Ich denke ja, recht gut.
> MARINELLI: Wie steht es mit dem Grafen?

ANGELO: Zu dienen! So, so! – Aber er muß Wind gehabt haben. Denn er war nicht so ganz unbereitet.
20 MARINELLI: Geschwind sage mir, was du mir zu sagen hast! – Ist er tot?
ANGELO: Es tut mir leid um den guten Herrn.
MARINELLI: Nun da, für dein mitleidiges Herz! *(Gibt ihm einen Beutel mit Gold.)*
ANGELO: Vollends mein braver Nicolo! der das Bad mit bezahlen müs-
25 sen.
MARINELLI: So? Verlust auf beiden Seiten?
ANGELO: Ich könnte weinen, um den ehrlichen Jungen! Ob mir sein Tod schon das *(indem er den Beutel in der Hand wieget)* um ein Viertel verbessert. Denn ich bin sein Erbe; weil ich ihn gerächet habe.
30 Das ist so unser Gesetz: ein so gutes, mein' ich, als für Treu und Freundschaft je gemacht worden. Dieser Nicolo, Herr Kammerherr –
MARINELLI: Mit deinem Nicolo! – Aber der Graf, der Graf –
ANGELO: Blitz! der Graf hatte ihn gut gefaßt. Dafür faßt' ich auch wieder den Grafen! – Er stürzte; und wenn er noch lebendig zurück in
35 die Kutsche kam: so steh' ich dafür, daß er nicht lebendig wieder heraus kömmt.
MARINELLI: Wenn das nur gewiß ist, Angelo.
ANGELO: Ich will Ihre Kundschaft verlieren, wenn es nicht gewiß ist! – Haben Sie noch was zu befehlen? denn mein Weg ist der weiteste:
40 wir wollen heute noch über die Grenze.
MARINELLI: So geh.

(Gotthold Ephraim Lessing, „Emilia Galotti", S. 40f.)

Einen wesentlich umfangreicheren und dramaturgisch anspruchsvolleren Botenbericht liefert in Schillers „Wallensteins Tod" ein schwedischer Hauptmann, der Thekla, der Geliebten Max Piccolominis, in allen Einzelheiten von dessen Tod in der Schlacht berichtet – zur Vertiefung können Sie dies dort („Wallensteins Tod" IV/10) nachlesen.

Tragische Ironie

Ironie dürfte Ihnen bekannt sein als ein Mittel, etwas oder jemanden lächerlich zu machen und damit empfindlich zu treffen, wobei das ironisch Geäußerte das Gegenteil dessen ausdrückt, was eigentlich gemeint ist. Schon in alltäglichsten Bemerkungen wird Ironie verwendet, etwa in dem Ausspruch: „Du bist mir ja ein schöner Freund."

Tragische Ironie nun setzt einen unterschiedlichen Informationsstand zwischen Zuschauer und einer *dramatis persona* voraus. Diese sagt auf der Bühne etwas, von dem das Gegenteil zutrifft oder das für die Zuschauer einen tie-

DIE ELEMENTE EINES DRAMAS
Baustein 7: Dramatische Mittel

feren Sinn enthüllt, als dies die betreffende Person in dem Moment selbst erkennen kann. Vereinfacht formuliert, spricht sie hier selbst unbewußt eine Wahrheit aus, die sie aber nicht der Lächerlichkeit preisgibt, sondern beim Publikum eher Entsetzen und Mitleid – im Sinne der aristotelischen Dramentheorie – auslöst.
Ein klassisches Beispiel bieten die letzten Worte Wallensteins aus Schillers Trauerspiel. Sein ehemaliger Freund und Gefechtskamerad Buttler steht schon bereit, ihn im Schlaf umzubringen, worüber der Zuschauer informiert ist, doch Wallenstein selbst hat scheinbar nichts anderes zu tun, als seinem Kammerdiener freizustellen, sich an dem bevorstehenden Bündnis mit den Schweden nicht zu beteiligen und sich wieder dem österreichischen Kaiser anzuschließen:

> Nun! Ich will niemand zwingen. Wenn du meinst,
> Daß mich das Glück geflohen, so verlaß mich.
> Heut magst du mich zum letztenmal entkleiden,
> Und dann zu deinem Kaiser übergehn –
> 5 Gut Nacht, Gordon!
> Ich denke einen langen Schlaf zu tun,
> Denn dieser letzten Tage Qual war groß,
> Sorgt, daß sie nicht zu zeitig mich erwecken.
>
> (Friedrich Schiller, „Wallensteins Tod", S. 538)

Tragischer Irrtum
Ähnlich wie die tragische Ironie basiert auch der *tragische Irrtum* einer *dramatis persona* auf deren zu geringem Informationsstand. Anders als bei jener jedoch muss der Zuschauer diesen Irrtum nicht in jedem Falle sofort durchschauen.
Durch Seher- und Orakelsprüche haben die *dramatis personae* im „König Oidipus" deutliche Hinweise auf den tragischen Ausgang des Geschehens. Der tragische Irrtum des Laios und seiner Frau Iokaste besteht nun darin, anzunehmen, sie könnten durch eigenes Planen und Handeln diesen durch die göttlichen Mächte bestimmten Ausgang verhindern, was zu dem Entschluss führt, den neugeborenen Oidipus aussetzen zu lassen. Obwohl sie damit zeigen, dass sie den Seher- und Orakelsprüchen Beachtung geschenkt haben, unterläuft Iokaste infolge des ersten tragischen Irrtums ein weiterer, wenn sie die scheinbar abgewendete Katastrophe zum Beweis heranzieht, um den Wahrheitswert der Prophezeiungen abzustreiten. Zum einen also werden die göttlichen Mächte falsch eingeschätzt, zum anderen wird das Medium, das den Menschen Zugang zu diesen Mächten eröffnet, für nichtig erklärt:

JOKASTE: O halte dich von Sehersprüchen fern
Und laß dir sagen, daß kein Sterblicher
Der Zeichendeutung jemals mächtig war.
Ein kurzes Wort erbringt dir den Beweis:
5   Ein Seherspruch kam einst zu Laios,
Kaum von Apoll, doch aus Prophetenmund,
Ihm sei der Tod bestimmt von einem Sohn
Aus seiner Zeugung und aus meinem Schoß.
Nun weiß man, daß ihn fremdes Räuberpack
10 An einem dreigespaltnen Weg erschlug;
Auch daß das Söhnlein, kaum drei Tage alt
Nach Vaters Wort, mit Fesseln um den Fuß,
In ödes Felsgebirg geworfen ward.
Und beides hat Apollon nicht erfüllt:
15 Des Knaben Hand blieb rein und Laios
Erfuhr nicht jenes ganz Entsetzliche,
Das ihm die Sehersprüche angedroht.

(Sophokles, „König Oidipus", S. 34)

Baustein 8: Nicht-sprachliche Signale

1. Regieanweisungen

Im ersten Kapitel war als entscheidendes Kriterium, wie Sie in der Schule Dramen präsentiert bekommen, genannt worden, dass die Aufführungssituation eines Theaterbesuchs auf die Lesesituation reduziert wird. Genau an der Schnittstelle zwischen Aufführungs- und Lesesituation steht die Regieanweisung, denn sie enthält das, was ein Autor dem reinen Sprechtext hinzugefügt hat und von Schauspielern und Regisseur in einer Aufführung praktisch umgesetzt werden soll.

Bei jeder Analyse sollten Sie sich diesen Aspekt, dass die Regieanweisungen vom Autor eines Dramas stammen, deutlich vergegenwärtigen. Da das Drama, abgesehen vom epischen Theater und bestimmten Sonderformen, keinen Erzähler kennt, hat ein Autor nur in den Regieanweisungen die Möglichkeit, z.B. Aussehen und Sprechweise einer Person zu erläutern oder Hinweise zu Bühnenbild oder akustischen Effekten (z.B. Begleitmusik) zu geben, womit er in gewissem Sinne bereits Regieaufgaben übernimmt.

DIE ELEMENTE EINES DRAMAS
Baustein 8: Nicht-sprachliche Signale

Die Leserin oder der Leser eines Dramentextes weiß damit in dieser Hinsicht sozusagen „mehr" als das Theaterpublikum. In den Regieanweisungen werden Intentionen des Autors schriftlich fixiert, im Theater jedoch lässt sich für ein Publikum nicht mehr feststellen, ob z. B. das laute Schreien einer Bühnenfigur vom Autor selbst beabsichtigt worden ist oder zur Interpretation des Regisseurs gehört.

Abschließend eine Übersicht über die wichtigsten Punkte, auf die sich Regieanweisungen beziehen können:

1. Bühnenbild (u.a. Dekoration, Ausstattung eines Schauplatzes, Kulissen)
2. Schauspieler
   - Äußeres (Aussehen, Kleidung [Kostüm])
   - Sprechen (u.a. Tonfall, Tempo, Lautstärke)
   - Gestik/Mimik
   - Bewegungen (u.a. Auf- und Abtritte, Tempo)
3. Akustische Effekte
   - Geräusche
   - (Bühnen-) Musik

2. Requisiten

Als Requisiten sind alle die für eine Aufführung nötigen Gegenstände anzusprechen, die nicht in direkter Verbindung zu Schauspieler oder Bühne stehen. So gehören also Kostüme oder Bühnenbild nicht zu den Requisiten im eigentlichen Sinne; diese beschränken sich auf „bewegliche" Ausstattungsgegenstände: Briefe, Essgeschirr, Waffen, Spiele (Schachspiel in Lessings „Nathan") etc. Requisiten scheinen für Sie als Interpreten kaum von Belang zu sein, da sie ja in erster Linie von Bedeutung für die Aufführungspraxis sind. Gelegentlich sind sie aber auch für die Interpretation wichtig, nämlich immer dann, wenn sie im weitesten Sinne „Bedeutungsträger" sind.

Zwei Beispiele: Alle *dramatis personae* des „Nathan", die in geringerem oder höherem Maße an der Humanitätsidee des Stückes beteiligt sind, spielen gut Schach: Nathan, Saladin, Sittah usw., nicht aber der von Lessing als dogmatisch gegeißelte Patriarch.

Wilhelm Tell hat ein geradezu persönliches Verhältnis zu seiner Armbrust. Am Anfang sagt er von ihr: „Mir fehlt der Arm, wenn mir die Waffe fehlt." (S. 968) Die in diesen Worten sich ausdrückende Verwachsenheit mit der Waffe lässt sich durchaus nachvollziehen: Schließlich ist Tell von Beruf Jäger, der seinen und den Lebensunterhalt seiner Familie mit eben dieser Armbrust bestreitet. In der Apfelschussszene wird Tell jedoch gezwungen, die Waffe auf seinen eigenen Sohn zu richten, womit sie eine Tell vorher unbekannte Seite zeigt: Sie ist jetzt potentielles Mordwerkzeug, während sie zuvor stets nur

„auf des Waldes Tiere gerichtet" (S. 1003) war. Und am Ende des Dramas, nachdem Tell den Landvogt erschossen hat und die Schweizer sich von ihren Unterdrückern befreit haben, erhebt Tell die Armbrust zum Symbol der neu gewonnenen Freiheit:

> An heilger Stätte ist sie aufbewahrt,
> Sie wird hinfort zu keiner Jagd mehr dienen.
>
> (Friedrich Schiller, „Wilhelm Tell", S. 1024)

Ob Requisiten Bedeutungsträger sind, lässt sich im Einzelfall nur entscheiden, wenn man das ganze Drama berücksichtigt. Methodisch sieht das so aus, dass man alle Textstellen, an denen das Requisit vorkommt oder erwähnt wird, anstreicht und/oder herausschreibt und dann danach entscheidet.

Wie interpretiert man eine Dramenszene?

Zu Beginn dieses Kapitels sollten Sie sich eine Frage ganz ehrlich beantworten: Habe ich bei der Durcharbeitung dieses Buches die Aufgaben tatsächlich wie verlangt – nämlich in schriftlich ausformulierter Form – gelöst? Wenn nicht, oder wenn Sie vielleicht gleich mit diesem Kapitel anfangen, weil Sie dem Inhaltsverzeichnis entnommen haben, dass es hier um das Schreiben geht und es Ihnen hierauf ankommt, weil genau da Ihre Schwäche liegt – dann können Sie das natürlich tun. Aber Sie werden dann mit Sicherheit länger benötigen, weil Ihnen die Übung im Formulieren fehlt, und auch die Qualität Ihrer Bearbeitung wird sprachlich wie sachlich schlechter ausfallen. Erinnern Sie sich noch an meinen Vergleich aus dem Vorwort? Wie sich ein Sprinter warm laufen muss, so muss sich ein Interpret warm schreiben. Und diesen Stand sollten Sie zu Beginn des Schreiblehrgangs eigentlich erreicht haben. Zuvor müssen jedoch noch ein paar grundsätzliche Aspekte geklärt werden.

1. Was eine Interpretation nicht ist

In meiner Unterrichtspraxis bin ich immer wieder auf zwei weit verbreitete Missverständnisse gestoßen:

a) Eine Interpretation sei eine Antwort auf die Frage: Was will der Autor damit (= mit dem Text) sagen? Oder in modernerer Formulierung: Welche Intention hat der Autor?
b) Eine Interpretation sei eine Wiedergabe dessen, was da steht (= was im Text steht), mit eigenen Worten.

Zu a): Bestenfalls bei stark zweckgerichteten Texten – politischen Reden etwa – oder didaktischen Texten – Fabeln etwa – ist es sinnvoll, die Frage nach der Absicht des Autors ins Zentrum zu stellen. Bei fiktionalen Texten, zu denen Dramen gehören, kann man diese Frage zwar stellen, hat mit ihrer Beantwortung aber nicht das sozusagen Wesentliche erhascht, sondern lediglich seine Interpretationsperspektive in sträflicher Weise verengt. Wäre eine Interpretation tatsächlich die Klärung der Intention des Autors, so ist der Fall denkbar, dass irgendwann ein Interpret diese tatsächlich erschlossen haben könnte, was alle weiteren Interpretationsversuche schlicht überflüssig machte. Nun wäre dies vielleicht so schlimm nicht, schlimm aber – weil verkürzt – ist die Auffassung von Literatur, die sich in der Frage nach der Intention des Autors offenbart. Indirekt enthält sie die Vorstellung, ein Autor habe zu Beginn des Schreibprozesses eine von der späteren literarischen Gestalt isolierte „Botschaft" im Kopf, die es dann für die Leserschaft in ansprechender, geschmackvoller Form zu verpacken gelte.

Damit ist dann allerdings auch der Eigenwert eines Textes als eines Kunstwerks gründlich missverstanden, denn ließe sich die „Botschaft" eines Autors so von diesem Kunstwerk lösen, müsste man auch konsequenterweise die Frage stellen, warum er diese „Botschaft" nicht in anderer, vielleicht unmittelbar einleuchtenderer Form zu übermitteln versucht hat. Salopp formuliert: Wozu dann noch die literarische Verpackung?

Klarer wird dies noch, wenn man Künste heranzieht, die nicht – wie die Literatur – verbal verfahren. Gibt es in Beethovens 7. Symphonie oder Caspar David Friedrichs „Frühschnee" eine Intention des Künstlers, die man von dem Kunstwerk ablösen könnte und die man als Interpret mit der Beantwortung der Frage „Was will der Künstler uns damit sagen?" erschließen könnte? Wohl kaum.

Eine Interpretation hat in ihr Zentrum vielmehr die Frage zu rücken, welche Intention der *Text* habe. Dies macht einen erheblichen Unterschied aus, denn zum einen verengt man als Interpret dann nicht seine Perspektive auf das, was der Autor – vielleicht – gewollt hat. Denn gerade das, was er möglicherweise *nicht* „gewollt" hat, was unbewusst in seinen Text eingeflossen ist, bestimmt diesen mindestens ebenso stark wie das vom Autor bewusst Konzipierte. Kein Mensch kann sich aus der geschichtlichen Situation lösen, in der er sich befindet; diese beeinflusst nachhaltig seine Sicht-, Denk- und Gefühlsweise. Wie sonst, um nur ein Beispiel zu nennen, käme ein politisch rationaler Autor wie Fontane dazu, angesichts des Todes von Bismarck ein sehr gefühlsbeladenes, schwülstiges Gedicht mit dem Titel „Wo Bismarck liegen soll" zu verfassen? Nicht nur in solch extremen Fällen, bei aller Literatur muss man davon ausgehen, dass auf einen Text auch der Zeitgeist erheblichen Einfluss nimmt, wenn auch vermittelt durch die Person des Autors.

Gleiches gilt für den Interpreten: Goethes „Faust" ist 1940 anders interpretiert worden als 1968, und wenn Sie selbst sich im Verlauf Ihres Lebens mehrfach mit einem bestimmten Text auseinandersetzen, werden Sie feststellen, dass dieser für Sie im Alter von 18 Jahren andere Sinnakzente enthält als mit 45 Jahren. Jede Literatur und jede Interpretation ist geschichtsabhängig, ihre jeweilige Wahrheit steht daher nicht fest wie das chemische Faktum, dass Wasser H_2O ist.

Zu b): „Interpretationen", die mit eigenen Worten den Inhalt des Textes referieren, erkennt man an ihrer zu geringen Distanz zum Text. Entweder in stark verknappter oder blumenreich ausschmückender Sprache bleiben sie auf der

Ebene einer nacherzählenden oder den Inhalt angebenden Textwiedergabe; eine analytische Perspektive, die sich z.B. in Formulierungen niederschlägt wie: „An dieser Stelle führt die Person X ein neues Argument ein." oder: „Die militärische Wortwahl lässt direkte Rückschlüsse auf das Weltbild der Person Y zu." fehlt.

2. Was eine Interpretation ist und soll

Eine Interpretation ist eine erklärende Erläuterung eines Textes, deren Zweck darin besteht, einem Leser, der den Text kennt, sich aber mit ihm nicht näher auseinandergesetzt hat, Verständnishilfen zu geben.

Eine *Erläuterung* ist immer mehr als ein Textreferat, z.B. gibt sie nicht einfach nur wieder, was eine *dramatis persona* sagt, sondern ordnet dies in einen größeren Zusammenhang ein, strukturiert ihre Rede, berücksichtigt sprachliche Mittel und wertet diese im Hinblick auf ihre Funktion aus, beleuchtet die Redeabsicht der Figur usw. *Erklärend* ist eine solche Erläuterung, wenn sie sich nicht auf Meinungs- oder Gefühlsäußerungen beschränkt („Ich finde, das ist so und so"), sondern sich auf nachprüfbare und damit für einen Leser auch nachvollziehbare Textbeobachtungen stützt.

So wie das bloße Auswendiglernen eines Textes keinerlei Garantie dafür bietet, dass man den Text auch verstanden hat, so auch nicht dessen bloße inhaltliche Wiedergabe. Dem Leser einer Interpretation Verständnishilfen geben zu können setzt daher immer ein methodisches Vorgehen voraus, das tiefere Textschichten aufdeckt, untersucht und mit Hilfe rationaler Argumentation überzeugt. Die ideale Interpretation wäre demnach die, nach deren Lektüre der Leser – salopp formuliert – sagen könnte: „Was ich jetzt von diesem Text verstanden habe, habe ich zwar auch schon dunkel geahnt, aber nun sind mir die Zusammenhänge klar geworden, und ich habe eingesehen, warum sich dieses oder jenes so und so verhält."

Im Deutschunterricht werden Sie häufiger Aufgabenstellungen erhalten, die so (oder ähnlich) lauten: „Analysieren und interpretieren Sie den Text!" Diese Formulierung setzt voraus, dass es offensichtlich einen *Unterschied zwischen Analyse und Interpretation* eines Textes gibt. Worin besteht dieser?

Als Interpretation (-saufsatz) wird der Text bezeichnet, den Sie z.B. als Hausaufgabe oder Klausur verfassen sollen, und dieser besteht wie andere Schreibformen auch aus den drei Grobabschnitten Einleitung, Hauptteil und Schluss. Innerhalb dieses Interpretationsaufsatzes ist die Analyse im engeren Sinne nur der Teil, in dem Sie sich mit den Merkmalen auseinandersetzen, die den zu interpretierenden Text unverwechselbar prägen. Hierzu gehören z.B. Besonderheiten seiner Wortwahl, seines Satzbaus, seiner Bildlichkeit. Diese Besonderheiten können – und müssen ! – von Ihnen a) festgestellt, b) beschrieben und c) in ihrer Bedeutung für den Text bestimmt werden.

„Analyse" bedeutet: Zergliederung eines Ganzen in seine Teile, Zerlegung, Untersuchung, Ermittlung der einzelnen Bestandteile eines Ganzen. Genau dies ist von Ihnen bei den Teilen a) und b) gefordert. Diese beschränken sich auf das „Feststellbare", das, was eindeutig zu klären ist. Um hier aber zu zweifelsfreien Ergebnissen kommen zu können, müssen Sie zwangsläufig in Einzelheiten gehen. Wenn Sie dann z.B. bei einem Sprachbild untersuchen, ob es sich um einen Vergleich oder eine Metapher handelt, so lässt sich dies eindeutig klären. Daher gehören solche Kenntnisse sprachlicher bzw. rhetorischer Mittel zum Grundwissen eines Interpreten wie die Bruchrechnung zum unverzichtbaren „Handwerkszeug" eines Mathematikers.

Erst im Teil c) öffnen Sie einen Interpretationshorizont. Ausgehend von der Analyse der besonderen Merkmale des Textes werten Sie diese aus im Hinblick auf ihre Bedeutung für die Intention des Textes. Die Sprache des Musikers Miller in Schillers „Kabale und Liebe" etwa ist nicht nur deswegen mit schwäbischer Mundart durchsetzt, weil diese dem Autor vertraut war. Die Dialektfärbung charakterisiert Miller als jemanden, der von sich selbst treffend sagt: „Ich bin halt ein plumper gerader teutscher Kerl." (S. 10) Gleichzeitig steht seine Sprache in scharfem Kontrast zu der des Adels in diesem Stück, signalisiert also auch Angehörigkeit zu einer sozialen Schicht.

Verfallen Sie nicht in den häufig gemachten Fehler, die dichterischen Mittel eines Textes nur zu nennen, etwa in Form eines aufzählenden Registrierens: „In Z. 2 verwendet der Autor mit der Fügung ... eine Metapher, die er in Z. 9 noch einmal aufgreift." Der Leser dieser Sätze ist sicher erfreut, was Sie da alles richtig festgestellt haben – aber auch nicht mehr. Eine Verständnishilfe erhält er dadurch nicht.

Ein weiterer verbreiteter Fehler: Einen Text interpretieren bedeutet nicht, niederzuschreiben, was der Interpret für die Intention des Textes *hält*. Ein solches Vorgehen findet sich oft in Kombination mit dem anderen schon erwähnten Fehler. Der Interpret zählt dabei in einem ersten Schritt all das auf, was er an dichterischen Mitteln des Textes gefunden hat, und formuliert dann in einem zweiten Schritt, was er denn über den Text „meint". Beide Teile stehen unverbunden nebeneinander. *Der methodisch korrekte Weg hingegen besteht darin, von den unverwechselbaren Merkmalen eines Textes auszugehen, um von dieser Analyse der Einzelheiten den Bogen zu schlagen zur Deutung des gesamten Textes.* Daher braucht der Interpretationsteil nicht gesondert am Schluss des Hauptteils zu stehen, dorthin gehört eine Zusammenfassung der Ergebnisse. Vielmehr sind bei der Analyse der Textmerkmale diese jeweils schon im Hinblick auf ihre Funktion und Bedeutung auszuwerten.

3. Die Grundformen einer Interpretation

Nicht nur für die Interpretation dramatischer Texte gilt: Es gibt zwei Grundformen der Textdeutung; beide haben Vor- und Nachteile; beide sind nicht grundsätzlich geeigneter oder nicht geeigneter, „leichter" oder „schwerer" zu handhaben. Je nach Aufgabenstellung und Text müssen Sie als Interpret selbst entscheiden, welche der beiden Grundformen Sie für eine ganz bestimmte Aufgabe wählen.

Linearanalyse

Bei dieser Form geht man Zeile für Zeile vor. Der Interpretationsgang folgt dem Entwicklungsgang des Textes, bei der strengen Form der Linearanalyse sind Sprünge eigentlich nicht vorgesehen. Diese Vorgehensweise hat eine Reihe von Vorteilen. Als Interpret braucht man sich um eine Gliederung seiner Interpretation keine Gedanken zu machen, sie ist durch den Textverlauf selbst vorgegeben. Man gerät nicht so leicht in die Gefahr, etwas zu vergessen oder zu übersehen sowie sich zu sehr vom Text zu entfernen.
Diesen Vorteilen stehen jedoch auch Nachteile gegenüber. Der enge Textbezug verleitet oft dazu, sich zu wenig von der Vorlage zu lösen und eine zu geringe Distanz zu ihr aufzubauen; man gerät in die Gefahr des Textreferats (s.o.). Da man der Gedankenbewegung des Textes folgt, kann man dem Leser – und sich selbst! – oft nicht übergreifende Strukturen klar machen, man „klebt" zu sehr an Einzelbeobachtungen. Nicht zuletzt deshalb sollte jede Linearanalyse im Schlussteil eine Zusammenfassung der Interpretationsergebnisse geben. Geeignet ist die Linearanalyse vor allem für die Interpretation kürzerer Szenen und begrenzter Dialoge oder Monologe, also immer dann, wenn es sich um überschaubare Texteinheiten handelt, bei denen ein Leser nicht so leicht den Überblick verliert.

Aspektanalyse

Diese Form ist automatisch dann verlangt, wenn die gestellte Aufgabe zusätzliche Hinweise enthält, z.B. in der Form: „Interpretieren Sie die Szene ... unter besonderer Berücksichtigung von ... ", oder: „Erschließen Sie auf der Grundlage einer Interpretation der Szene ... die Handlungsmotive der Hauptperson!" Bei solchen Aufgabenstellungen sind klar und deutlich die jeweiligen Aspekte angegeben, die von Ihnen schwerpunktmäßig berücksichtigt werden sollen. Doch auch sonst ist es möglich, eine Aspektanalyse eines dramatischen Textes durchzuführen, vor allem dann, wenn die Textvorlage so lang ist, dass eine Linearanalyse sich aufgrund des Umfangs von vornherein verbietet. Das bedeutet für Sie als Interpret jedoch: Sie müssen die Aspekte, die Sie für eine Interpretation des Textes für die zentralen halten, selbst bestimmen.

Der Vorteil dieses methodischen Verfahrens besteht vor allem darin, dass das Ganze für Leser wie für Interpret durchsichtig, weil geordnet bleibt. Nacheinander drei oder vier Schwerpunkte abzuhandeln, die man als die wichtigsten erkannt hat, ist allemal übersichtlicher, als einem Zeile-für-Zeile-Durchgang zu folgen. Diese Schwerpunkte vorweg als die entscheidenden Aspekte zu erkennen führt zu einer kritischen Distanz zum Text und verführt nicht so leicht zu einer bloßen Textwiedergabe wie die Linearanalyse. Allerdings: Dieses Vorgehen birgt auch die Gefahr, dass man sich zu sehr vom Text löst, die nötige Textbindung verliert und dadurch die Grundlage, die allein einen Leser von der Richtigkeit der eigenen Interpretation überzeugen kann. Ein weiterer Nachteil: Die Form der Aspektanalyse fordert äußerst gründliche Vorarbeiten, und bei der Bestimmung der Schwerpunkte, die man setzen will, ist nicht immer gewährleistet, dass diese auch die tatsächlich wichtigen sind; man übersieht leicht etwas. Da der Leser einer Aspektanalyse nicht dem Ablauf der Textvorlage folgen kann, muss dieser zumindest durch eine ausführliche Inhaltsangabe zu Beginn der Interpretation deutlich herausgestellt werden. Geeignet ist die Aspektanalyse vor allem bei langen Dramenausschnitten, aber auch bei Szenen, deren Funktion nicht auf einen Schwerpunkt einzugrenzen, sondern vielschichtig ist.

4. Bestandteile und Aufbau einer Interpretation

Einleitung

Grundsätzlich hat jede Einleitung die Aufgabe, den Leser zum Thema hinzuführen. Dass dies geschickter oder ungeschickter, motivierender oder weniger motivierender, zielstrebiger oder langatmiger geschehen kann, leuchtet ein und dürfte Ihnen aus eigener Erfahrung vertraut sein. *Die spezifische Aufgabe der Einleitung eines Interpretationsaufsatzes besteht nun darin, dass sie den (zu interpretierenden) Text vorstellen soll.* Der Leser erhält in geraffter Form Informationen, die aus der bloßen Lektüre des Textes nicht hervorgehen und dazu dienen, diesen Text in einem ersten Zugriff zu charakterisieren. Zu diesen Fakten gehören:

- *Autor:* Name, Lebens- und Sterbedaten, u.U. biographische Hinweise (sofern sie für den zu interpretierenden Text von Belang sind)
- *Text:* Textsorte (z.B. Komödie, Tragödie, bürgerliches Trauerspiel), Entstehungs- und/oder Veröffentlichungsjahr (Beides ist nicht dasselbe! Das ist z.b. wichtig, wenn ein Autor aufgrund der politischen Zensur ein Werk zu Lebzeiten nicht veröffentlichen konnte.), literaturgeschichtliche Einordnung (z.B. Aufklärung, Sturm und Drang)
- *geschichtlicher Hintergrund:* nicht nur wichtig bei Werken, die direkt auf ihre Zeit Bezug nehmen; die geschichtliche Situation beeinflusst ein Werk immer. Z.B. haben Autoren, die in einer Diktatur leben, andere Probleme als diejenigen, die in einer Demokratie leben; das Frauenbild der ständisch organisierten Feudalgesellschaft war ein völlig anderes als das heutige usw.
- *Einordnung in die Handlung:* Dieser Arbeitsschritt gilt speziell für längere epische (Romane, Novellen etc.) und dramatische Texte; nähere Hinweise hierzu haben Sie bereits oben (S. 55ff.) erhalten.
- *sehr knappe inhaltliche Zusammenfassung:* Bei der Besprechung der Inhaltsangabe im Unterricht werden Sie wahrscheinlich gelernt haben, dass in deren Einleitung eine „Kürzestfassung" des Textes gegeben werden soll, bevor dieser dann im Hauptteil auch in seinen wichtigen Einzelheiten dargestellt wird. Diese Angabe der „Kürzestfassung" ist ein entscheidender Bestandteil der Einleitung einer Interpretation, da sie den Inhalt des Textes sozusagen „auf den Punkt bringt". Bei der Interpretation einer Dramenszene ist sie oft identisch mit der Angabe der Funktion (vgl. S. 47ff.). Da hiermit ein Leser, der den Text kennt, sich aber mit ihm noch nicht näher auseinandergesetzt hat, direkt in einen vertieften Verstehensprozess hineingeführt wird, steht dieser Aspekt am Besten am Ende der Einleitung, unmittelbar vor dem Hauptteil.

Hauptteil

In diesem – dem längsten – Abschnitt der Interpretation erfolgt die genaue Analyse des Textes. Da dieser in der Regel zu lang ist, um als eine Einheit untersucht zu werden, muss er in Sinnabschnitte untergliedert werden (S. 57). Dies ist auf zweierlei Art möglich:
1. Sie stellen eine Gliederung als geschlossenen Block an den Beginn des Hauptteils. Hierbei ist zu beachten, dass Sie dies nicht als lästige „Pflichtübung" ansehen; eine Gliederung erleichtert sowohl dem Leser als auch Ihnen selbst, sich im Text zurechtzufinden, da sie ihn in überschaubare Untereinheiten aufteilt. Des Weiteren nützt es niemandem etwas, wenn Sie die Gliederung als ein unkommentiertes Gerüst stehenlassen: „Erster Abschnitt: Z. 1 – 13, zweiter Abschnitt: Z. 14 – 22" etc.

Aus der Gliederung muss direkt oder indirekt hervorgehen, *warum* Sie so und nicht anders gegliedert haben, sonst ist dieser Schritt völlig überflüssig. Z.B. können Sie angeben: „Im 1. Abschnitt (Z. 1 – 13) erhebt Maria Stuart scharfe Vorwürfe gegen ihre Rivalin. Hierauf antwortet Elisabeth im 2. Abschnitt (Z. 14 – 22) mit sehr persönlichen Kränkungen."

Die Gliederung voranzustellen hat den Vorteil, dass Textübersicht und -analyse voneinander getrennt werden und Sie als Interpret nicht ständig zwischen zwei methodischen Verfahren (einteilen/analysieren) wechseln müssen. Andererseits ist diese Möglichkeit nicht sonderlich elegant, weil Sie bei der folgenden Analyse fast zwangsläufig Sachverhalte wiederholen. Dieser Gefahr entgehen Sie bei der zweiten Möglichkeit:

2. Sie fügen die Gliederung in die Textanalyse ein, indem Sie abschnittweise vorgehen und dabei sogar beide wechselseitig aufeinander beziehen können: „Der erste Abschnitt, in dem Maria scharfe Vorwürfe gegen ihre Rivalin erhebt (Z. 1 – 13), ist von einer sehr emotionalen Wortwahl geprägt." Dieses Verfahren ist, wie oben schon erwähnt, zwar eleganter, birgt aber die Gefahr, dass man sich als Interpret den Aufbau des Textes zuwenig deutlich macht und dadurch das Ganze nicht klar genug strukturiert oder aus Zeitmangel gegen Ende schlicht und einfach vergisst, den Text zu gliedern.

Wenn Sie sich bei den Vorarbeiten entschlossen haben, in Form einer Linearanalyse vorzugehen, haben Sie mit der Gliederung sozusagen einen „Fahrplan" für die Textarbeit erstellt. Wenn Sie z.B. eine Feinanalyse der Z. 43 vornehmen, ist diese nicht länger eine Zeile eines schlecht überschaubaren Ganzen, sondern Teil einer kleineren Einheit, deren Funktion Sie durch die Gliederung herausgestellt haben.

Auch bei einer Aspektanalyse ist eine Gliederung nicht überflüssig. Sie gibt nämlich eine Struktur vor, die bei dieser zwangsweise Lücken lassenden Methode sonst leicht verloren ginge, und fungiert quasi als eine Art Gerüst. Im Anschluss an die Gliederung oder mit ihr kombiniert erfolgt dann die eigentliche Textanalyse. Hierzu bekommen Sie Hinweise auf S. 150f., da allgemeine Auslassungen zur Methodik der Textanalyse ohne Rückbindung an einen konkreten Text nur wenig aussagekräftig sind. Sie sind einem Schwimmkurs vergleichbar, der sich auf Trockenübungen beschränkt.

Schlussteil

Vorweg: Formulieren Sie keine Verlegenheitsschlüsse, etwa solche, von denen Sie glauben, dass der Lehrer sie gerne hören möchte. Hierzu gehören z.B. bekenntnishafte Äußerungen wie: „Mir hat dieser Text gefallen, weil er gut geschrieben ist und zum Nachdenken anregt." Zum einen: Es wirkt immer etwas überheblich, wenn Schüler X einem Autor wie Kleist, Goethe oder Hebbel bestätigt, dass sein Text „gut geschrieben" sei. Zum anderen: Nach welchen Kriterien wird hier entschieden, dass dieser Text „gut geschrieben" ist? Und zum Dritten: Wenn ein Text zum Nachdenken anregt, ist das sehr schön, wenn man aber nicht erwähnt, in welche Richtung dieses Nachdenken geht und worüber man denn angeregt wird, nachzudenken, bleibt eine solche Äußerung nichts als Tiefsinnigkeit vortäuschendes Raunen. Fazit: Wenn Sie nicht mit sachhaltigen Argumenten begründen können, warum Ihnen der Text „gut gefallen" hat, sollten Sie auf derartige Äußerungen verzichten. Sie helfen weder Ihnen weiter noch dem Leser noch dienen Sie der Sache.

Ein ganz anderes Problem, welches die Formulierung betrifft: Verzichten Sie auf Wendungen wie: „Zusammenfassend kann man also sagen, dass…"; diese wirken nämlich stilistisch furchtbar steif und machen dem Leser gleichsam mit dem Holzhammer klar: Der Interpret kommt jetzt zum Schluss.

Richtig ist allerdings an dieser Formulierung Folgendes: Der Schlussteil einer Interpretation sollte in den meisten Fällen eine knappe Zusammenfassung der Interpretationsergebnisse geben, insbesondere dann, wenn Sie die Form der Linearanalyse gewählt haben. Eine Zusammenfassung hat den Vorteil, dass sie dem Leser, der ja mit der Sache nicht so vertraut ist wie Sie selbst, kurz die wichtigsten Punkte noch einmal ins Gedächtnis ruft und gleichzeitig Sie selbst zwingt, die Sache „auf den Punkt zu bringen".

Eine andere Möglichkeit des Schlusses: Sie geben eine kritische Stellungnahme zum Text ab. Diese muss keine persönlichen Bekenntnisse enthalten (s.o.), vielmehr sollte sie so abgefasst sein, dass die verwendeten Argumente für einen Leser auch nachvollziehbar sind und dadurch verbindlicher wirken. Dies erreichen Sie z.B. durch unpersönliche Formulierungen: „In Bild 5 wird Brecht seinem politischen Anspruch, den er an Literatur stellt, nicht gerecht, weil…", statt: „Ich meine, dass Brecht in diesem Bild seiner eigenen Theorie überhaupt nicht gerecht wird."

Dritte Möglichkeit: Sie verbinden beides miteinander. Dies wird jedoch nur dann möglich sein, wenn Sie genügend Zeit haben, und das ist gerade in Klausuren leider oft nicht der Fall.

5. Beispiel für die schriftliche Interpretation einer Dramenszene

Aus ganz pragmatischen Erwägungen stellt dieser Abschnitt die Interpretation einer Dramenszene in den Mittelpunkt. Bei Hausaufgaben oder Klausuren, auf die Sie sich wahrscheinlich mit Hilfe dieses Buches vorbereiten wollen, kommt dieser Aufgabentyp weitaus am häufigsten vor, was wiederum daraus resultiert, dass die Szene die kleinste in sich geschlossene Einheit eines Theaterstückes ist.

Ebenso pragmatisch ist die Szene gewählt, an der Sie beispielhaft in die Technik des Schreibens eingeführt werden sollen: Es handelt sich um die Eingangsszene aus Schillers bürgerlichem Trauerspiel „Kabale und Liebe". Da es um eine erste Szene geht, dürfte es Ihnen auch dann möglich sein, diese sachgerecht zu bearbeiten, wenn Sie den übrigen Text nur aus einer Inhaltsangabe kennen. Ansonsten gilt jedoch der Grundsatz, dass die Interpretation einer einzelnen Szene eine genaue Textkenntnis des gesamten Dramas voraussetzt, denn wenn Sie selbst nicht über den Text orientiert sind, können Sie den Leser Ihrer Interpretation auch nicht über den Text informieren.

Zimmer beim Musikus

Miller steht eben vom Sessel auf und stellt sein Violoncell auf die Seite An einem Tisch sitzt Frau Millerin noch im Nachtgewand und trinkt ihren Kaffee

5 MILLER *(schnell auf und ab gehend)*: Einmal für allemal. Der Handel wird ernsthaft. Meine Tochter kommt mit dem Baron ins Geschrei. Mein Haus wird verrufen. Der Präsident bekommt Wind, und – kurz und gut, ich biete dem Junker aus.
FRAU: Du hast ihn nicht in dein Haus geschwatzt – hast ihm deine
10 Tochter nicht nachgeworfen.
MILLER: Hab ihn nicht in mein Haus geschwatzt – hab ihms Mädel nicht nachgeworfen; wer nimmt Notiz davon? – Ich war Herr im Haus. Ich hätt meine Tochter mehr koram nehmen sollen. Ich hätt dem Major besser auftrumpfen sollen – oder hätt gleich alles Seiner
15 Exzellenz dem Herrn Papa stecken sollen. Der junge Baron bringts mit einem Wischer hinaus, das muß ich wissen, und alles Wetter kommt über den Geiger.
FRAU *(schlürft eine Tasse aus)*: Possen! Geschwätz! Was kann über dich kommen? Wer kann dir was anhaben? Du gehst deiner Profes-
20 sion nach und raffst Scholaren zusammen, wo sie zu kriegen sind.
MILLER: Aber, sag mir doch, was wird bei dem ganzen Kommerz auch herauskommen? – Nehmen kann er das Mädel nicht – Vom Nehmen ist gar die Rede nicht, und zu einer daß Gott erbarm? – Guten Morgen! – Gelt, wenn so ein Musje *von* sich da und dort, und dort und
25 hier schon herumbeholfen hat, wenn er, der Henker weiß was als? gelöst hat, schmeckts meinem guten Schlucker freilich, einmal auf süß Wasser zu graben. Gib du acht! gib du acht! und wenn du aus jedem Astloch ein Auge strecktest und vor jedem Blutstropfen Schildwache ständest, er wird sie, dir auf der Nase, beschwatzen, dem Mä-
30 del eins hinsetzen und führt sich ab, und das Mädel ist ver-

schimpfiert auf ihr Leben lang, bleibt sitzen, oder hats Handwerk verschmeckt, treibts fort. *(Die Faust vor die Stirn)* Jesus Christus!
FRAU: Gott behüt uns in Gnaden!
MILLER: Es hat sich zu behüten. Worauf kann so ein Windfuß wohl sonst sein Absehen richten? – Das Mädel ist schön – schlank – führt seinen netten Fuß. Unterm Dach mags aussehen, wies will. Darüber guckt man bei euch Weibsleuten weg, wenns nur der liebe Gott parterre nicht hat fehlen lassen. – Stöbert mein Springinsfeld erst noch dieses Kapitel aus – heh da! geht ihm ein Licht auf, wie meinem Rodney, wenn er die Witterung eines Franzosen kriegt, und nun müssen alle Segel dran, und drauflos, und – ich verdenks ihm gar nicht. Mensch ist Mensch. Das muß ich wissen.
FRAU: Solltest nur die wunderhübsche Billetter auch lesen, die der gnädige Herr an deine Tochter als schreiben tut. Guter Gott! Da sieht mans ja sonnenklar, wie es ihm pur um ihre schöne Seele zu tun ist.
MILLER: Das ist die rechte Höhe! Auf den Sack schlägt man; den Esel meint man. Wer einen Gruß an das liebe Fleisch zu bestellen hat, darf nur das gute Herz Boten gehen lassen. Wie hab ichs gemacht? Hat mans nur erst so weit im reinen, daß die Gemüter topp machen, wutsch! nehmen die Körper ein Exempel; das Gesind machts der Herrschaft nach und der silberne Mond ist am End nur der Kuppler gewesen.
FRAU: Sieh doch nur erst die prächtigen Bücher an, die der Herr Major ins Haus geschafft haben. Deine Tochter betet auch immer draus.
MILLER *(pfeift)*: Hui da! Betet! Du hast den Witz davon. Die rohe Kraftbrühen der Natur sind Ihro Gnaden zartem Makronenmagen noch zu hart. – Er muß sie erst in der höllischen Pestilenzküche der Bellatristen künstlich aufkochen lassen. Ins Feuer mit dem Quark. Da saugt mir das Mädel – weiß Gott was als für? – überhimmlische Alfanzereien ein, das läuft dann wie spanische Mucken ins Blut und wirft mir die Handvoll Christentum noch gar auseinander, die der Vater mit knapper Not so so noch zusammenhielt. Ins Feuer sag ich. Das Mädel setzt sich alles Teufelsgezeug in den Kopf; über all dem Herumschwänzen in der Schlaraffenwelt findets zuletzt seine Heimat nicht mehr, vergißt, schämt sich, daß sein Vater Miller der Geiger ist, und verschlägt mir am End einen wackern ehrbaren Schwiegersohn, der sich so warm in meine Kundschaft hineingesetzt hätte – – Nein! Gott verdamm mich. *(Er springt auf, hitzig)* Gleich muß die Pastete auf den Herd, und dem Major – ja ja dem Major will ich weisen, wo Meister Zimmermann das Loch gemacht hat. *(Er will fort)*
FRAU: Sei artig, Miller. Wie manchen schönen Groschen haben uns nur die Präsenter – –

MILLER *(kommt zurück und bleibt vor ihr stehen)*: Das Blutgeld meiner Tochter? – Schier dich zum Satan, infame Kupplerin! – Eh will ich mit meiner Geig auf den Bettel herumziehen, und das Konzert um was Warmes geben – eh will ich mein Violoncello zerschlagen, und Mist im Sonanzboden führen, eh ich mirs schmecken laß von dem Geld, das mein einzig Kind mit Seel und Seligkeit abverdient. – Stell den vermaledeiten Kaffee ein, und das Tobakschnupfen, so brauchst du deiner Tochter Gesicht nicht zu Markt zu treiben. Ich hab mich satt gefressen, und immer ein gutes Hemd auf dem Leib gehabt, eh so ein vertrackter Tausendsasa in meine Stube geschmeckt hat.

FRAU: Nur nicht gleich mit der Tür ins Haus. Wie du doch den Augenblick in Feuer und Flammen stehst! Ich sprech ja nur, man müss den Herrn Major nicht disguschtüren, weil Sie des Präsidenten Sohn sind.

MILLER: Da liegt der Has im Pfeffer. Darum, just eben darum, muß die Sach noch heut auseinander. Der Präsident muß es mir Dank wissen, wenn er ein rechtschaffener Vater ist. Du wirst mir meinen roten plüschenen Rock ausbürsten, und ich werde mich bei Seiner Exzellenz anmelden lassen. Ich werde sprechen zu seiner Exzellenz: Dero Herr Sohn haben ein Aug auf meine Tochter; meine Tochter ist zu schlecht zu Dero Herrn Sohnes Frau, aber zu Dero Herrn Sohnes Hure ist meine Tochter zu kostbar, und damit basta! – Ich heiße *Miller*.

(Friedrich Schiller, „Kabale und Liebe", S. 5 ff.)

Vorarbeiten

Intensives und ganz genaues Lesen des Textes

Dies mag Ihnen selbstverständlich erscheinen, ist es aber nach meiner Erfahrung nicht. Bei Klausuren stelle ich immer wieder fest, dass es Schülerinnen und Schuler gibt, die u. U. schon nach einer Viertelstunde mit der schriftlichen Ausformulierung beginnen. Eine – gemessen am Umfang der Aufgabe – derart kurze Zeit für die Vorarbeiten kann beim besten Willen nicht ausreichen, um eine sorgfältige Arbeit zu gewährleisten.

Durcharbeiten des Textes mit dem Stift

Auch dies ist absolut kein überflüssiger Schritt. Durch Markierung von z.B. Charakterzügen der Personen, sprachlichen Mitteln, zentralen Sätzen, Elementen der Vorgeschichte bekommt der Text erst ein „Gesicht", wird er erst unverwechselbar *Ihr* Text.
Wenn Sie in der o.a. Szene also z.B. die Elemente der Vorgeschichte unterstreichen sollten, müssten Sie folgende Passagen berücksichtigen:

5 WIE INTERPRETIERT MAN EINE DRAMENSZENE?
Beispiel für die schriftliche Interpretation einer Dramenszene

Redeanteile der Frau:
- „Du hast ihn nicht...nachgeworfen." (Z. 9f.)
- „Solltest nur...tut." (Z. 43f.)
- „Sieh doch nur erst...haben." (Z. 53f.)

Redeanteile Millers:
- „Hab ihn nicht...stecken sollen." (Z. 11ff.)
- „Ich hab mich satt...geschmeckt hat." (Z. 81ff.)

„Baustein-Check"

Schon beim Durcharbeiten des Textes mit dem Stift sollten Sie systematisch vorgehen. Wenn in der Aufgabenstellung kein Analyseaspekt angegeben ist, ist es am sinnvollsten, sich an den acht „Bausteinen" zu orientieren und jeweils zu überlegen, welche Elemente für die Interpretation einer bestimmten Szene von Bedeutung sind. Hier ein allgemeines Fragenraster anzugeben, nach dem Sie sich richten könnten, wäre jedoch viel zu umfangreich; in der Praxis erweist sich so etwas meist als zu wenig konkret für die einzelne Szene. Am praktikabelsten ist es, wenn Sie sich zwar in Ihren Fragen an den „Bausteinen" ausrichten – am einfachsten: an den zugehörigen Merkkästen –, aber schon beim zweiten oder dritten Lesen des Textes vorentscheiden, ob ein Aspekt oder Element für die Interpretation dieser Szene tatsächlich bedeutsam ist oder nicht. Nicht-Bedeutsames kann man getrost vernachlässigen.

Ein solcher „Baustein-Check" für die Szene I/1 aus „Kabale und Liebe" könnte z. B. so aussehen:

MERKE

1. Ist es eine Spiel- oder Redeszene? Welche dramatische Funktion hat sie? Inhaltsangabe und Gliederung nicht vergessen!
2. Sind Miller und seine Frau Haupt- oder Nebenpersonen? Welchem Stand und Beruf gehören sie an? Wie lassen sich beide charakterisieren? (Direkt: Selbst-/Fremdcharakteristik in verbaler Form; indirekt: nonverbal)
3. Welche Aspekte äußerer/innerer Handlung sind von Bedeutung? Findet eine Entwicklung der Personen statt? Welche Vor- und Rückgriffe enthält die Szene?
4. Da die Szene ein Dialog und kein Monolog ist: Wer spricht mit wem worüber und mit welcher Absicht? Gibt es ein Aneinandervorbeireden zwischen Miller und seiner Frau? Warum verzichtet Schiller auf ein Beiseitesprechen und eine Publikumsanrede?
5. Inwiefern hängen Ort (Haus Millers) und Personen miteinander zusammen? Inwiefern charakterisieren der Raum und seine Ausstattung die Personen?

> 6. Ist die Handlung der Szene durch Was- oder durch Wie-Spannung geprägt?
> 7. Welche dichterischen Mittel dienen besonders der Funktion der Szene? Welche der Charakterisierung der Figuren?
> 8. Welche Informationen enthalten die Regieanweisungen? Welche Aufschlüsse geben sie? Gibt es bedeutsame Requisiten?

Dieser „Baustein-Check" erhebt natürlich keinen Anspruch auf Vollständigkeit. Er soll Ihnen nur zeigen, mit welchen Fragen Sie an eine zu interpretierende Szene herangehen *können* – Fragen, über deren Relevanz Sie aufgrund genauer Lektüre des Textes entscheiden.

Stichpunkte notieren
Bevor Sie an die Ausformulierung gehen, ist es sinnvoll, Stichpunkte zu notieren. Hierzu sollten auf jeden Fall gehören:
– Funktion der Szene
– Gliederung des Textes
– Gliederung Ihrer Interpretation (es sei denn, Sie wählen die Form der Linearanalyse, bei der die Gliederung durch den Text vorgegeben ist): Abfolge der Aspekte, die Sie berücksichtigen wollen

Ausformulierung

Einleitung
Je nach Text können Sie die Vorstellung des Textes länger oder kürzer gestalten. Zuerst ein Beispiel für eine **Minimalform**:

Schillers (1759–1805) bürgerliches Trauerspiel „Kabale und Liebe" (1784) behandelt den Ständekonflikt zwischen Adel und Bürgertum im ausgehenden 18. Jahrhundert. Dieser kommt gleich in der ersten Szene zum Ausdruck, wenn sich an der Beziehung zwischen dem adligen Ferdinand von Walter und der bürgerlichen Luise Millerin ein Ehestreit zwischen deren Eltern entzündet. Dieser wird letztlich hervorgerufen durch die Unmöglichkeit einer standesübergreifenden Heirat. *Schiller bereitet so den Konflikt des Dramas vor, der an Ferdinands und Luises Schicksal beispielhaft zeigt, welche sozialen Spannungen die damalige Zeit prägten.*

Die „Minimalform" weist zwar keine schwerwiegenden Lücken auf, bleibt aber zu knapp. Wer als Interpret sich derart auf das Nötigste beschränkt, muss später bei der Textanalyse des Hauptteils sehr viele Informationen nachholen, weil sonst der Leser zu Recht das Gefühl hat, dass hier nicht umfassend genug gearbeitet worden ist.

5 WIE INTERPRETIERT MAN EINE DRAMENSZENE?
Beispiel für die schriftliche Interpretation einer Dramenszene

Hier nun eine **Maximalform**:

Friedrich von Schiller, neben Goethe der einzige Vertreter der Literaturepoche der deutschen Klassik, schrieb noch in der Zeit des Sturm und Drang ein bürgerliches Trauerspiel, in dem er den Ständekonflikt zwischen Adel und Bürgertum auf die Bühne bringt. Die in der zweiten Hälfte des 18. Jahrhunderts sich immer stärker zuspitzenden politischen Auseinandersetzungen zwischen beiden gesellschaftlichen Gruppen hatte Schiller schon in früher Jugend kennen gelernt: als Schüler der Karlsschule in Stuttgart. Diese hatte der Württemberger Herzog Karl Eugen als „Pflanzschule für Soldatenkinder" gestiftet, um vor seinen Untertanen als fortschrittlicher Landesfürst gelten zu können. In Wahrheit herrschte dort jedoch ein starker militärischer Drill, der sogar so weit ging, dass Schiller nach dem Erscheinen seines ersten Dramas „Die Räuber" ein Schreibverbot erhielt. Nach einer abenteuerlichen Flucht fand er Unterschlupf in dem Gutshof seiner langjährigen Gönnerin Henriette von Wolzogen in Bauerbach. Dort schrieb er in der Zeit von Dezember 1782 bis Juli 1783 das Stück „Kabale und Liebe", welches 1784 erschien. Gleich in der ersten Szene wird der Zuschauer mit dem zentralen Problem konfrontiert: Miller, ein „Stadtmusikant", und seine etwas naiv und dümmlich wirkende Frau geraten in Streit darüber, dass ihre Tochter Luise eine Liebesbeziehung zu Ferdinand von Walter, dem Sohn des Präsidenten, eingegangen ist. Während die Mutter die materiellen und ideellen Vorteile dieser Beziehung herausstellt und sogar auf eine Heirat hofft, befürchtet der Vater, dass Ferdinand Luise lediglich als sexuelles Abenteuer ansieht, und betont die Unmöglichkeit einer standesübergreifenden Heirat. *Die Szene ist nicht nur Teil der Exposition des Dramas, indem sie das Publikum über entscheidende Elemente der Vorgeschichte informiert, sondern stellt auch das Ehepaar Miller und sein Milieu vor und bereitet den Hauptkonflikt vor, da der Vater Luises die Initiative ergreifen will, um die Beziehung seiner Tochter zu Ferdinand zu unterbinden.*

Die „Maximalform" enthält zwar keine überflüssigen Hinweise, geht aber zu stark in die Einzelheiten. Wer als Interpret derart detailliert vorgeht, wird bei der späteren Textanalyse sehr differenziert arbeiten müssen, damit beim Leser nicht der Eindruck erweckt wird, dass der Hauptteil lediglich eine etwas umfassendere Wiederholung der Einleitung ist.

AUFGABE 22

In beiden Einleitungen wird die Funktion der Szene angegeben (im Text kursiv gedruckt). Stellen Sie, fest, worin sich die beiden Fassungen der Funktion sachlich unterscheiden, und erläutern Sie, worauf die „Minimalform" den Akzent legt.

AUFGABE 23

Verfassen Sie zu „Kabale und Liebe" I/1 eine Einleitung, die den „goldenen Mittelweg" zwischen den beiden Extremen der „Minimal-" und der „Maximalform" einhält.
Hierbei sollten Sie sich zur Selbstkontrolle an den Bestandteilen einer Einleitung orientieren, die oben (S. 140f.) aufgelistet sind. Zur Überprüfung wäre es am Besten, Ihren Text jemandem vorzulegen (Mitschüler[in], Eltern, Geschwister, Freund[in]), der nur diese Szene des Dramas kennt, und diese Person zu fragen, ob sie in Ihrem Kapitel irgend etwas vermisst oder für unverständlich hält.

Hauptteil

Wie oben erwähnt, gibt es zwei Möglichkeiten, in dem Interpretationsaufsatz eine Textgliederung anzubringen. Da es etwas leichter ist, die Gliederung im Hauptteil isoliert voranzustellen, sollten Sie sich jetzt hieran versuchen.

AUFGABE 24

Gliedern Sie die Szene I/1 des Dramas „Kabale und Liebe".

Da die Ausformulierung einer Feinanalyse der gesamten Szene an dieser Stelle zu umfangreich wäre und Sie zudem zur Unselbstständigkeit erzöge, soll hier stellvertretend für alle Abschnitte nur der erste (Z. 1–17) genau analysiert werden:
Schon Kostüm und Alltagsbeschäftigung, welche in der vorangestellten Regieanweisung vermerkt werden, kennzeichnen einen charakterlichen Gegensatz zwischen den beiden Personen, der in ihrem sich anschließenden Streitgespräch deutlich sichtbar wird: Miller, der „sein Violoncell an die Seite" stellt, ist offenbar seinem Beruf nachgegangen, während seine Frau – „noch im Nachtgewand" – sich anscheinend noch nicht für die Tagesgeschäfte präpariert hat und Kaffee trinkt: ein im ausgehenden 18. Jahrhundert nicht selbstverständlicher Luxus, den ihr Mann ihr später zum Vorwurf macht.
Noch ein weiterer Aspekt stummen Spiels charakterisiert Miller: Er geht „schnell auf und ab", was seine emotionale Erregtheit offenbart, die sich in seinem ersten Redeanteil zusätzlich in kurzen paratktischen Sätzen niederschlägt. Inhaltlich zeigen diese Sätze, wie Miller die in der Vorgeschichte des Dramas begonnene Beziehung zwischen seiner Tochter Luise und Ferdinand einschätzt und welche Befürchtungen und Bedenken sich an diese Beziehung knüpfen: „Einmal für allemal." (Z. 5) Das wirkt – gerade als erster Satz des Dramas – bestimmt, entschlossen. Der „ernsthaft" gewordene „Handel" deu-

5 WIE INTERPRETIERT MAN EINE DRAMENSZENE?
Beispiel für die schriftliche Interpretation einer Dramenszene

tet darauf hin, dass sich die anfangs wahrscheinlich eher lose Beziehung – Ferdinand hat bei Miller Flötenstunden genommen und in seinem Hause Luise kennen gelernt – an Intensität und vielleicht auch Intimität gewonnen hat, und Millers Befürchtungen richten sich insbesondere auf das öffentliche Ansehen, das seinem „Haus" zuteil (werden) wird. Eine Heirat zwischen einem Adligen und einer Bürgerlichen ist in einem feudalistischen Ständestaat schlicht undenkbar; es kann allenfalls auf eine *Liaison* hinauslaufen. Millers weitere Befürchtungen richten sich auf den Präsidenten, von dem er annimmt, dass auch er diese Beziehung nicht gutheißen wird. Sein Entschluss, dem „Junker" Hausverbot zu erteilen, verdeutlicht die Schwere des Problems und erweckt zudem beim Publikum eine starke Spannung.

Gegenüber diesen massiven Ängsten ihres Ehemannes sind die Argumente der Frau, Miller könne auf keinen Fall Kuppeleiabsicht vorgeworfen werden, machtlos: Darauf wird die öffentliche Meinung („wer nimmt Notiz davon?" Z. 12) nicht Rücksicht nehmen. Sie wird vielmehr Miller – genau wie er selbst dies tut – vorwerfen, seiner Rolle des patriarchalischen Familienoberhauptes nicht entsprochen zu haben, vielmehr Tochter wie Ferdinand viel zu liberal behandelt zu haben. „Ich war Herr im Haus" (Z. 12f.) – in diesem Aussagesatz findet sich Millers Versäumnis in äußerst komprimierter Form zusammengefasst; insbesondere das Imperfekt macht deutlich, dass er einen Fehler begangen und seine traditionell verbriefte Rolle des von Güte wie Macht gleichermaßen geprägten Hausvaters verloren hat. Der letzte Satz dieses Abschnitts verweist dann auf die ständische Ungleichheit von Adel und Bürgertum: Während Ferdinand die sozial pikante Situation leicht wird bereinigen können, werden die negativen Konsequenzen mit der Macht einer Naturgewalt („Wetter") allein Miller treffen.

AUFGABE 25
Analysieren Sie in Form einer Linearanalyse den zweiten Abschnitt.

Schlussabschnitt
Da Sie nur einen Abschnitt der Szene selbst analysiert haben und Ihnen daher keine Interpretationsergebnisse der gesamten Szene vorliegen, geben wir Ihnen stichpunktartig einige Aspekte vor, die durchaus Interpretationsergebnisse sein könnten, und die Sie zu einer Schlusszusammenfassung verbinden sollen.

Die Stichworte: Liebesbeziehung Ferdinand/Luise – Standesunterschied/-konflikt – unterschiedliche Auffassung der Eltern: Hoffnung auf sozialen Aufstieg der Tochter (Mutter)/Angst vor moralischem Abgleiten (Vater) – Vorbereitung der folgenden Szenen

AUFGABE 26 Verfassen Sie unter Berücksichtigung der Stichpunkte eine Zusammenfassung.

Kritische Stellungnahme

Wie oben bereits erwähnt, muss eine kritische Stellungnahme über Allgemeinplätze hinausgehen, wenn sie nicht hinter das Niveau des Textes zurückfallen will. Dazu gehört, dass Sie sich zuerst fragen, was Ihnen persönlich an dem Text gefallen bzw. missfallen hat, und dann in einem zweiten Reflexionsprozess sich Rechenschaft ablegen, ob diese individuelle Empfindung so verallgemeinerbar ist, dass auch andere Leser dies so sehen könnten. Ihre Aufgabe bei der schriftliche Ausformulierung liegt dann darin, Ihre Meinung so plausibel darzulegen, dass sie für andere einsehbar und einsichtig ist.

AUFGABE 27 Welche Schwächen hat die folgende kritische Stellungnahme zu „Kabale und Liebe" I/1? (Die einzelnen Sätze sind nur durchnummeriert, damit Sie sich im Lösungskapitel leichter zurechtfinden.)
(1) Ich finde, Schiller ist die Darstellung der sozialen Probleme seiner Zeit gut gelungen. (2) Auch wenn in dieser ersten Szene des Dramas noch kein Adliger auftritt, wird das Gespräch der Millers schon von dem Standeskonflikt geprägt. (3) Dies zeigt nicht nur dem zeitgenössischen Zuschauer anschaulich, welchen Einfluss die gesellschaftlichen Verhältnisse besitzen. (4) Die gegensätzliche Zeichnung der Charaktere gefällt mir zwar gut, Millers Verständnis von der Rolle der Frau ist jedoch absolut indiskutabel: äußere Schönheit gilt mehr als Vernunft! (5) Und dies wird noch durch die Dümmlichkeit Frau Millers bestätigt. (6) Ähnliche Probleme hatte ich mit der Sprache: Die vielen zeitbedingten und mundartlichen Ausdrücke haben mir das Verständnis doch sehr erschwert.

Methodische und stilistische Tips

Lesen Sie sich Ihre Analyse des Abschnitts noch einmal genau durch, legen Sie sie vielleicht sogar ein paar Tage auf Ihren Schreibtisch, und überarbeiten Sie sie dann noch einmal. Sind Ihnen Formulierungen aufgefallen, die Sie bei Ihrer Überarbeitung dann gestrichen, erweitert, geglättet, verkürzt, präziser gefasst haben? Gut so: Erst aus einem gewissen zeitlichen Abstand heraus ist man in der Lage, die eigenen Schreibergebnisse kritischer und neutraler zu beurteilen. Vielleicht haben Sie auch die Möglichkeit, jemandem Ihre erste und die verbesserte Fassung vorzulegen und um ein Urteil zu bitten. Eine andere Person hat *per se* eine wesentlich größere Distanz. Schließlich hat sie den Text nicht

WIE INTERPRETIERT MAN EINE DRAMENSZENE?
Beispiel für die schriftliche Interpretation einer Dramenszene

selbst verfaßt, muss sich daher stärker in ihn hineindenken und stößt dabei viel eher auf sprachliche, methodische oder gedankliche Unstimmigkeiten als Sie selbst, denn für Sie ist das Ganze ja ein vertrauter Text.

Da Ihnen vielleicht nicht unmittelbar jemand zur Verfügung steht, um Ihren Text kritisch zu begutachten, finden Sie im Folgenden Tips zur Vermeidung von Schwächen, die ich in Deutschklausuren immer wieder gefunden habe:

1. Setzen Sie Abschnitte!

Hiermit sind nicht nur die zwischen Einleitung, Hauptteil und Schluss gemeint; auch im Hauptteil (mindestens dort!) sollten Sie Abschnitte setzen, denn das erleichtert dem Leser, zu erkennen, wo Sie einen Gedanken zu Ende geführt haben.

2. Vermeiden Sie in der Analyse Formulierungen mit „Ich", schlimmer noch: mit „Ich glaube/meine"!

Formulierungen, die die eigene Subjektivität einbeziehen, wirken nicht nur wenig überzeugend, sondern verbergen oft die – unbewusste – Schwäche eines Interpreten, einen Gedanken nicht klar oder argumentativ nicht hieb- und stichfest darstellen zu können. Wendungen wie „Ich habe den Text in vier Abschnitte gegliedert", oder „Aus dieser Redewendung Millers schließe ich, dass...", wirken weniger sachbezogen als Formulierungen wie „Der Text lässt sich in vier Abschnitte gliedern", oder „Diese Redewendung Millers zeigt, dass...".

Allerdings: Wenn Sie im Schlussteil ein eigenes kritisches Urteil abgeben, *müssen* Sie sogar die 1. Person Singular verwenden.

3. Benutzen Sie Sachvokabular!

Keine Wissenschaft kann auf Fachwörter verzichten, weil dann die Verständigung unter allen Beteiligten schneller und exakter vonstatten geht. Bezeichnungen wie „Das Substantiv ‚Denkart' in dem vierten Vers dieses Monologes", sind wesentlich klarer als Formulierungen wie „Das dritte Wort der vierten Zeile, die Tell spricht."

4. Achten Sie auf den korrekten Gebrauch von Konjunktionen!

Die häufigsten Fehler:

– „Nachdem" wird kausal anstatt temporal verwendet: „Nachdem der Präsident keinen diplomatischen Ausweg findet, geht er mit Gewalt vor." Die korrekte Fassung lautet: „Weil der Präsident...". Oder der Satz müsste so umformuliert werden, dass „nachdem" auch tatsächlich temporal gebraucht wird: „Nachdem der Präsident keinen diplomatischen Ausweg gefunden hat,...."

Merke: Die temporale Konjunktion „nachdem" fordert immer die Vorzeitigkeit (Perfekt, Plusquamperfekt, Futur II)!

– „Also", eine Konjunktion, die immer eine (Schluss-) Folgerung einleitet, wird verwendet, obwohl von der Sache her gar kein Schluss vorliegt: verbale Vortäuschung eines gedanklich nicht zutreffenden oder nicht genügend hergeleiteten Sachverhalts. Wenn Sie z.B. schreiben: „Tell zeigt sich also an dieser Stelle als aufopferungsvoller Familienvater", dann muss im vorangegangenen Text Ihrer Analyse auch tatsächlich etwas zu finden sein, was diesen – durch das „also" angezeigten – Schluss rechtfertigt.

– „Weil" leitet zwar immer einen Nebensatz ein, wird jedoch als Einleitung für einen Hauptsatz verwendet: „Der Präsident verlässt Millers Haus, weil ihm bleibt nichts anderes übrig."

5. Schreiben Sie nicht zu bildhaft!

In der Regel ist die Literatur, die Sie interpretieren sollen, selbst schon bildhaft geschrieben. Um diese Bildlichkeit verständlich und verstehbar zu machen, muss sie in gedanklich nachvollziehbarer Form erläutert werden. Bildhafte Sprache bringt die Sache nicht auf den Begriff, sondern versucht ein Bild durch ein anderes zu „erklären". „Miller rennt wie ein Besessener durch den Raum" mag so eben noch angehen, nicht aber: „Millers Schritte bewegen sich hart im Raum." Eine solche Formulierung erläutert nichts, sondern bietet schlechte Dichtung an Stelle einer guten Interpretation.

6. Zitieren Sie korrekt und sinnvoll!

Korrektes Zitieren gehört zum unabdingbaren Handwerkszeug jedes Geisteswissenschaftlers. Nicht nur Journalisten kommen „in Teufels Küche", wenn sie nicht richtig zitieren, auch für Philologen handelt es sich um eine Frage der Berufsehre. Da Sie (noch?) kein Philologe sind, nur zwei kurze Hinweise:

1. Jedes Zitat muss durch Anführungszeichen als ein solches kenntlich gemacht werden.
2. Ein Zitat darf zwar – wenn sein Sinn nicht entstellt wird – gekürzt werden, es muss aber in jedem Fall den Wortlaut des Originals aufweisen.

Was für den Naturwissenschaftler das Experiment, das ist für den Geisteswissenschaftler der Textbeleg in Form eines Zitats. Bedenken Sie jedoch, daß ein Textbeleg niemals etwas im naturwissenschaftlichen oder mathematischen Sinne „beweisen" kann – er kann eben nur etwas „belegen", eine Interpretationsüberlegung dem Leser plausibel machen.

Was sinnvolles Zitieren ist, lässt sich nur im Einzelfall entscheiden. Wenn es Ihnen z.B. auf ein ganz bestimmtes Wort ankommt, ist es meist ungeschickt, den ganzen Satz zu zitieren, in dem es steht.

Pragmatische Faustregel: Wörter, Wendungen und Sätze, auf die es Ihnen als Beleg ankommt, hinschreiben und als Zitat kennzeichnen; ansonsten genügen Seiten- und/oder Zeilenangaben.

BIBLIOGRAPHISCHE ANGABEN (PRIMÄRTEXTE)

Aristoteles, *Poetik*. Übersetzung, Einleitung u. Anmerkungen v. Olof Gigon. Stuttgart: Reclam 1969
Beckett, Samuel, *Das letzte Band*. In: S.B., Fünf Stücke. Frankfurt/M.: Fischer 1970, S. 49 – 59
– *Warten auf Godot*. Frankfurt/M.: Suhrkamp ^{13}1981
Brecht, Bertolt, *Mutter Courage und ihre Kinder*. Frankfurt/M.: Suhrkamp ^{13}1969
– *Der gute Mensch von Sezuan*. Frankfurt/M.: Suhrkamp ^{9}1969
Büchner, Georg, *Woyzeck. Leonce und Lena*. Hrsg. u. mit einem Nachwort versehen v. Otto C. A. zur Nedden. Stuttgart: Reclam 1986
Dürrenmatt, Friedrich, *Der Besuch der alten Dame*. Neufassung 1980. Zürich: Diogenes 1980
Goethe, Johann Wolfgang v., *Faust*. Der Tragödie erster und zweiter Teil. Urfaust. Hrsg. u. kommentiert v. Erich Trunz. München: Beck 1972
Gryphius, Andreas, *Leo Armenius*. Hrsg. v. Peter Rusterholz. Stuttgart: Reclam 1971
Hebbel, Friedrich, *Maria Magdalena*. Sämtliche Werke in zwei Bänden. 1. Band hsg. von Hannsludwig Geiger. Wiesbaden: Emil Vollmer o. J.
Holz, Arno/Schlaf, Johannes, *Die Familie Selicke*. Drama in drei Aufzügen. Mit einem Nachwort von Fritz Martini. Stuttgart: Reclam 1980, S. 63f.
Kleist, Heinrich von, *Der zerbrochne Krug*. In: Sämtliche Werke. Mit einem Nachwort und Anmerkungen v. Curt Grützmacher. München: Winkler 1967
– *Penthesilea*. (Ebd.)
– *Prinz Friedrich von Homburg*. (Ebd.)
Kotzebue, August von, *Die deutschen Kleinstädter*. Mit einem Nachwort von Otto C.A. zur Nedden. Stuttgart: Reclam 1978
Lenz, Jakob Michael Reinhold, *Die Soldaten*. Komödie. Mit einem Nachwort von Manfred Windfuhr. Stuttgart: Reclam 1967
Lohenstein, Daniel Casper von, *Cleopatra*. Text der Erstfassung von 1661, besorgt v. Ilse-Marie Barth. Nachwort v. Willi Flemming. Stuttgart: Reclam 1965
Lessing, Gotthold Ephraim, *Minna von Barnhelm*. Stuttgart: Reclam 1970
– *Emilia Galotti*. Mit Materialien ausgew. u. eingel. v. Rainer Siegle. Stuttgart/Düsseldorf/Berlin/Leipzig: Klett 1993
– *Nathan der Weise*. Mit Materialien ausgew. u. eingel. v. Joachim Bark. Stuttgart/Düsseldorf/Berlin/Leipzig: Klett 1993
Schiller, Friedrich, *Kabale und Liebe*. Mit Materialien ausgew. u. eingel. v. Annegrit Brunkhorst-Hasenclever. Stuttgart/Düsseldorf/Berlin/Leipzig: Klett 1993
– *Maria Stuart*. Mit Materialien neu zusammengestellt v. Rainer Siegle u. Karin Steiert. Stuttgart/Düsseldorf/Berlin/Leipzig: Klett 1993
– *Wallenstein*. In: SämtlicheWerke in 5 Bden. Bd.2. Dramen 2. Aufgrund

der Originaldrucke hrsg. v. Gerhard Fricke u. Herbert G. Göpfert. München: Hanser ⁴1965
- *Die Braut von Messina.* (Ebd.)
- *Wilhelm Tell.* (Ebd.)
- *Die Räuber.* In: Sämtliche Werke in 5 Bden. Bd.1 Gedichte/Dramen 1. Aufgrund der Originaldrucke hrsg. v. Gerhard Fricke u. Herbert G. Göpfert. München: Hanser ⁵1973

Sophokles, *Antigone.* Übers. v. Wilhelm Kuchenmüller. Stuttgart: Reclam 1960
- *König Oidipus.* Übersetzung und Nachwort von v. Ernst Buschor. Stuttgart: Reclam 1977

Textrechte:

Bertolt Brecht, Gesammelte Werke, Band 4: Stücke 4: *Der Gute Mensch von Sezuan.* © Suhrkamp Verlag, Frankfurt am Main 1967. S. 18–24

Friedrich Dürrenmatt, *Der Besuch der alten Dame.* © 1985 by Diogenes Verlag AG Zürich

Wir bedanken uns bei Herrn Dr. Manfred Asseyer für die Abdruckgenehmigung von Textauszügen aus *Die Familie Selicke* von Arno Holz und Johannes Schlaf.

INDEX ZU DEN BEHANDELTEN DRAMENTEXTEN

Der Index verzeichnet alle Stellen, an denen längere Ausschnitte aus den Dramen behandelt werden. In Klammern sind jeweils Akt und Szene, Bild oder Verszahlen angegeben, auf die Bezug genommen wird. Bei Dramen, in denen diese Angaben fehlen oder uneinheitlich sind (z.B. Büchners Woyzeck), werden nur die Stellen nachgewiesen.

Beckett, Samuel, *Das letzte Band*: 28
 – *Warten auf Godot*: 14f.
Brecht, Bertolt, *Der gute Mensch von Sezuan*: 110ff. (Bild 1)
Büchner, Georg, *Woyzeck*: 23, 45, 79f., 115, 119
Dürrenmatt, Friedrich, *Der Besuch der alten Dame*: 35, 50ff., 88f.
Goethe, Johann Wolfgang v., *Faust*: 46
Hebbel, Friedrich, *Maria Magdalena*: 81 (I/5), 85f. (I/1)
Holz, Arno/Schlaf, Johannes, *Die Familie Selicke*: 12f., 66ff., 107f.
Kleist, Heinrich von, *Der zerbrochne Krug*: 33 (Auftritt 7), 91f. (Auftritt 2), 106 (Auftritt 7)
 – *Penthesilea*: 78f. (Auftritt 22)
Kotzebue, August von, *Die deutschen Kleinstädter*: 32 (II/11)
Lenz, Jakob Michael Reinhold, *Die Soldaten*: 12 (IV/5)
Lohenstein, Daniel Casper von, *Cleopatra*: 10 (5. Abhandlung, V. 165ff.)
Lessing, Gotthold Ephraim, *Emilia Galotti*: 58 (I/1), 97 (V/5), 103f. (V/6), 129f. (III/2)
 – *Nathan der Weise*: 34 (V/8), 48f. (I/4), 68ff. (IV/2), 116f. (Spielorte), 126ff. (III/3)
Schiller, Friedrich, *Kabale und Liebe*: 39 (I/3), 40ff. (I/4), 42ff. (II/7), 53ff. (II/2), 87 (II/1), 94 (I/6), 95f. (II/6), 100 (I/5), 144ff. (I/1)
 – *Maria Stuart*: 75ff. (Aufbau), 98 (I/6), 105 (III/4), 116 (Spielorte), 120f. (III/1)
 – *Wallensteins Tod*: 82ff. (II/6), 131 (V/5)
 – *Die Braut von Messina*: 86 (V. 944–952)
 – *Wilhelm Tell*: 11 (V/3), 102f. (IV/3)
 – *Die Räuber*: 102 (IV/1)
Sophokles, *Antigone*: 99 (V. 446–459, V. 511–519),
 – *König Oidipus*: 8f. (V. 337–369), 78 (V. 800–813), 114 (V. 91–94), 124f. (V. 924–949), 132 (V. 707–723)

Platz für Notizen

Lösungsheft

Andreas Siekmann

Training Drameninterpretation

SEKUNDARSTUFE II

Ernst Klett Verlag
Stuttgart Düsseldorf Leipzig

Alle Rechte vorbehalten
Fotomechanische Wiedergabe nur mit Genehmigung des Verlages
© Ernst Klett Verlag GmbH, Stuttgart 1997
Satz: Kittelberger GmbH, Reutlingen
Druck: Wilhelm Röck, Weinsberg
Beilage zu 3-12-922082-8

WAS IST EIN DRAMA?
Beispieltexte   **Aufgaben 1–3**

AUFGABE

 Lösung im Schülerbuch S. 8ff.

AUFGABE

 Das Charakteristische der Szene besteht darin, dass sie als Redeszene beginnt und als Spielszene mit der Ermordung Maries endet. Somit kann sie als Redeszene angesprochen werden bis zu dem Punkt, an dem Woyzeck das Messer zieht.

Untersucht man den ersten Teil genauer, stellt man jedoch fest, dass ein echtes Gespräch zwischen den *dramatis personae* nur ansatzweise stattfindet: Marie weicht Woyzeck aus („Aber ich muß fort." „Ich muß fort, das Nachtessen richten."), beklagt sich über sein merkwürdiges Verhalten („Wie bist du nur auch!") oder signalisiert Unverständnis („Was sagst du?"). Nur an zwei Stellen kommt es zu einer echten Verständigung:

1. als Woyzeck nach der Dauer ihrer Beziehung fragt und Marie sachgerecht antwortet und
2. als Marie nach der Gesprächspause die Schönheit des Mondaufganges anspricht – vielleicht ein Versuch, der Situation eine „romantische" Stimmung zu verleihen –, woraufhin Woyzecks Vergleich („Wie ein blutig Eisen.") von der Gesprächsebene unmittelbar in die Handlungsebene überleitet.

AUFGABE

 1. Fausts Situation ist von einer tiefen Verunsicherung und Verzweiflung geprägt,
– weil er sich trotz gründlichen Studiums in allen drei Fakultäten (mehr als die juristische, theologische und medizinische Fakultät kannte die mittelalterliche Universität nicht!) der eigenen Unwissenheit bewusst wird
– weil er seine Schüler mit seiner Gelehrsamkeit im Grunde in eine falsche Richtung führt
– weil seine außergewöhnliche universitäre Bildung zwar zu religiöser Skrupellosigkeit, aber auch zum Verlust echter Lebensfreude geführt hat
– weil er es weder zu Reichtum und Ansehen gebracht hat noch zu der Fähigkeit, als „Weltverbesserer" die Einsicht der Menschen zu fördern

Die einzige Möglichkeit, dieser Verzweiflung abzuhelfen, sieht er daher in der nicht-wissenschaftlichen Magie, von der er sich die Befriedigung seines ungebrochenen Wissensdurstes erhofft: eine Totalerkenntnis jener Gesetzmäßigkeiten, die der Natur („Welt") zugrunde liegen.

2. Es handelt sich eindeutig um eine Redeszene, da Faust seine persönliche Situation reflektiert.

DIE ELEMENTE EINES DRAMAS
Baustein 1: Die Szene — Aufgaben 4–5

3. Dramatische Monologe sind nahezu immer Redeszenen, da in ihnen die äußere Handlung zurücktritt. Sie kann zwar als Anlass des Monologs eine wichtige Rolle spielen – etwa, wenn Schillers Wilhelm Tell sich darüber Rechenschaft ablegt, ob er moralisch berechtigt ist, den Tyrannen Geßler zu erschießen –, als Selbst-Gespräch jedoch fehlt ihm in der Regel die Aktion, von der Spielszenen geprägt sind.

AUFGABE

1. In den Kaufwünschen der Kunden offenbart sich ein gegenüber früher anspruchsvollerer Konsum. Sie verlangen Waren, die teurer sind als diejenigen, die sie vor dem Auftauchen Claire Zachanassians gekauft haben: Kognak statt eines gewöhnlichen Schnapses, Importtabak anstelle eines in Lizenz hergestellten billigeren.
Das entscheidende Requisit sind die neuen gelben Schuhe, die Ills Kunden tragen und ihm als gemeinsame Besonderheit auffallen.
2. Trotz der Versicherung des Bürgermeisters, man werde Claire Zachanassians Ansinnen, Ill zu töten, als unmoralisch ablehnen, zeigen die Käufe der Kunden, dass diese die unausgesprochene Hoffnung hegen, es werde sich schon irgend jemand finden, der den Mord ausführt. Da sich an der finanziellen Situation der Güllener bis zu diesem Zeitpunkt faktisch nichts geändert hat, machen sie neue Schulden in der vagen Hoffnung auf die Schenkung der Milliardärin. Der Handlungsstrang, der durch Claire Zachanassians Forderung nach Gerechtigkeit ausgelöst worden ist, wird in diesem Ausschnitt also konsequent weitergeführt. Durch ihre Einkäufe auf Pump manövrieren sich die Güllener in eine Situation, die sie irgendwann dazu zwingen wird, Ill umzubringen. Von daher treibt dieser Ausschnitt die Haupthandlung des Dramas ganz gezielt voran.

AUFGABE

Die Szene ist eine der politisch brisantesten des ausgehenden 18. Jahrhunderts. In keinem anderen Drama der Zeit wird die Willkür des Adels gegenüber seinen Untertanen und damit das soziale Spannungsverhältnis einer ständestaatlich organisierten Gesellschaft so offen auf die Bühne gebracht wie hier.
Die Funktion des Szenenausschnitts liegt darin, die Ungerechtigkeiten und Unmenschlichkeiten zur Sprache zu bringen, die sich aus der Machtposition und Machtausübung des regierenden Adels gegenüber seinen Untertanen ergeben: eine gewaltsame Zuspitzung des Ständekonflikts, die innerhalb des Dramas in dieser Schärfe sonst nicht anzutreffen ist und die auf die politische Wirklichkeit außerhalb der Bühne verweist. Dem entspricht, dass der Ausschnitt mit der eigentlichen Handlung nur lose verknüpft ist. Äußerer Anlass für die Sozialanklage des Kammerdieners ist die vom Präsidenten geplante Heirat Ferdinands mit der Lady Milford.

DIE ELEMENTE EINES DRAMAS
Baustein 2: Die dramatis personae   Aufgaben 6–7

Um die Sozialkritik zu unterstreichen, lässt Schiller den Kammerdiener in bitterstem Sarkasmus sprechen. Soldaten, die sich aus machtlosen Untertanen rekrutieren, werden mit Gewalt verpflichtet, „in die neue Welt" zu ziehen, also im Siebenjährigen Krieg (1756–63) in Amerika zu kämpfen, wo ihnen der Tod gewiss ist: „Am Jüngsten Tag sind wir wieder da."
Neben dem Präsidenten und Miller tritt hier ein dritter Vater auf. Einer, dem der Tod seiner Söhne traurige Gewissheit ist: „Ich hab auch ein paar Söhne drunter."

AUFGABE

1. Selbstmitleid des Prinzen [bis: „…beneiden."] (Z. 8)
2. Auswirkung der Namensgleichheit „Emilia" [bis: „Gewährt!"] (Z. 12)
3. Wunsch des Prinzen nach Zerstreuung [bis: „…und alles! – „] (Z. 21)
4. Brief Orsinas und Reaktion des Prinzen [bis: „…zu warten."] (Z. 30)
5. Selbsteingeständnis des Prinzen, Orsina nicht (mehr) zu lieben
   [bis: „…habe."] (Z. 34)
6. Ankündigung des Malers Conti

Schon an dieser Gliederung ist zu erkennen, dass der Prinz in seinen Gefühlen unstet und sprunghaft ist; jeder neue Abschnitt markiert einen emotionalen Wechsel. Äußeres Kennzeichen der Abschnitte: Alle werden durch Auf- bzw. Abtritte des Kammerdieners markiert.

AUFGABE

Schillers Personenverzeichnis ist – vergröbert betrachtet – in der Reihenfolge Adlige/Nicht-Adlige aufgebaut. Dies wird beispielhaft deutlich an der Platzierung Hanna Kennedys, die als Marias Vertraute im Drama eine wichtigere Rolle spielt als z.B. Graf Aubespine oder Graf Bellievre. Auch Paulet hat sicher eine wichtigere dramatische Funktion als z.B. Davison, wird aber trotzdem erst später aufgeführt, da er „nur" Ritter ist.
Damit erweist sich Schillers Personenverzeichnis als bestimmt vom feudalistischen Gesellschaftsbild, in dem der Adel eben „mehr" galt.
Auch ohne Textkenntnis werden Sie erschlossen haben, dass die von Brecht zuerst genannten *dramatis personae* genau dem Titel des Dramas entsprechen. Sie sind die Hauptpersonen, und deswegen werden sie vom Autor an die erste Stelle gerückt. Die Reihenfolge der übrigen Personen entspricht der Reihenfolge ihres Auftretens innerhalb des Stücks, was sich allerdings ohne Textkenntnis nicht feststellen lässt. Auffällig ist aber vor allem die Anordnung aller Personen in einem Fließtext. Gliedert Schiller sein Personenverzeichnis gleichsam vertikal nach dem gesellschaftlichen Stand, so sind die Personen bei Brecht horizontal angeordnet. Dies lässt auf ein Gesellschaftsbild schließen, in dem alle Menschen unabhängig von ihrer gesellschaftlichen Stellung „gleich" sind.

DIE ELEMENTE EINES DRAMAS
Baustein 2: Die dramatis personae Aufgaben 8–9

Aus Schillers vertikaler Anordnung ergibt sich auch, warum nicht die Titelfigur, sondern Elisabeth an erster Stelle genannt ist. Sie ist zwar nicht die moralische, wohl aber die politische Siegerin und steht daher vom Ausgang des Dramas her „über" Maria.

AUFGABE

Die Bedeutung der Metapher ergibt sich aus dem Bildwert der Bezeichnung „Hyäne". Eine Hyäne gilt – auch wenn dies streng zoologisch nicht unbedingt zutrifft – als feige, verschlagen, als ein Tier, welches etwa im Vergleich zum Löwen nicht selbst auf Jagd geht, sondern sich von dem Aas ernährt, das andere Raubtiere übrig gelassen haben. Eine Hyäne schlägt nicht selbst Beute, sondern heftet sich an die Fersen „mutigerer" Tiere, folgt ihren Jagdzügen wie Mutter Courage dem Heer und lebt davon, dass andere ihr Leben aufs Spiel setzen.
Eine „Hyäne des Schlachtfelds" existiert mithin allein von dem Krieg, den andere – auch für sie – führen, und ist damit angewiesen auf diesen Krieg, der indirekt ihre Existenzgrundlage bildet. Kommt es zum Frieden wie in der Szene, aus der die obige Fremdcharakteristik stammt, muss sie auf „anständige" Art ihr Brot verdienen.

AUFGABE

Alberts Auftreten steht in scharfem Kontrast zu dem kleinbürgerlich-ärmlichen Milieu der Familie. Er wird eingeführt als jugendlicher Geck, der sich auf einen Ausgang vorbereitet und dabei vor seinem öffentlichen Auftreten viel Zeit und Sorgfalt auf seine äußere Erscheinung verwendet. Den ersten und daher vermutlich bleibenden Eindruck von seiner Person gewinnt der Zuschauer, wenn Albert durch die offene Kammertür „vor einer kleinen Spiegelkommode" zu sehen ist. Dort putzt er sich heraus, von dort aus gibt er der Mutter überhebliche Erziehungsratschläge („Jieb ihm lieber 'n Katzenkopp [= Ohrfeige] un denn is jut.") und weist sie arrogant zurecht: „Hurrjott, Mutter! Räsonier doch nich immer so!"
Dieses negative Bild vervollständigt sich, wenn Albert, die Tür mit dem Fuß lässig schließend, auf die Hauptbühne getreten ist und sich dort dem Zuschauer in voller Aufmachung präsentiert. Accessoires wie Kneifer, Glacés (= weiße Handschuhe) und die „zwischen den Zähnen" gehaltene Zigarette signalisieren ebenso wie seine Frisur („modern gescheitelt"), dass er eitel ist und sein modisches Äußere von dem ärmlichen Milieu, in dem er lebt, nicht nur auffällig, sondern geradezu unangenehm absticht. Ganz offensichtlich bemüht er sich darum, mehr zu scheinen als er ist, und will sich die Armut und soziale Schicht, aus der er kommt, auf der Straße nicht anmerken lassen.

DIE ELEMENTE EINES DRAMAS
Baustein 3: Die Handlung   Aufgaben 10–12

AUFGABE 10

Die folgende Auflistung ist nicht vollständig, enthält aber die wichtigsten Aspekte:
1. Selbstcharakteristik: Überheblichkeit („reifer Rat des Alters", „Engel" = „Diener seines Worts" = er selbst), apodiktisch, duldet keinen Widerspruch („Nur ist der Rat auch anzunehmen"), anti-aufklärerisch („Gehört sie [= die Vernunft] aber überall denn hin?"), scheinheilig („Wie sich die stolze menschliche Vernunft/Im Geistlichen doch irren kann", „Mich treibt der Eifer Gottes lediglich"), dogmatisch („ausgenommen, was die Kirch'/An Kindern tut"), Starrsinnigkeit, keiner rationalen Argumentation zugänglich („Denn besser,/Es wäre hier im Elend umgekommen ... Es so gerettet ward."), Machtmensch („wie/Gefährlich selber für den Staat es ist,/Nichts glauben!")
2. Fremdcharakteristik: unsympathisch („Ich wich ihm lieber aus."), will durch Äußerlichkeiten beeindrucken („Und welcher Prunk!"... „Itzo kömmt/Er nur von einem Kranken."), Erscheinungsbild („dicker, roter, freundlicher [dies sicher ironisch gemeint] Prälat")
3. Indirekte Charakteristik: Äußerlichkeiten (vgl. oben, hier unterstützt durch die Regieanweisung *mit allem [!] geistlichen Pomp*), kehrt Machtstellung heraus *(indem der Bruder und das Gefolge zurücktreten)*, hinterhältig *(Er spricht im Abgehen mit dem Klosterbruder.)*

AUFGABE 11

- Die Namensgleichheit zwischen Emilia Bruneschi und Emilia Galotti sowie die großzügige Erfüllung der Forderung weisen auf eine Beziehung des Prinzen zu der Frau hin.
- Marinelli steht in einem Abhängigkeitsverhältnis zum Prinzen. Dieser lässt ihn für eine Spazierfahrt rufen, obwohl es noch sehr früh am Tage ist.
- Die am Tag zuvor geschehene Ankunft der Gräfin Orsina in der Stadt.
- Sie und den Prinzen hat offensichtlich eine Liebesbeziehung verbunden, die der Prinz aber jetzt als abgeschlossen ansieht.
- Erwartungen des Zuschauers: Die vom Prinzen als abgeschlossen angesehene Affäre mit der Gräfin Orsina sowie die angedeutete Beziehung zu Emilia Galotti lassen einen durch die Emotionen zumindest dieser drei Personen ausgelösten Konflikt erwarten.

AUFGABE 12

1. Während Büchner die Ermordung Maries als unmittelbare Aktion auf die Bühne bringt, wählen Sophokles und Kleist jeweils ein Sprachrohr in Form einer Person, die von dem Geschehen berichtet. Im „König Oidipus" wird ein zurückliegendes Ereignis geschildert. Zwar berichtet der Täter selbst, aber aus einer zeitlichen Distanz heraus. Dramentechnisch handelt es sich hier um einen *Rückgriff* (vgl. S. 87ff.). In

4 DIE ELEMENTE EINES DRAMAS
Baustein 3: Die Handlung Aufgaben 12–13

der „Penthesilea" hingegen ist der Zuschauer von der Ermordung Achills räumlich getrennt. Die Amazone Terpi, auf einen Hügel gestiegen, ist Augenzeugin des Todes von Achill und damit für die übrigen Amazonen wie für den Zuschauer sozusagen Verbindungskanal. Dramentechnisch wird dieses Mittel als *Teichoskopie (Mauerschau)* (vgl. S. 129f.) bezeichnet.

2. Da im „Woyzeck" zwischen der Ermordung Maries und dem Zuschauer überhaupt keine Distanz aufgebaut wird, teilt sich ihm das Geschehen völlig ungefiltert mit und wird auf ihn – je nach Anlage der Inszenierung – schockierend, beängstigend, abstoßend oder vielleicht auch spannungslösend wirken. Sowohl im „Oidipus" wie in der „Penthesilea" schiebt sich hingegen zwischen Zuschauer und äußere Handlung eine Vermittlungsinstanz. Das Ereignis wird zum erzählten oder reportagehaft geschilderten Geschehen, so dass der Zuschauer eher einen „kühlen Kopf" behält.

AUFGABE
13 Zu Beginn erklärt sich Buttler als mit Wallenstein fest verbunden („Sein Los ist meines." [Z. 17]), woraus sich eine schroffe, abweisende Haltung gegenüber Octavio ergibt. Seine Verbitterung, die sich in dem sarkastischen Ausruf „Dank vom Haus Östreich!" [Z. 32] bereits andeutet, ist für den Zuschauer jedoch zuerst unmotiviert, wird ihm erst verständlich, als Octavio die Abweisung von Buttlers Gesuch um einen Adelstitel ins Spiel bringt. Das Erinnert-Werden an diese alte Kränkung führt bei Buttler zu einem aggressiven Ausbruch; er fordert Octavio zum Duell. Aggression schlägt in Betroffenheit und tiefste Enttäuschung um, als er erfährt, dass angeblich der ihm wohlgesonnene Wallenstein sein Ersuchen bei Hofe hintertrieben hat. Seine Erschütterung zeigt sich körperlich, wenn er *mit der Stimme bebend* [Z. 101] spricht oder aufstehen will, es aber nicht kann. Sein Treuebruch gegenüber dem österreichischen Kaiser – schließlich ist er bis jetzt bereit gewesen, Wallensteins Hochverrat mitzutragen – stürzt ihn in Verzweiflung und weckt moralische Schuldgefühle („Nicht wert mehr bin ich dieses Degens." [Z. 114]), die Octavio für seine Zwecke ausnutzt, indem er ihn rehabilitiert. Am Ende steht dann unversöhnlicher Hass gegen Wallenstein. Buttlers anfangs geäußerte Verbundenheit mit diesem hat sich ins Gegenteil verkehrt und mündet in eine recht eindeutige Morddrohung.

Wichtige Aufschlüsse über die innere Handlung Buttlers geben die Regieanweisungen: *bitter lachend, heftig auffahrend, wird betroffen, seine Knie zittern, mit der Stimme bebend* u.a.m.

DIE ELEMENTE EINES DRAMAS
Baustein 3: Die Handlung — Aufgabe 14

AUFGABE 14

ZWEITE MAGD *(tritt auf)*: Im Bücherschrank,
Herr Richter, find ich die Perücke nicht.
ADAM: Warum nicht?
ZWEITE MAGD: Hm! Weil Ihr –
ADAM: Nun?
ZWEITE MAGD: Gestern abend –
Glock eilf –
ADAM: Nun? Werd ich's hören?
ZWEITE MAGD: Ei, Ihr kamt ja,
Besinnt Euch, ohne die Perück ins Haus.
ADAM: Ich, ohne die Perücke?
ZWEITE MAGD: In der Tat.
Da ist die Liese, die's bezeugen kann.
Und Eure andr' ist beim Perückenmacher.
ADAM: Ich wär – ?
ERSTE MAGD: Ja, meiner Treu, Herr Richter Adam!
Kahlköpfig wart Ihr, als Ihr wiederkamt;
Ihr spracht, Ihr wärt gefallen, wißt Ihr nicht?
Das Blut mußt ich Euch noch vom Kopfe waschen.
ADAM: Die Unverschämte!
ERSTE MAGD: Ich will nicht ehrlich sein.
ADAM: *Halt's Maul, sag ich, es ist kein wahres Wort.*
LICHT: Habt Ihr die Wund seit gestern schon?
ADAM: *Nein, heut.*
Die Wunde heut und gestern die Perücke.
Ich trug sie weiß gepudert auf dem Kopfe,
Und nahm sie mit dem Hut, auf Ehre, bloß,
Als ich ins Haus trat, aus Versehen ab.
Was die gewaschen hat, das weiß ich nicht.
– Scher dich zum Satan, wo du hingehörst!
In die Registratur!
               (Erste Magd ab.)

Geh, Margarete!
Gevatter Küster soll mir seine borgen;
In meine hätt die Katze heute morgen
Gejungt, das Schwein! Sie läge eingesäuet
Mir unterm Bette da, ich weiß nun schon.
LICHT: Die Katze? Was? Seid Ihr – ?
ADAM: So wahr ich lebe.
Fünf Junge, gelb und schwarz, und eins ist weiß.
Die schwarzen will ich in der Vecht ersäufen.
Was soll man machen? Wollt Ihr eine haben?

DIE ELEMENTE EINES DRAMAS
Baustein 3: Die Handlung Aufgaben 14–15

> LICHT: In die Perücke?
> ADAM: Der Teufel soll mich holen!
>   *Ich hatte die Perücke aufgehängt,*
>   *Auf einen Stuhl, da ich zu Bette ging,*
>   *Den Stuhl berühr ich in der Nacht, sie fällt –*
> LICHT: Drauf nimmt die Katze sie ins Maul –
> ADAM: Mein Seel –
> LICHT: Und trägt sie unters Bett und jungt darin.

1. In dem Textausschnitt sind alle Passagen einfach unterstrichen, die Rückgriffe enthalten.
2. Alle kursiv markierten Passagen sind die Textstellen, in denen Adam versucht, jeden nur möglichen Verdacht von sich abzuwenden. Hierzu baut er ein komplettes Lügengebäude auf. Gleich nach ihrer ersten Aussage bezichtigt er die Magd, sie habe gelogen, nicht er: „Halt's Maul, es ist kein wahres Wort." Dies ist ihm nur aufgrund seiner überlegenen Position möglich, denn erstens ist er Inhaber eines Amtes und damit Respektsperson im Unterschied zur „ungebildeten" Magd, zweitens gehört sie zu seinem Hausgesinde und ist unmittelbar von ihm abhängig. Alle übrigen Lügen bauen im Grunde auf der Amtsautorität auf, die er bedingungslos ausspielt. Zum einen verdreht er die Reihenfolge vom Verlust der Perücke und der Kopfwunde („Die Wunde heut und gestern die Perücke."). Dies ist insofern von Belang, als er die Wunde im Zimmer Eves erhalten hat, und zwar von deren Verlobten, der aber im Dunkel nicht hat erkennen können, um wen es sich gehandelt hat. Zum Zweiten entwirft er eine phantasievolle Geschichte von der Perücke als „Katzennest", von der weder Licht noch der Zuschauer wissen, ob sie nur für den Küster gedacht ist oder auch für die Anwesenden, und zum Dritten äußert er sich in massiven Beteuerungen („auf Ehre", „Mein Seel"). Auch dies hat Gewicht nur aufgrund seiner Amtsautorität – ein Richter gilt eben mehr als eine einfache Magd!

AUFGABE 15

1. *Ziel Odoardos:* Bewahrung der Unbescholtenheit und des guten Rufs seiner Tochter (ihrer „Tugend" [ein Zentralbegriff des Stückes]).
   Ziel des Prinzen: Er will Odoardo dazu bringen, Emilia bei ihm in Guastalla zu lassen, um sie für sich zu gewinnen.
2. *Wichtige Mittel Odoardos:* Höflichkeit („Gnädiger Herr", „bitte ich um Verzeihung", „Zu viel Gnade!") bei Betonung der Rechte des Fürsten („Wen er kennt, den wird er fodern lassen"), aber keine schmeichlerische Unterwürfigkeit.

4 DIE ELEMENTE EINES DRAMAS
Baustein 4: Formen des Sprechens   Aufgaben 15–16

Diplomatie: Er nennt die moralischen Gefährdungen, denen er seine Tochter in Guastalla ausgesetzt sieht, nicht beim Namen, sondern umschreibt sie („die mannichfaltigen Kränkungen ... bereit halten.").
Gleichzeitig Pochen auf seine väterlichen Verfügungsrechte („die väterliche Liebe teilt ihre Sorgen nicht gern").
Wichtige Mittel des Prinzen: Höfisch-galanter Ton („mein lieber, rechtschaffener ... Vorwürfe!") bis zur offenen Schmeichelei („Wie manchem andern ... wünschen!"), z.T. unter Bemäntelung der eigenen Ziele („ganz werde ich ihn mir nicht nehmen lassen.").
Appell an den väterlichen Stolz: *„liebenswürdige* Emilie", „So viel Schönheit soll in einem Kloster verblühen?" Diese rhetorische Frage verdeckt zugleich das Entsetzen des Prinzen über Odoardos Plan, denn in einem Kloster wäre Emilia dem Machtbereich des Prinzen endgültig entzogen.
Erklärung des Problems Odoardos zu einem allgemein-menschlichen: „Darf eine einzige ... uns [!] ... unversöhnlich machen?"
Herausstreichung des eigenen Verantwortungsbewusstseins: „dafür, lieber Galotti, lassen Sie mich sorgen."
Auch wenn es sich nur um einen kleinen Ausschnitt handelt, ist dieser Text ein Musterbeispiel dafür, wie in einem dramatischen Dialog die Gesprächspartner ihre eigenen Ziele rhetorisch brillant, aber äußerlich konfliktfrei durchzusetzen versuchen.

AUFGABE 16

1. Argumente Antigones:
   - Kreons Befehl ist lediglich rein subjektiv, nicht religiös – und damit nicht von einer übersubjektiven Instanz her – legitimiert
   - Antigone handelt im Einklang mit ewigen göttlichen Geboten
   - Sie will vor den Göttern nicht schuldig werden, indem sie gegen diese Gebote verstößt
   - Ihr Bruder Eteokles würde nichts gegen eine Bestattung des Bruders Polyneikes einwenden
   - Polyneikes als freiem Manne gebührt eine angemessene Bestattung
   - Eine ungleiche Behandlung beider Brüder verbietet der Tod („Hades")
2. Argumente Kreons:
   - Kreons Befehl ist durch sein Herrscheramt legitimiert
   - Antigones Bestattung des Polyneikes entehrt dessen Bruder
   - Polyneikes ist der Aggressor, Eteokles der Verteidiger

DIE ELEMENTE EINES DRAMAS
Baustein 5: Der Ort   Aufgaben 17–18

AUFGABE

Die Publikumsanreden zu Beginn und zum Schluss des Bildes verdeutlichen dem Publikum eine Entwicklung Shen Tes. Während sie zu Beginn noch in der Illusion lebt, sie könnte mit Hilfe ihres neuen Ladens „viel Gutes tun", ist sie am Ende zu einer differenzierteren Sicht gekommen: Ohne Plan und wahllos von dem abgeben, was man hat, kann nur dazu führen, dass auch der Gute untergeht, was seine ursprüngliche Absicht, zu helfen, zunichte macht. Den „lachend" gesprochenen Satz „Ja, gut, daß ich ihn habe!" kann man als Gelenkstelle interpretieren, wo die anfängliche Illusion Shen Tes umschlägt in die am Ende geäußerte Sicht. Er dürfte kaum ernst gemeint sein, sondern eine ironische Umkehrung des zuvor gesprochenen Satzes der Frau darstellen.

Die übrigen Publikumsanreden haben stark lehrhaften Charakter: Zumeist in Versform wird den Zuschauern eine Erkenntnis oder eine „Moral" nahe gebracht, wobei z.T. die Bildhaftigkeit der Rede (Karrengaul, Pfirsiche) ein besseres Verständnis ermöglicht und zugleich ihre Wahrheit verbürgt. Oder es wird mit schlichten Feststellungen, die aufgrund ihrer einfachen parataktischen Reihung sehr suggestiv wirken, ein Situationskommentar entworfen, der dem Zuschauer Shen Tes Hilfsbereitschaft einsichtig macht.

Wenn Sie bereits Kenntnisse der Brechtschen Theatertheorie haben, dürfte Ihnen klar sein, dass die Publikumsanrede ein Verfremdungseffekt ist, der eine unmittelbare Identifikation des Zuschauers mit einer Figur oder der Bühnenhandlung verhindern soll.

AUFGABE

1. Im Prinzip möglich, allerdings steht der Ort, „Freies Feld" im direkten Widerspruch zum Charakter der Szene. Inhalt und Atmosphäre verweisen eher auf einen abgeschlossenen Raum.
2. Absolut unmöglich: Eine Kaserne ist für Zivilisten militärischer Sperrbezirk.
3. Durchaus möglich, sofern man einbezieht, dass auch andere Szenen des Dramas auf der Straße spielen. „Straße" schließt jedoch eine Beteiligung der Öffentlichkeit ein, was dem intimen Charakter der Szene nicht entspricht.
4. „Mariens Kammer" ist der von Büchner im Stück gewählte Ort. Sinnvoll von den beteiligten Personen her wie auch aufgrund der Tatsache, dass die entscheidenden Szenen der Marie-Handlung (Verführung [S. 12]), wichtige Begegnung Woyzeck/Marie (S. 13f., 17f.), Maries Gewissensqual nach ihrer Verführung [S. 22] dort angesiedelt sind.
5. Scheidet aufgrund des öffentlichen Charakters aus (vgl. Möglichkeit 3).

DIE ELEMENTE EINES DRAMAS
Baustein 5: Der Ort   **Aufgabe 19**

6. Scheinbar möglich aufgrund des Abzählverses „Der is ins Wasser gefallen". Dieser stellt jedoch nur eine leitmotivische Verknüpfung zur vorausgegangenen Mordszene „Waldsaum am Teich" her, in der Marie „ins Wasser fällt".

AUFGABE

Die auf den ersten Blick verwirrende Vielfalt der Spielorte lässt sich strukturieren, wenn man sie den Hauptvertretern der einzelnen Religionen zuordnet:
Nathan: Nathans Haus, **Tempelherr:** unter Palmen (christliches Symbol!), **Sultan:** Palast.
Diese sehr grobe Einteilung wird jedoch in ihrer Starrheit durchbrochen: am frühesten durch Nathan, der in II/5 mit dem Tempelherrn Freundschaft schließt und in III/5 – 7 zu Saladin geht und die Ringparabel, das Kernstück des Dramas, spricht. Zweitens durch den Tempelherrn, der in III/2 Recha im Hause Nathans aufsucht. Saladin wird zwar während des gesamten Dramas nur in seinem Palast gezeigt, doch findet dort Nathans Erzählung der „Ringparabel" statt, durch die Saladin ebenfalls den seiner Religion zugeordneten Ort überschreitet. Das Schlusstableau schließlich, die Auflösung der dramatischen Konflikte und die symbolische Vereinigung der drei Religionen, spielt an einem an sich von der Öffentlichkeit streng abgeschotteten Ort, der jedoch so, „unter stummer Wiederholung allseitiger Umarmungen" (Regieanweisung der Schlussszene), der quasi familiären Verbindung von Judentum, Islam und Christentum die ideelle Kraft aufklärerischer Humanität verleiht.
Eine Sonderstellung nimmt der Ort „In den Kreuzgängen des Klosters" ein, wo der religiöse Dogmatismus des Patriarchen, seine ihm allein angemessene Enge, Ausdruck finden kann (IV/2).

DIE ELEMENTE EINES DRAMAS
Baustein 5: Der Ort   **Aufgabe 20**

AUFGABE 20

1. Grundrisszeichnung des Wohnzimmers der Familie Selicke:

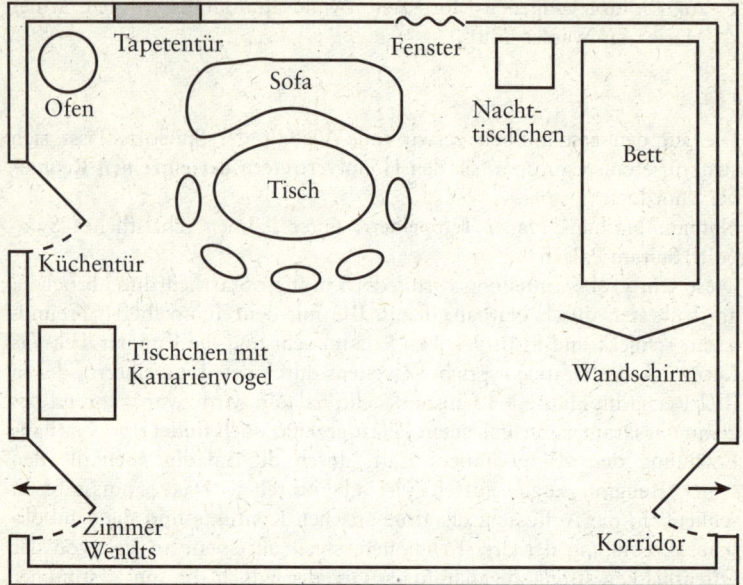

2. Die Familie ist dem Kleinbürgertum zuzuordnen. Die Schiller- und Goethe-Statuetten lassen ebenso wie der Stich (Lotte aus „Werthers Leiden") auf eine gewisse bürgerliche Bildungsbeflissenheit schließen, einen Rest „klassischer Tradition". Die Portraits des Kaisers und Bismarcks („in Goldrahmen") zeigen, dass sich die Bewohner nicht zur Arbeiterschaft zählen, sondern politisch die Monarchie befürworten.
3. Das Bett, sehr ungewöhnlich im Wohnzimmer platziert, sowie die Medizinflaschen, die auf Krankheit einer Person schließen lassen.
4. Die Einheit des Ortes in der „Familie Selicke" hat die Aufgabe, das psychische und soziale Gefangensein zu unterstreichen und zu symbolisieren. Wie die *dramatis personae* gefangen sind in ihrer jeweiligen psychischen Situation und weitgehend unfähig, im echten Sinne miteinander zu kommunizieren (Ausnahme: Toni und Wendt), so ist das Wohnzimmer der Ort, an dem Personen, die nicht zur Familie gehören, nur sehr spärlich einen Kontakt zur Außenwelt vermitteln: der Untermieter Wendt und der alte Kopelke. Für die übrigen Personen – mit Ausnahme Tonis – bedeutet das Wohnzimmer den Ort, an dem die innerfamiliären Konflikte ausgetragen, aber nicht gelöst werden. Denn jede Person ist in sich eingekapselt und unfähig zum echten Gespräch. Von daher symbolisiert die Einheit des Ortes die individuelle Situation von Einsamkeit.

DIE ELEMENTE EINES DRAMAS
Baustein 6: Die Zeit   Aufgaben 20–23

Zum Zweiten symbolisiert die Einheit des Ortes das sozial schwache Milieu, in dem sich die Familie befindet. Zwar zeigen einzelne Einrichtungsgegenstände, dass sich die Personen noch zum Bürgertum zählen; die finanzielle Misere jedoch – wesentlich ausgelöst durch die Trunksucht des Vaters – verhindert letztlich eine seriöse Behandlung Linchens, des zentralen Bindegliedes der Familie. Das kleinbürgerliche Wohnzimmer wird so zum sozialen Gefängnis, aus dem die *dramatis personae* nicht ausbrechen können.

AUFGABE

Mit dem Botenbericht führt Sophokles ein scheinbares Gegenindiz ein. Der Tod des Polybos scheint gegen eine Schuld des Oidipus zu sprechen, was am Ende dieses Ausschnitts zu einem scheinbaren Triumph und einem tragischen Irrtum (S. 131f.) der Iokaste führt. Nicht, dass der Zuschauer, dem der Ausgang bekannt ist, nun verunsichert wäre, ob Oidipus nun doch nicht der Vatermörder ist. Seine Spannung wird vielmehr darauf gerichtet, wie dieses scheinbare Gegenindiz im weiteren Verlauf entkräftet wird, so dass am Ende wirklich Oidipus als Schuldiger bestätigt wird.

AUFGABE

Die Formulierung der Funktion ist in der Minimalform ähnlich knapp – und daher undifferenziert – gehalten wie die gesamte Einleitung. Zwar wird gesagt, dass die Szene den dramatischen Konflikt vorbereitet, nicht aber, auf welche Art und Weise sie das tut.
Die zweite Fassung hingegen bezieht wichtige dramentechnische Elemente (Exposition, Vorgeschichte, Vorstellung der Personen) ein und spricht von einem *Haupt*konflikt, was deutlich macht, dass es in dem Drama auch noch andere, weniger wichtige gibt.
Die erste Fassung legt starkes Gewicht auf den sozialhistorischen Bezug; das Drama wird zum Spiegel gesellschaftlicher Konfliktlagen erklärt. Diese Überlegung ist nicht falsch, verengt aber in dieser Ausschließlichkeit den Blick auf den gesellschaftlichen Bezug von Literatur, hinter dem andere Aspekte völlig verschwinden. Andererseits: Genau dieser Punkt wird in der zweiten Fassung nur angedeutet, indem das Milieu des Ehepaares Miller erwähnt wird.

AUFGABE

Für diese Aufgabe sind verschiedene Lösungen denkbar. Ein verbindliches Muster wird deshalb nicht vorgegeben.

5 WIE INTERPRETIERT MAN EINE DRAMENSZENE?
Beispiel für die schriftliche Interpretation   Aufgaben 24–25

AUFGABE 24

Natürlich sind hier mehrere Gliederungsansätze möglich. Unter der Voraussetzung, dass man eine Szene weder zu grob noch zu kleinschrittig gliedern sollte, ist folgende Einteilung sinnvoll:
1. Millers Entschluss zum Hausverbot Ferdinands [bis: MILLER: „...kommt über den Geiger." (Z. 17)]
2. Die Unmöglichkeit einer Heirat Ferdinand/Luise (Gefahren für Luise: uneheliche Schwangerschaft, Abgleiten zur Hure) [bis: MILLER: „...Mensch ist Mensch. Das muß ich wissen." (Z. 42)]
3. Vorteile (aus Sicht der Frau) und Nachteile (aus Sicht Millers) der Liebesbeziehung (Z. 43–83)
3.1 Liebesbriefe (Ausdruck echter Zuneigung – Tarnung der Verführungsabsicht) [bis: MILLER: „...der Kuppler gewesen." (Z. 51)]
3.2 Bücher (religiöse Erbauung – Glaubens- und Wirklichkeitsverlust) [bis: (Regieanweisung:) *Er will fort* (Z. 70)]
3.3 Geschenke (finanzieller Gewinn – „Blutgeld" als Form von Prostitution) [bis: MILLER: „...in meine Stube geschmeckt hat." (Z. 83)]
4. Millers Bekräftigung seines Entschlusses [bis Schluss der Szene]

Die Einteilung ergibt sich z.T. aus Themenwechseln, z.T. aus Rede und Gegenrede der Dialogpartner. Führte dies nicht nur zu sehr kurzen Sinnabschnitten, ließen sich die Punkte 3.1 bis 3.3 noch gesondert untergliedern (vgl. die Klammern), da hier Miller und seine Frau massiv gegeneinander argumentieren.

AUFGABE 25

Da man als Schreiber eines Interpretationsaufsatzes meist zu wenig Distanz zum eigenen Stil hat, so dass einem Schwächen in diesem Bereich kaum auffallen, werden bei der Lösung nur Interpretationsaspekte erwähnt, auf die Sie in Ihrer Bearbeitung eingegangen sein sollten:
– *Entwicklung des Gesprächs:* Frau verweist auf Millers moralische Unangreifbarkeit in seiner beruflichen Position; Miller geht hierauf nicht ein und malt die vorauszusehende Auswegslosigkeit der Situation für Luise aus: Entweder bekommt sie ein uneheliches Kind und wird aufgrund der damaligen moralischen Vorstellungen nicht mehr von einem anderen geheiratet, oder ihr sexuelles Begehren ist durch die Affäre mit Ferdinand geweckt worden und sie gleitet ab zur Hure.
– *Sprache Millers:* stark emotional getönt, durchsetzt mit Interjektionen/Einschüben („Guten Morgen!", „heh da!"), Wiederholungen („Gib du acht!"), Satzabbrüchen („daß Gott erbarm? – Guten Morgen! –"), mundartlichen Wendungen („Gelt", „führt sich ab"), Metaphorik („Astloch...", „Schildwache...", „Unterm Dach...parterre...": Letzteres wirkt in unfreiwilliger Weise komisch), Metonymien („auf süß Wasser zu graben", „hats Handwerk verschmeckt"), Fremdcha-

5 WIE INTERPRETIERT MAN EINE DRAMENSZENE?
Beispiel für die schriftliche Interpretation Aufgaben 25–27

rakteristik Ferdinands in Form von Herabsetzungen („Musje *von*", „Windfuß") usw.
- *Dialogführung:* Frau fungiert hier lediglich als Stichwortgeberin („Gott *behüt* uns in Gnaden!", „MILLER: Es hat sich was zu *behüten.*")
- Anrufung Jesu bzw. Gottes als Ausdruck der Hilflosigkeit und traditionellen Religionspraxis.
- *Regieanweisungen:* genüssliches Kaffeetrinken der Frau („schlürft eine Tasse aus") zeigt, dass sie den Ernst der Lage noch nicht erkannt hat bzw. Millers Befürchtungen nicht teilt; Handbewegung Millers („Die Faust vor der Stirn") als Ausdruck von Verzweiflung und Hilflosigkeit.
- Die mögliche Weckung von Luises sexuellem Begehren wird nicht als moralische Schwäche gewertet, sondern – anthropologisch und damit allgemeingültig – an der ‚unvollkommenen menschlichen Natur' festgemacht („– ich verdenks ihm gar nicht. Mensch ist Mensch.").
- *Argumentationsfortschritt des Dialoges:* Während Millers Sicht sich zuvor auf seinen eigenen und den Ruf seiner Familie allgemein beschränkte, erweitert sich sein Blickfeld nun auf mögliche Konsequenzen, die die Beziehung zu Ferdinand für seine Tochter hat.

AUFGABE 26
Die Zusammenfassung könnte in etwa so aussehen:
Die in der Vorgeschichte des Dramas begonnene Liebesbeziehung zwischen Ferdinand und Luise stösst schon in der Eingangsszene auf Widerstand. Miller, Luises Vater, erkennt die gesellschaftliche Realität des Standesunterschiedes zwischen Adel und Bürgertum an und damit auch die Unmöglichkeit einer Heirat. Eine mögliche Folge dieses unüberbrückbaren Konflikts sieht er darin, dass seine Tochter zur Hure abgleiten könnte. Frau Millers andersgeartete Auffassung zeigt deutlich die Ursache des Streits mit ihrem Mann. Sie hofft – politisch absolut unrealistisch – auch am Ende der Szene noch auf eine Heirat. Millers Entschluss, zum Präsidenten zu gehen und mit ihm von Vater zu Vater zu sprechen, bereitet – auch, wenn er nicht ausgeführt wird – die folgenden Szenen in einer für den Zuschauer nachvollziehbaren Form vor.

AUFGABE 27
Zu (1): Grammatikalischer Fehler: Verben des Sagens und Meinens fordern einen abhängigen Nebensatz: „Ich finde, dass…" Zudem ist die Wortwahl („finden") zumindest ungeschickt, wenn nicht sogar zu umgangssprachlich. Stammtischbrüder zu vorgerückter Stunde „finden" etwas „gut" oder „schlecht".
Schiller stellt nicht *die* sozialen Probleme seiner Zeit dar, sondern den Standeskonflikt zwischen Adel und Bürgertum.
Zu (2): Der Satz ist stilistisch in Ordnung und sachgerecht.

5 WIE INTERPRETIERT MAN EINE DRAMENSZENE?
Beispiel für die schriftliche Interpretation — Aufgabe 27

Zu (3): Der Bezug zum zeitgenössischen Zuschauer ist geschickt, weil er eine historische Perspektive eröffnet, der Nebensatz jedoch („...die gesellschaftlichen Verhältnisse...") enthält einen völlig unverbindlichen Allgemeinplatz.

Zu (4): Hier wiederum fehlt die historische Perspektive: Millers Frauenbild ist zweifellos zeitbedingt. Dies ist zwar keine Entschuldigung, aber zumindest eine Erklärung.

Zu (5): Füllwörter („Und", „noch") führen zu einer emotionalen Färbung des Satzes.

Zu (6): Die hier offen zugegebenen Verständnisprobleme sind von der Sache her ganz anderer Natur als die Probleme mit Millers chauvinistischem Frauenbild. Daher ist die einleitende Verbindung beider Sätze („Ähnliche Probleme...") nicht sachgerecht.

Platz für Notizen

Klett LernTraining

das große Lernprogramm von der Grundschule bis zum ABI

Die Reihen, die allen Bedürfnissen gerecht werden, im Überblick

1. **Besser werden mit** Training

2. **Spielend Schulstoff üben mit** AbenteuerTraining

3. **Mit Abi-Training** fit fürs Abi

4. **Durchblick bei der Lektüre –** Lektürehilfen

5. Abiturwissen – **das geballte Wissen fürs Abi**

6. PC-Training – **Die Fitness-Programme**

7. PC-Kurswissen – **Pures Abi–Wissen aus dem Computer**

Mehr Infos erhalten Sie durch unser Lernhits Gesamtverzeichnis
erhältlich in Ihrer Buchhandlung oder direkt bei uns: Ernst Klett Verlag, Postfach 10 60 16, 70049 Stuttgart